Wir widmen dieses Buch
unseren wunderbaren einzigartigen Kindern

Whisper von Soul

ÜBERsLEBEN

nach dem Tod eines Kindes

Bibliografische Information der Deutschen Nationalbibliothek:
Die Deutsche Nationalbibliothek verzeichnet diese Publikation in der
Deutschen Nationalbibliografie; detaillierte bibliografische Daten sind im
Internet über http://dnb.dnb.de abrufbar.

© 2020 **Whisper von Soul e.V.** 2. Auflage
www.whispervonsoul.blogspot.de
Herstellung und Verlag: BoD – Books on Demand, Norderstedt
Buchcover: © iStock.com/lolloj „orange hands and tightrope walker"

ISBN: 978-3-7519-5661-1

Einleitung

Wir üben das Balancieren zwischen Diesseits und Jenseits,
um unseren wunderbaren Kindern nah zu bleiben!

Mein Kind stirbt. Die Welt steht still. Raum und Zeit aufgehoben. Gehen, Weitergehen - wie? Nichts hat mehr Bestand, nichts ist sicher.

Der Schmerz um das eigene Kind katapultiert mich aufs Drahtseil, verwandelt Leben in einen Balanceakt. Im Wunsch, meinem Kind nachzufolgen, klammere ich mich an meinen Balancierstab, schiebe mich Millimeter für Millimeter vom Diesseits zum Jenseits vor, um dann die Richtung zu wechseln und den Rufen meiner Lieben zu folgen, die mit mir hinterblieben sind.

„Wie können wir weiterleben?", fragen frisch verwaiste Eltern oft. „Hört dieser unaushaltbare Schmerz jemals wieder auf?"

„Ja, wie war das?" fragten wir uns. Wir, das sind „alt" verwaiste Eltern, die sich 2010 auf Facebook kennengelernt und zu einer Gruppe zusammengefunden haben und deren Kinder nicht erst im letzten Jahr die Seite gewechselt haben, sondern schon viele Jahre zuvor.

Wie war, wie ist mein Weg durch die Trauer? Hat mein Schmerz einmal aufgehört? Wurde er aushaltbar? Wie wurde er aushaltbar und wann veränderte er sich? Was hat ihn verändert? Wie habe ich mich verändert? Was hielt mich auf dem Seil? Wie erlangte ich Sicherheit auf dem Seil? Und was diente mir als Balancierstab?

Aus unseren Fragen wuchs die Idee, ein Buch zu veröffentlichen, in dem wir von unserem Weg durch die Trauer schreiben. Es soll ein Buch sein von verwaisten Eltern für verwaiste Eltern.

Es maßt sich nicht an trösten zu wollen, weil niemand trösten kann, wo es keinen Trost gibt. Es maßt sich nicht an, Ratschläge zu geben. Denn wir wissen, dass Ratschläge Schläge sind und dass es so viele Trauerwege wie Menschen gibt. Jeder geht seinen ureigenen Trauerweg.

Das Buch soll im schönsten Fall Mut machen durch den Schmerz zu gehen, ihn nicht zu vermeiden. Denn viele von uns empfinden, dass der Schmerz bleibt. Aber dass wir harmonischer weiterleben, wenn es uns gelingt, die Trauer und den Schmerz in unser Leben zu integrieren, wenn wir die Trauer rechts und den Schmerz links als Gewichte an unseren Balancierstab hängen.

Martina Steinberg für Whisper von Soul e.V.

Wiederaufbau

In Stücke zerfallen
und trotzdem leben.

Wie geht das?

Warum geht das Leben weiter,
obwohl ich bereits gestorben bin

mit meinem Kind?

Wie lässt sich Sinn finden,
wenn das Leben in seiner Gesamtheit in Frage steht?

Was hält mich?

Warum wage ich den Spagat zwischen den Welten als ein
Lebender und ein Toter?

Zerrissen und doch wachsend.

© Martina Steinberg

Amélie Louisa H.

*29.05.2008 +29.08.2014

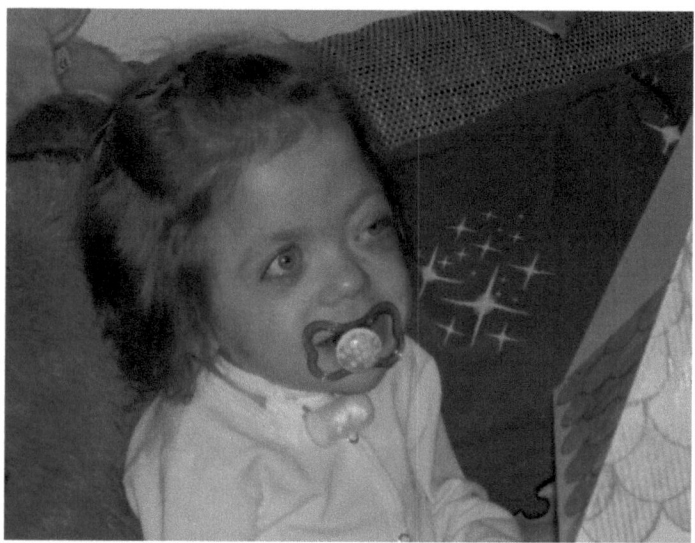

Meine süße Amélie, unsere Püppie, Du warst und bleibst für immer unser Sonnenschein, unsere Haukikkizessin.

Ich habe nicht mehr damit gerechnet, noch einmal Mama sein zu dürfen oder dass Lara gar eine „große Schwester" sein dürfte, doch Du hast Dich still und heimlich, ganz überraschend in unser Leben und in unsere Herzen geschlichen.

Was in dem Moment allerdings niemand von uns ahnte, mit welch schwerem Gepäck Du auf diese Welt gekommen bist und mit Deiner Geburt der härteste Kampf meines Lebens begonnen hat. Den Tag der Diagnose, sechs Monate später, werde ich wohl nie vergessen, denn da wurde mir zum ersten Mal der Boden unter den Füßen weggerissen.

Doch Du warst von Anfang an eine Kämpferin, und man kann mit Fug und Recht sagen, dass Du eine kleine Persönlichkeit warst, die es mit ihrem Charme immer wieder schaffte, jeden um ihre kleinen Finger zu wickeln. Jeder, der Dich kannte, war Dir rettungslos verfallen. Dein Wille zu leben war ungebändigt, Deine Kraft scheinbar unendlich, doch seit fünf Jahren ist es unglaublich still geworden. Wir vermissen Dich so sehr, dass es weh tut, aber jeder Tag, der vergeht, ist auch ein Schritt, den wir wieder aufeinander zugehen.

Ich weiß, dass wir uns wiedersehen und Du auf uns am anderen Ende des Regenbogens wartest. Daran glaube ich ganz fest. Der 29. August 2014 hat für uns alles verändert. Seither habe ich zwei Leben, eines vor und eines nach Deinem Tod. Dazwischen gibt eine klare und spürbare Grenze.

Wer trauert liebt und wie hat sich meine Trauer über die Zeit verändert.

Amélie steckte mal wieder in einer tiefen Krise und wie so oft war ich absolut optimistisch, dass wir auch die Hürde wieder meistern werden. Doch am Nachmittag dieses Tages drehte sich die Situation um 180 Grad. Innerhalb nur einer Stunde bekam unsere Püppie ganz plötzlich ihre Flügel und ist in meinen Armen zum schönsten Schmetterling geworden und davongeflogen.

Ich war fassungslos, erstarrt, schockiert und noch nicht einmal in der Lage, richtig zu weinen. Alles an mir war gelähmt und ich fühlte mich wie ferngesteuert.

Wir wussten, dass dieser Moment irgendwann auf uns zukommen würde, aber darauf vorbereiten kann sich keiner. Warum, warum, warum und immer wieder warum. Die Auseinandersetzung mit dem Tod hat uns ab dem Zeitpunkt der Diagnose begleitet, und durch die regelmäßigen Aufenthalte im Kinderhospiz oder diversen Krankenhäusern haben wir viele Kinder von lieb gewonnenen Freunden gehen sehen. Der Schmerz war jedes Mal unermesslich und die Vorstellung, dass uns eines Tages der Weg auch bevorsteht, war unbeschreiblich. Allerdings habe ich nicht damit gerechnet, mit welcher Macht und dem Vielfachen mehr dieser Schmerz über uns herab brechen würde. Darauf kann sich niemand vorbereiten, denn das Herz wird einem aus dem Körper gerissen. Brachial und erbarmungslos.

Nachdem, was ich als Mama außerdem in den Wochen und Monaten zuvor von einem Arzt ertragen musste, machte mein Leben plötzlich keinen Sinn mehr. Alles in mir fiel wie ein Kartenhaus in sich zusammen, und die Zeit blieb stehen. Viele waren und sind über diese Aussage schockiert, aber die Schuldgefühle übermannten mich. Ich machte mir schwere Vorwürfe, dass ich nicht erkannt habe, was bei uns ablief. Dieser Mensch stellte sich über alles, stampfte mein Bauchgefühl in den Boden und gab Dinge von sich, die ich hier nicht wiederholen kann. Ich selbst mache mich immer noch verantwortlich für den Tod unserer Püppie. Gerade weil ich, von außen betrachtet, nicht weiß, was sie gefühlt oder gedacht hat, weil ich all das nie erfahren werde, hört sie für mich nicht auf zu sterben. Immer wieder habe ich diese Momente vor Augen und sie verfolgen mich bis in meine Träume. Die Frage nach dem *Warum* wird ein stetiger Begleiter bleiben. Meine Umwelt versteht mich, auch nach fünf Jahren, nur bedingt. Man könnte meinen, es gäbe ein für trauernde Eltern nicht einsehbares Protokoll, welches einen bestimmten Ablauf in der Trauer festlegt und worin verankert ist, wann man was zu machen oder wie zu fühlen hat. Hinzu kommt außerdem ein ganzes Repertoire an Sprüchen. Sprüche, die jeder von uns zur Genüge kennt.

Du musst dies, mach doch mal jenes, die XYZ hat es doch auch geschafft, warum Du nicht?

Besonders gern benutzt man „Die Zeit heilt alle Wunden", „Du bist noch jung, Du kannst doch noch weitere Kinder bekommen", „Meinst Du nicht, dass es langsam mal gut ist mit Deiner Trauer", „Jetzt geht es ihr ENDLICH besser" u. v. m., um nur mal einige zu nennen. Gerade der letzte Spruch schmerzt besonders, denn wo um alles in der Welt soll es einem Kind besser gehen, als bei seiner Mama, seiner Familie? Die Krönung war an Heiligabend meine Oma, die mich als nicht mehr zurechnungsfähig erklärte. Wie man nach „so langer Zeit" – wohl bemerkt, dass es zu diesem Zeitpunkt gerade mal vier Monate waren – immer noch so ein Geschiss machen könnte, dass das doch nicht normal und ich ein Fall für die geschlossene Anstalt sei. Kaum zu glauben, dass sie selbst ein Kind, meine Mama, sehr früh verloren hat. Je mehr Zeit verging, desto größer und fester wurde die Mauer, welche ich um mich errichtete. Sie umschloss mich wie ein Korsett, welches mir die Luft zum Atmen nahm. Gefangen in mir selbst mit meinen Gefühlen und Gedanken. Ich fühle mich verloren und alleine, auch wenn ich es im eigentlichen Sinn nicht wirklich bin. Mich machen dabei die Mitmenschen unsagbar wütend, welche der Meinung sind, mich bewerten und darüber urteilen zu können, wie und wie lange ich in ihren Augen trauern „darf". Ich habe gelernt, mich mehr und mehr zu verkleiden und eine perfekte Maskerade aufrecht zu erhalten Es gibt nur wenige Menschen, die mein Innerstes kennen, mit denen ich mich austauschen kann und wir uns über Hunderte von Kilometern verstehen und sich keiner dem Anderen erklären muss, da wir einfach wissen, dass es für Trauer keine Zeit gibt. Wir können uns liebevoll über unsere Kinder unterhalten, ohne dass der Andere die Augen verdreht.

Trauer kann man nicht miteinander vergleichen, das wäre, als würde man einen Apfel mit Gottweißwas vergleichen wollen ... Jeder trauert anders, manche finden verhältnismäßig „schnell" einen Weg in dem neuen Leben und andere, so wie ich, irren in einem Labyrinth aus unzähligen Gängen und Abzweigungen umher, ruhe- und rastlos. Ich bin mir dessen bewusst, dass viele nicht wissen, wie sie mit uns umgehen sollen, aber warum kann man das nicht einfach sagen? Mir ist es lieber, wenn jemand auf mich zukommt und ganz ehrlich sagt: „Es tut mir unendlich leid, aber ich weiß nicht, was ich dir jetzt sagen könnte." und mich in den Arm nimmt oder ähnliches. Die Realität sieht aber anders aus. Es geht mir unheimlich auf die Nerven, dass die Leute meinen, mir schlaue Ratschläge über meine Zukunft erteilen zu müssen. Manche Menschen sollten sich mit ihren Mitleidsbekundungen einfach zurückhalten, statt jemandem Dinge um die Ohren zu hauen, die noch mehr Salz in die Wunde streuen. Sterben ist etwas, worüber keiner reden will. Es ist etwas, was nur die anderen betrifft. Ich weiß, manchmal sind auch wir als trauernde Eltern ungerecht, werfen alle in einen Topf und können nicht mehr unterscheiden, wer es wirklich ehrlich meint oder wer nur wieder dumm daher labert.
Doch warum darf man sich nicht wehren, ohne gleich als hysterische Mutter/Vater, die ihr Kind verloren hat, abgestempelt zu werden? Wieso fühlen wir uns dann so schlecht/schuldig und meinen, uns entschuldigen zu müssen, während andere mit der Keule um sich schlagen und uns blöde Aussagen um die Ohren hauen „dürfen"? Amélie ist tot und ich soll mit meinem Unglück klarkommen? Sie ist tot und ich soll mich neu erfinden? Fünf Jahre sind keine Zeit und auch jetzt hängt der Tod unserer Püppie immer noch wie ein unheilvolles Gewitter über mir. Manche Dinge kann man auch einfach nicht beschreiben. Da werden die einfachsten Aufgaben zu einer

14

Herausforderung, einem Marathon, den es zu schaffen gilt. Der Telefonhörer ist zentnerschwer und man wünscht sich, dass doch eine der viele Reden schwingenden Personen anruft und einen aus dem Tief herausholt.

Und dann gibt es wieder so Momente, in denen man mit spontanen Schutzbehauptungen einen Ausweg sucht, um unangenehmen Situationen aus dem Weg zu gehen. Weil man letztendlich doch alleine klarkommen muss und es viel zu kompliziert wäre, wem anderen zu erklären, was einen umtreibt.

Wer, außer anderen trauernden Eltern, kennt den Schmerz, der sich wie Gift in Deinem Körper verbreitet und wie Feuer durch Deine Adern fließt, wenn Erinnerungen, Düfte oder Musik einem den Boden unter den Füßen wegreißen. Von jetzt auf gleich wird man in andere Zeiten katapultiert, in Zeiten vor dem Tag X – in Dein altes Leben, das „Davor-Leben". Den Weg, wie ich mit meiner Trauer umgehe, muss niemand verstehen, aber ich wünsche mir, dass er einfach akzeptiert bzw. respektiert wird. Mein größter Dank gilt hier meiner großen Tochter Lara. Sie ist mein Fels in der Brandung, und ich bin unglaublich stolz auf sie, denn wir schaffen etwas, was nicht allen gelingt. Wir können miteinander reden und unsere Trauer teilen. Sie geht ihren Weg und ich bin stolz darauf, was sie alles geschafft hat, bei den vielen Steinen, die auch sie in den Weg gelegt bekommen hat. Wir sprechen jeden Tag von Amélie, erzählen uns Geschichten oder amüsieren uns, wenn wir durch irgendwelche Begebenheiten an sie erinnert werden. In den vergangenen fünf Jahren sind wir noch mehr zusammengewachsen. Wir sind ein Team mit einem ganz besonderen Schutzengel an unserer Seite. Den Schmerz darüber, den Tod unserer Prinzessin anzunehmen, werde ich bis zu dem Tag, an dem ich selbst dieses Leben verlasse, nicht akzeptieren. Sie ist meine Tochter, die kleine Schwester meiner Großen.

Amélie begleitet uns auf allen Wegen. Sie sitzt auf ihrem Stern, und wir wissen, dass sie von dort oben zu uns herabschaut und uns zulächelt. Sie hat uns beigebracht, die Welt mit ihren Augen zu sehen. Uns verbindet ein Band und das kann auch der Tod nicht trennen. Egal was passiert, unsere Prinzessin wird immer ein Teil unseres Lebens sein, denn die Liebe kennt keine Grenzen. Ich bin mir sicher, dass einige aus meinem Umfeld geschockt sein werden, sollten sie das lesen, aber ich habe keine Lust, ständig eine Maskerade aufrecht zu erhalten. Genau aus diesem Grund habe ich mich u.a. dazu entschieden, bei diesem Projekt mitzumachen. Für mich hat sich in den letzten fünf Jahren an meiner Trauer nichts Wesentliches verändert. Doch ich habe gelernt: – die schwersten Kämpfe kämpft man allein und – die Zeit heilt absolut gar nichts!!!

In ewiger Liebe zu unserer „Zessin"

Katja H.

Andi B.
*14.02.2007 +26.08.2013

Mein lieber Andi, mein Butzerl, unser Superheld, unser Engel …,

als du geboren wurdest, hast du unsere Familie komplett und unser Leben perfekt gemacht.

Wir waren einfach nur glücklich. Das, was wir hatten, war alles, was wir uns je gewünscht und erträumt hatten – eine glückliche und gesunde Familie.

Dann wurdest du krank, schwer krank … und das zog uns den Boden unter unseren Füßen weg.

Wir hatten große Angst. Aber wir hofften und glaubten, dass du das schaffen würdest … immer mit uns an deiner Seite. Du warst so tapfer und stark.

Doch das Schicksal hat dich betrogen und dir keine Chance gegeben.

Gerade als wir dachten, jetzt ist und bleibt endlich alles gut … Nun bist du schon mehr als sechseinhalb Jahre nicht mehr bei uns und wir vermissen dich noch genau so sehr wie vor zwei Jahren … wie vor vier Jahren … wie vor sechs Jahren. Wir werden dich immer lieben … darum werden wir dich auch immer vermissen. Wie sollte sich das auch je ändern? Und darum werden wir auch immer um dich trauern – bis wir uns eines Tages am Ende des Regenbogens wiedersehen.

Egal, wie lange es dauert, ich bin auf dem Weg zu dir.

Deine dich immer für ewig liebende Mama.

Wir sind zu fünft, weil Andi immer ein Teil von uns bleiben wird. Und doch sind wir nur zu viert, weil Andi nicht mehr an unserer Seite sein darf.

Wir – das sind Andis Papa, Andis Bruder, Andis Schwester und ich, Andis Mama.

Wir alle vermissen ihn so sehr. Und wir alle trauern um ihn. Doch jeder auf seine eigene Art und Weise. Ich werde in meinem Kapitel nur von meiner Trauer schreiben, weil meine Familie, wenn ihr danach ist, von sich und ihrer Trauer zu erzählen, das selbst tun möchte.

Ich trauere seit über sechs Jahren um unseren Sohn. Andi starb (nach einem dreijährigen Kampf gegen zwei verschiedene Krebserkrankungen) an einer seltenen Autoimmunerkrankung – nachdem wir dachten, jetzt würde alles gut werden, weil er endlich krebsfrei war.

Andi war so tapfer, geduldig, mutig, stark und trotz allem lebensfroh. Er hätte für seinen Kampf mit dem Leben belohnt werden müssen – wie alle Kinder, die um ihr Leben kämpfen müssen.

Doch er wurde nicht belohnt. Andi durfte nur sechs Jahre, sechs Monate und zwölf Tage „alt" werden. Er lag in unseren Armen, als sein Herz aufhörte zu schlagen … und wir konnten nichts dagegen tun.

Wir waren machtlos, hilflos … unsere Welt brach zusammen, stand still … und seitdem ist alles anders.

Als vor zehn Jahren der kleine Sohn meiner Freundin starb, dachte ich: „Das ist das Schlimmste, was einem passieren kann … sein eigenes Kind zu überleben … sein eigenes Kind beerdigen zu müssen." Allein der Gedanke daran, eins meiner Kinder zu verlieren, nahm mir den Atem … Wie schlimm es wirklich ist, weiß ich erst jetzt. Ich weiß jetzt, dass ich damals nicht die leiseste Ahnung hatte …, dass dieses „ … nahm mir den Atem" NICHTS(!) war im Vergleich zu dem, wie es sich wirklich anfühlt.

Nach sechs Jahren kann ich sagen, dass die Trauer und der Schmerz nicht weniger werden, dass es nicht besser wird, dass es nicht leichter wird – ... nur anders.

Einige Dinge ändern sich im Laufe der Zeit ... andere nicht ...

In den ersten Jahren nach Andis Tod war es sehr wichtig für mich, dass unter unserem Weihnachtsbaum eingepackte Geschenke für drei Kinder lagen. Auch für Andi. Es hätte sich falsch angefühlt, ihn nicht mehr zu beschenken. Er war und bleibt doch auch unser Kind.

Wenn dann später am Abend seine Geschenke von uns ausgepackt wurden, legten wir die Sachen in sein Zimmer.

Ähnlich war es mit seinen Geburtstagsgeschenken – ... ein Geschenk, das wir in sein Zimmer legten und ein Geschenk, das wir zu seinem Grab brachten.

Heute kann ich es nicht mehr ertragen, dass er seine Geschenke nicht mehr selbst auspacken kann und dass die Spielsachen, die wir in sein Zimmer legen, unberührt bleiben.

Wir bringen ihm „nur noch" Geschenke für seinen „Garten".

Anfangs brauchte ich genau zwölf brennende Kerzen auf Andis Grab, um ihn „etwas beruhigter allein dort zurücklassen zu können", wenn ich nach meinem Besuch bei ihm wieder nach Hause fuhr. Es musste hell leuchten bei ihm, damit er keine Angst im Dunkeln hatte. Mit der Zeit wurde mir bewusst, dass ich mich damit selbst unter Druck setzte, täglich eine Tüte voll Grabkerzen mit zum Friedhof nehmen zu müssen, um immer alle Kerzen, die nicht mehr brannten, auswechseln zu können.

Nach einiger Zeit reduzierte ich die Kerzenanzahl von zwölf auf fünf ... ich brauchte einfach nur eine Zahl (an Kerzen), die eine besondere Bedeutung für mich hatte.

Irgendwann ließ ich fünf ganz persönliche LED-Grabkerzen extra für Andi gestalten ... und seitdem brennt „nur noch" eine echte Kerze in seinem „Garten" – eine Kerze für unseren Engel – neben vielen hellen und bunten Solar- und LED-Lichtern.

In der ersten Zeit besuchte ich das Grab meines Kindes zwei- bis dreimal täglich, um zu sehen, ob alle Kerzen noch brennen. Und weil ich förmlich

„hingezogen" wurde, weil es mich (immer noch) innerlich zerreißt, ihn „dort ganz allein zu wissen". Mein Tagesablauf richtete sich komplett nach meinen Friedhofsbesuchen und irgendwann merkte ich, dass ich mich auch damit selbst unter Druck setzte. Heute „reicht" es mir, einmal täglich dort zu sein. Meistens abends … um zu sehen, ob seine Kerze noch brennt und ob all seine Solar- und LED-Lichter leuchten (es ist immer noch sehr wichtig für mich, dass es nachts hell ist in seinem „Garten") und um ihm eine Gute Nacht zu wünschen.

Ich liebe es, ihn zu besuchen und ich hasse es, ihn „dort" besuchen zu müssen.

Aber ich musste all das selbst merken … ich musste selbst bereit dazu sein, die Kerzenanzahl zu reduzieren oder nur noch einmal am Tag zum Friedhof zu fahren. Ratschläge, wie z.b. „Es ist doch nicht schlimm, wenn nur eine Kerze brennt." oder „Du musst doch nicht mehrmals täglich hinfahren." Usw. – hätten nichts genützt … eher im Gegenteil. Ich hätte mich bevormundet gefühlt und das ist etwas, was Trauernde nicht brauchen können – Bevormundung.
Denn WIE man trauert und ob man zulässt bzw. zulassen kann, dass die Trauer sich mit der Zeit ändert, liegt ganz allein am Betroffenen selbst und – vor allem – er muss bereit dafür sein.

Das Beispiel mit den Kerzen auf Andis Grab mag für manche etwas verrückt klingen … und genau so ist es auch! „Verrückt"! Nicht normal! Denn es ist nicht normal, dass Eltern ihr Kind zu Grabe tragen müssen. Passiert das doch, spielen die Gedanken in der Trauer und im Schmerz schon mal „verrückt" – was aber doch wieder normal ist …
Es ist schwer. Vor allem ist es auch sehr schwer, zu erklären, was in einem vorgeht. Diese Gefühle zu beschreiben ist nahezu unmöglich.

Was sich bisher nicht verändert hat, ist Andis Zimmer. Es ist alles noch genau so, wie es war, als er starb. Auch Andis Jacken hängen immer noch an seiner Kindergarderobe, seine Schuhe stehen immer noch im Schuhschrank, seine Turnsachen sind immer noch in seinem Turnbeutel, sein Platz am Küchentisch ist immer noch „sein Platz", seine Zahnbürste ist immer noch im Bad, sein Handtuch wird immer noch mit allen anderen Handtüchern ausgewechselt …

Ich weiß nicht, ob ich jemals bereit sein werde, diese Dinge zu verändern … wegzuräumen …

Es gibt viele Arten der Trauer, die andere Menschen (teilweise sogar Selbstbetroffene) nicht nachvollziehen können. Aber das ist auch nicht wichtig. Wichtig ist, dass der Trauernde selbst das Gefühl hat, dass das, was er tut, gut für ihn ist.

Außenstehende müssen diesen Weg, den der Trauernde geht, nicht gut finden. Sie haben aber auch nicht das Recht, ihn zu kritisieren oder gar zu verurteilen!

„Jeder Mensch trauert anders, jeder auf seine eigene Art und Weise." „Jeder Mensch fühlt anders und geht deswegen auch anders mit Schicksalsschlägen um." Unzählige Male habe ich diese Sätze in den letzten Jahren gesagt/geschrieben … und noch öfter habe ich folgende Sätze gehört/gelesen: „Trauer sieht anders aus." „Man trauert im Stillen."…
Es gibt immer wieder Menschen, die denken, Trauernden vorschreiben zu können, wie und wie lange sie trauern sollen/dürfen … Menschen, die glauben, es gäbe Richtlinien/Regeln, an die man sich halten müsse, …" Menschen, die annehmen, dass nur ihre eigene Art, mit der Trauer umzugehen, die einzig richtige Art ist …

Und ich werde nicht müde, solche Menschen immer wieder darauf hinzuweisen, dass Trauer individuell ist. Und dann sind da noch die Menschen, die nach einer gewissen Zeit denken, dass „es doch irgendwann mal wieder gut sein müsste". Man bekommt Sachen zu hören, auf die man im ersten Moment keine Antwort findet, weil man nicht glauben kann, was man da gerade gehört hat, weil man vielleicht auch noch gar nicht realisiert hat, was eigentlich passiert ist und weil man auf solche Bemerkungen nicht vorbereitet ist.

Folgende „Floskeln", die Trauernden oft und „gerne" an den Kopf geworfen werden, und meine Einstellung dazu hab ich vor einigen Jahren in einem Text für „Kunst gegen Kinderkrebs" zum Thema Trauer aufgeschrieben:

„Das Leben geht weiter!"
Ja, es geht weiter … aber WIE?
Und DASS es weiter geht, ist unbegreiflich. Das Wichtigste in unserem Leben wurde uns genommen und das Leben geht einfach so weiter, als wäre nichts passiert. Für alle anderen geht das Leben normal weiter … für uns nicht! Alles ändert sich! Wirklich ALLES!

„Du hast ja zum Glück noch andere Kinder!"
Ja, die habe ich! Und ich liebe alle meine Kinder! Aber das macht den Verlust kein bisschen leichter! Denn keins meiner anderen Kinder kann mein verstorbenes Kind ersetzen! Niemals!

„Trauerst du immer noch?"
Ich habe vor einiger Zeit einen Satz gelesen, den ich zukünftig auf diese Frage antworten werde: „Ja, mein Kind ist ja auch immer noch tot!"

„Frau X. trauert anders, die macht das alles anders …"
JEDER Mensch trauert anders! Es gibt für Trauer keine Richtlinien, weil JEDER seinen eigenen Weg finden muss! …

„Dein Kind würde nicht wollen, dass du traurig bist … weinst …" oder „Dein Kind würde wollen, dass du glücklich bist … lachst …" usw. …
Für mich persönlich etwas, das überhaupt nicht geht! NIEMAND kann wissen, was mein Kind wollen würde! Nicht mal ICH weiß es genau …

„Du musst endlich loslassen." Ich habe bereits losgelassen!
Ich habe die Seele meines Sohnes losgelassen, als ich ihm ins Ohr flüsterte, dass es in Ordnung ist, wenn er nicht mehr kämpfen möchte oder kann und zu den Engeln fliegt. Ich habe die Hand meines Sohnes losgelassen, bevor sich der Sarg für immer schloss.
MEHR loslassen muss ich nicht!

„Die Zeit heilt alle Wunden."
Nein. Das stimmt nicht. Es gibt Wunden, die die Zeit NICHT heilt. Aber man lernt mit der Zeit, mit diesen Wunden und dem Schmerz zu leben.

Wie? Ich weiß nicht „wie" … irgendwie! Man findet einen Weg. Seinen eigenen(!) Weg.
(u. v. m.)

Dann findet man vielleicht einen Weg, den dann aber manche Menschen nicht akzeptieren können, sondern kritisieren und verurteilen. Und das macht es trauernden Eltern oft noch schwerer, mit ihrer Trauer umzugehen, weil ihnen viel zu oft gesagt oder ihnen das Gefühl gegeben wird, etwas falsch zu machen. Als wäre es nicht so schon schwer genug …

Leider gibt es auch die Menschen, an deren Bemerkungen man erkennt, dass es ihnen wirklich egal ist, wie es einem geht, die nicht mit diesem Schicksal belästigt werden wollen oder sogar genervt davon sind:

„The show must go on."
„Die trägt immer noch schwarz, die ist doch krank."
„Hab dich nicht so. Andere haben auch ihr Kind verloren und haben sich nicht so." …

oder Menschen, die deine Trauer nicht ernst nehmen:
„Die lacht ja schon wieder, dann kann es ja nicht so schlimm sein!"
u. v. m …

All das sind meine persönlichen Erfahrungen und ich spreche hier nur für mich. Denn jeder trauert anders, jeder empfindet anders, jeder geht anders damit um. Trotzdem denke ich, dass es schon auch viele Gemeinsamkeiten gibt, was unsere Mitmenschen und ihren Umgang mit 'uns' (verwaisten Eltern) angeht.

Wenn man sein eigenes Kind verliert, ist der Schmerz unsagbar groß … das schwarze Loch, in das man fällt, ist unendlich tief. Das Gefühl, nicht mehr rauszukommen … unterzugehen … zu ersticken … kann einen fast um den Verstand bringen.
Und in dieser Zeit ist das Umfeld wichtig. Entweder es wird verwaisten Eltern noch schwerer gemacht, als es ohnehin schon ist … oder man wird aufgefangen, gestützt, auf seinem Weg begleitet.

Kurz nach dem Tod unseres Sohnes waren „erstmal" viele Menschen in unserem Umfeld für uns da.

Doch ich habe mich verändert. Der Tod meines Kindes hat mich verändert ... hat alles verändert.
Ich bin nicht mehr der Mensch, der ich einmal war. In vielerlei Hinsicht.
Ich bin in verschiedenen Situationen schnell überfordert. Ein „einfacher" Telefonanruf kann zu schwer für mich sein.
Ich bin weniger belastbar als früher. Eine spontane Planänderung kann mich total aus der Fassung bringen.
Ich bin empfindlicher geworden, was Kritik angeht. Habe ich mir anfangs noch ziemlich alles angehört, was mir gesagt wurde, kontere ich heute umso mehr.

Wenn ich mir Kritik anhören muss und ich der Meinung bin, dass sie ungerechtfertigt ist oder dass es (eigentlich nachvollziehbare) Gründe dafür gibt, warum ich mich gerade so verhalte, wie ich mich verhalte, wehre bzw. verteidige ich mich. Vor allem, wenn es darum geht, dass und wie ich mich verändert habe.
Ich mag/kann nicht mehr unter Menschen (Feste, Veranstaltungen o. ä.) gehen ...
Ich will vermeiden, Bekannten zu begegnen und kritisiert zu werden, weil ich „immer noch schwarze Kleidung trage" oder weil ich „immer noch trauere". Ich will vermeiden, mir kluge Ratschläge anhören zu müssen – meistens von Menschen, die nicht wissen, wovon sie sprechen, weil sie (glücklicherweise!) kein Kind verloren haben.

Verschiedene Situationen, Erinnerungen, Lieder, Erlebnisse sorgen dafür, dass sich meine Stimmung von „Heute gehts eigentlich!" schlagartig zu „Ich möchte mich verkriechen, nichts hören, nichts sehen ... einfach nur schreien!" ändern kann ... und ziehen mich in ein tiefes, schwarzes Loch, aus dem ich nur sehr schwer wieder herauskomme.
Manchmal brauche ich Hilfe ... manchmal schaff ich es allein ... manchmal hab ich das Gefühl, unterzugehen, nicht mehr atmen zu können ...
Manchmal weiß ich selbst nicht, was mir gerade helfen würde. Ich möchte reden, schweige aber. Ich möchte allein sein, fühl mich dann aber einsam.

Es gibt Tage, da mache ich wohl den Eindruck „wie immer" bzw. „wie früher" zu sein. Wie viel Kraft das kostet, sieht jedoch niemand.
Das macht mich manchmal wütend und hilflos und ich frage mich: „Warum muss ich mich zusammenreißen? Nur um es meinem Umfeld leichter zu machen, mit mir „klarzukommen"?

Das sind dann diese Tage, an denen mir die nötige Kraft fehlt und auch der Wille … da merkt man mir an, dass es mir schlecht geht. Dann bin ich angespannt, nervös, leicht reizbar, nicht sehr gesprächig, den Tränen nah …

Und viele Menschen können mit all dem nicht umgehen …

Ich wurde von einigen Menschen im Stich gelassen, weil ich zu kompliziert geworden bin …, weil es schwer wurde, mit mir umzugehen …, weil ich mich verändert habe … Und DAS hat mich noch ein Stück mehr verändert.

Aber auch ICH habe mich zurückgezogen, wenn ich merkte, dass einige Menschen nichts mehr mit mir anfangen konnten und mir das Gefühl gaben, mich und meine Trauer nicht ernst zu nehmen. Mein Vertrauen, mich auf Menschen verlassen zu können, wurde erschüttert.
Andere Menschen wiederum sind an meiner Seite geblieben, hören mir zu und geben mir Halt.
Und es sind Menschen in mein Leben getreten, die mit dem gleichen Schicksal leben müssen, die zu Freunden geworden sind. Sie verstehen mich ohne viele Worte. Und umgekehrt.

Seit Jahren sind da so viele verschiedene Gefühle, die in meinem Herzen und in meinem Kopf herumschwirren. Gefühle, die ich nicht kontrollieren kann. Oft wechseln sie sich ab. Oft sind sie alle gleichzeitig da. Sie kommen und gehen … manchmal kündigen sie sich an … manchmal überkommen sie mich ganz plötzlich …

Leere, Dankbarkeit, Schuldgefühle, Liebe, Hass, Freude, Traurigkeit, Angst, Zuversicht, Sehnsucht, Schmerz, Wut, Zorn, Hoffnung, Hoffnungs-losigkeit, Verzweiflung, Einsamkeit, Hilflosigkeit …
Es ist ein Auf und Ab …

Ich habe drei Kinder und ich werde immer drei Kinder haben. Die Liebe zu meinen drei Kindern hört nie auf. Auch nicht nach dem Tod. Sie gibt mir immer wieder aufs Neue Kraft. Ich bin dankbar, dass Andi bei uns war und auch nach seinem Tod immer bei uns bleiben wird. In unseren Herzen – in unseren Gedanken.

Ich bin dankbar für Andis Geschwister, dass es sie gibt, dass sie ihren Weg gefunden haben und dass sie meinem Leben trotz allem einen Sinn geben. Ich bin dankbar, dass ich die Kraft, für meine Kinder zu kämpfen, sie zu verteidigen und immer für sie da zu sein, nicht verloren habe. Dank ihnen lernte ich wieder, Freude zuzulassen, Spaß an etwas zu haben und zu lachen. Jedoch überkommt mich nach solchen Situationen oft ein schlechtes Gewissen ... „Wie kann ich lachen, wenn doch mein Kind tot ist?" Schuldgefühle und Verzweiflung, weil ich mein Kind nicht retten konnte. Jedes Elternteil, das sein Kind so sehr liebt, würde sein Leben für sein Kind geben ... würde alles tun, um sein Kind zu retten. Doch manchmal ist man machtlos ...

Schuldgefühle und Selbstvorwürfe, weil ich mein Versprechen „Ich werde dich immer beschützen!" nicht halten konnte. Schuldgefühle, Momente nicht „genutzt" zu haben. Fragen wie „Warum hab ich das nicht mehr mit ihm gemacht?", „Hab ich ihm oft genug gesagt, dass ich ihn liebe?", „Was hätte ich besser machen können?", „Was hab ich übersehen?" oder einfach nur „WARUM???" quälen mich immer und immer wieder ...

Mit jedem Tag, der vergeht, vermisse ich mein Kind mehr. Und der Schmerz ist manchmal kaum auszuhalten. Ich bin wütend und traurig, weil Andi viel zu früh gehen musste. Dabei sollte jedes Kind groß werden dürfen ... sein Leben genießen dürfen ... sich verlieben dürfen ... Abenteuer erleben dürfen ...

Manchmal fühl ich mich hilflos und allein, wenn mich ganz plötzlich Erinnerungen „überfallen".
Erinnerungen an die Zeit, als Andi krank war und um sein Leben kämpfte.
Erinnerungen, die immer wieder wie ein Film vor meinen Augen ablaufen.
Erinnerungen an den Moment, als das Herz meines Kindes in meinen Armen aufhörte zu schlagen.
Erinnerungen, die mich verfolgen werden, bis ich selbst die Augen schließe.

Ich habe Angst, dass es „danach" nichts mehr gibt und ich Andi nie wiedersehe … und dennoch die Hoffnung, dass er eines Tages am Ende des Regenbogens auf mich wartet.

All diese Gedanken und Gefühle … ich kann nicht verhindern, dass sie plötzlich da sind.
Aber ich habe mit der Zeit gelernt, sie „wegzuschieben" und komme so „gut" durch den Tag. Ich kann lachen, Freude empfinden, Spaß haben … Nicht immer, aber manchmal. Allerdings holen mich „weggeschobene" Gedanken dann zu einem späteren Zeitpunkt ein.
Abends, nachts …, wenn es um mich herum ruhig wird. Panikattacken, Schlafprobleme … sind der „Preis für gute Tage".

Und obwohl ich manchmal das Gefühl habe, immer noch nach „meinem Weg" zu suchen, geh ich ihn wohl schon stückchenweise …

Mein Weg ist meine Familie, die für mich da ist und die ich über alles liebe. Und auch wenn wir manchmal verschiedene Abzweigungen nehmen, ist unser Ziel dasselbe – dieses Leben gemeinsam zu meistern. (Ich bin froh und dankbar, dass es euch gibt!)

Mein Weg ist Andis Grab – ihn dort täglich zu besuchen und es liebevoll zu gestalten und dekorieren. All meine Liebe, die ich meinem Kind nicht mehr direkt geben/zeigen kann, ist in seinem „himmlischen Garten".

Mein Weg ist, Andis „Motto" nicht zu vergessen:
Never Ever Give Up

Mein Weg ist das Schreiben … meine „Briefe" an Andi … oder nun schon zum zweiten Mal ein Kapitel in einem Buch, das von verwaisten Eltern geschrieben wird.

Mein Weg ist „Kunst gegen Kinderkrebs", wo ich helfen darf, krebskranke Kinder und ihre Familien zu unterstützen … wo ich helfen darf, anderen Betroffenen einen Raum zu geben, über ihr Schicksal zu sprechen, weil ich weiß, wie wichtig das für manche Menschen ist … und wo ich selbst Raum bekomme, zu schreiben und meinen Gefühlen freien Lauf zu lassen. Es gibt mir unheimlich viel, Teil dieses tollen Teams sein zu dürfen.

Ich habe schon sechseinhalb Jahre ohne Andi (und doch mit ihm) geschafft. Und auch wenn ich nicht ganz genau sagen kann, WIE ich es geschafft habe, hoffe ich, es irgendwie weiter zu schaffen.

Für meine Familie und mit meiner Familie an meiner Seite und mit Andi in meinem Herzen.

Claudia B.

Benjamin B.

* 22.6.1986 +22.02.2017

Die Achterbahn meiner Gefühle fing am 22.4.16 an, als Benjamin mich anrief und mir sagte, dass bei ihm gerade Krebs diagnostiziert wurde. Nun wurde vieles verständlich: seine sehr häufigen Infekte, sein nächtliches Schwitzen, seine wiederkehrende Müdigkeit, usw. Um mich zu beruhigen (und er sich selber wohl auch) meinte er, dass es gut eine Krebsform sein könnte, welche gut behandelbar sei. Später stellte es sich heraus, dass diese Hoffnung vergebens war.

Ich rief meinen Mann Wolfgang (Benjamins Vater) und unsere Tochter (Benjamins Schwester A.) an. Da mein Mann gerade selber einen Infekt hatte und unseren Sohn nicht anstecken wollte, machte sich unsere Tochter umgehend von ihrer Heimat, 500 km von Hamburg entfernt, auf den Weg zu Benjamin nach Hamburg. Ein paar Tage später löste mein Mann sie in Hamburg ab. Seit seiner Diagnose und Behandlung im UKE in Hamburg waren fast durchgehend entweder Wolfgang oder A. in Hamburg, um Benjamin während der extrem harten Chemotherapie-Behandlungen zu begleiten. Erst als Benjamin sechs Monate später zum Palliativpatient wurde, kam er für die letzten drei Monate seines Lebens zu uns nach Kassel.

Benjamin hat sich ab dem Tag seiner Diagnose als Lebender und nicht als Sterbender bezeichnet und das auch so weit wie möglich gelebt. Sogar zwölf Stunden bevor er starb, sagte er zu mir: „Mama, ich habe den richtigen Schalter noch nicht gefunden, aber ich suche ihn weiter". Doch er fand diesen Schalter nicht mehr.

Weil Benjamin so überzeugend seinen Weg zur Wiederherstellung seiner Gesundheit suchte, und weil ich, genau zehn Jahre davor, etwas unerwartet, aber glücklicherweise meine schwere Krebserkrankung überlebt hatte, glaubte ich oder wollte ich glauben, dass Benjamin seinen Kampf gewinnen würde. Entsprechend gab es auch keine Art von Abschiedsgespräch mit irgendeinem von uns, auch nicht mit seiner Freundin.

Als Benjamin starb, war ich im Schockzustand. Ich funktionierte wie in Trance, sowie auch mein Mann und unsere Tochter. Es gab so viel zu organisieren! Während der Beerdigung neun Tage später war ich immer noch im Schockzustand. Es gab eine sehr große Beerdigung mit ca. 300 Gästen, wovon Verwandtschaft und Freunde überall aus Deutschland, England, Israel, und USA angereist waren. Da ich jüdisch bin und es üblich im Judentum ist, mit Freunden und Verwandten eine Woche gemeinsam zu trauern (das heißt Schiwa-Sitzen), waren wir nicht alleine, und langsam brach die Trauer immer mehr bei mir heraus. Immer häufiger brach ich weinend zusammen. Ich fühlte mich, als ob ich im falschen Film war, leer, irreal. Meinem Mann und A. ging es ähnlich. Es gab auch gelegentlich Spannungen unter uns bei den notwendigen Vorbereitungen für die Beerdigung. Benjamin fehlte. Das Familien-Gleichgewicht war aus dem Lot, alles schwankte, so wie es bei einem Mobile sein würde, wenn plötzlich ein Teil abgeschnitten würde.

Mein Mann rief sehr bald nach der Beerdigung einen befreundeten Psychotherapeuten an und fragte, ob er uns eine/einen Trauerberater/in empfehlen könnte. Das tat er, und daraufhin rief mein Mann gleich bei Frau Weißenfels an und machte einen Termin für uns beide bei ihr. (Am nächsten Tag war zufällig auch ein überzeugendes – eine Seite umfassendes –

Interview mit ihr in der Kasseler Zeitung.) Zum Glück hatte Frau Weißenfels sehr bald Zeit für uns.

Zu diesem Zeitpunkt war die Trauer bei meinem Mann, unserer Tochter und bei mir voll ausgebrochen. Parallel dazu organisierten ca. sieben Freunde von Benjamin mit uns eine tolle große Feier für Benjamin in Hamburg, sechs Wochen nach seinem Tod für seine Freunde und Verwandten, von denen viele nicht bei der Beerdigung sein konnten. Benjamin hatte zwar kein Testament gemacht (er plante ja weiter zu leben), aber eine kleine Auflistung, wer einiges seiner Gegenstände erben sollte, sollte er doch sterben, hatte er hinterlassen. Dabei bat er, dass seine übrigen Cocktailzutaten und Alkoholika bei einer Feier für seine Freunde in Hamburg verwendet werden sollten. Und so war es. Es kamen ca. 150 Menschen zu dieser außergewöhnlichen Feier und feierten und bedachten Benjamin. Mein kleinerer Anteil in der Planung für diese Feier war wichtig für mich, weil sie mich von meiner tiefen Trauer etwas ablenkte. Parallel zu der Planung sammelte ich Fotos aus Benjamins letztem Lebensjahr und von der Beerdigung für Fotobücher, die ich noch plante zu machen. Und wir ließen große Fotos von Benjamin abziehen, die bis heute in unserem Haus verteilt hängen.

Nach der großen Feier fiel ich zunächst in ein Loch. Die geteilte Trauer mit meinem Mann (und unserer Tochter) half mir jedoch, eine gewisse Stabilität in mein Leben zu bringen. Und die 14-tägigen Sitzungen bei Frau Weißenfels waren so sehr wichtig. Durch sie lernte ich, dass unsere Gefühle bei der Tragödie „normal" waren. Und an den Punkten, wo mein Mann und ich mich verzwickten, half sie uns sehr, den anderen zu verstehen und zu akzeptieren. Während dieser zweistündigen Termine, die zunächst alle vierzehn Tage stattfanden, bekam ich immer wieder mehr Boden unter meinen Füßen. Dort konnten wir unsere Gefühle richtig fühlen und zulassen. Wir erzählten auch viel über unseren wunderbaren Sohn. Sie hörte uns immer zu und stellte auch öfters Fragen, die uns weiterbrachten.

Kurz nach Benjamins Tod bin ich mehreren Facebook-Seiten für trauernde Eltern beigetreten. Auch diese waren und sind mir immer noch sehr wichtig. Es tut mir gut, von Menschen, die Ähnliches erlebt haben, zu hören und mit ihnen zu kommunizieren. Mit der Zeit verfolgte ich diese Seiten etwas seltener. Aber sie sind wie gute Freunde für mich, wo ich mich in meiner Trauer verstanden und weniger alleine fühle. Auch kurz nach Benjamins

Tod schrieb ich jeden Abend eine andere Erinnerung über ihn auf. Das tat ich zwei Jahre lang. Dann merkte ich, dass es mir lästig wurde, das jeden Abend zu machen. Es kam bei der Trauerberaterin zur Sprache. Da merkte ich, dass diese Erinnerungsarbeit fast zu einem Zwang für mich geworden war. Ich hatte damit angefangen, weil ich Angst hatte, irgendein Erlebnis über ihn oder gar ihn selber zu vergessen. In dem Beratungsgespräch wurde mir klar, dass dieses nie passieren wird. Es war eine Erleichterung für mich, die zweijährige Gewohnheit abzulegen.

Bald nachdem Benjamin gestorben war, mussten wir sein Wohngemeinschaftszimmer räumen. Das war sehr, sehr schwer. Ich ließ dabei die Trauer nur selten zu. Zum Glück halfen mehrere Freunde von Benjamin bei dieser Aufgabe. Wir behielten einiges, weil wir uns stark damit verbunden fühlten. Und diese Sachen mit vielen Fotos sind in unserem Gästezimmer, das wir auch als Benjamins Erinnerungszimmer hergerichtet haben und so bezeichnen.

Da Benjamin an einem 22. eines Monats geboren wurde, seine Krebsdiagnose erhielt und auch an einem 22. starb, fing ich schon einen Monat nach seinem Tod an, in meiner und seiner Facebook-Seite zum 22. jeden Monats Fotos von ihm und eine kleine Geschichte über ihn dort einzustellen. Ich mache das immer noch, auch weil diese Posts viel Anklang bei seinen und meinen FreundInnen finden. Ich glaube, somit bringe ich ihn immer wieder bei seinen FreundInnen zum Leben, und auch ich trauere im positiven Sinne ganz erheblich hierdurch. Langsam gehen mir hierfür die Fotos, die ich dort noch nicht gezeigt habe, aus. Ich weiß nicht, wie lange ich dieses Ritual weiterführen werde. Es ist mir klar geworden, dass er von anderen nicht vergessen wird und dass er in meinem Herz immer weiterleben wird.

Nach der großen Feier in Hamburg waren mein Mann, unsere Tochter und ich tief in der Planung für den Grabstein für Benjamin eingebunden. Er sollte zu ihm passen und seine Lebensfreude und seine Liebe zur Natur widerspiegeln. Es war für uns Drei ein sehr großes Projekt, in dem ich auch meine Trauer ein Stück weiterverarbeiten konnte. Am Ende waren und sind wir sehr zufrieden mit dem Resultat. Am 24. Juni 2018 wurde dieser Grabstein eingeweiht. Danach hatte ich erstmals Angst, wie die Verarbeitung meiner Trauer weiter gehen könnte.

Die Einweihung von Benjamins Grabstein lag 16 Monate nach seinem Tod. Ich merkte, dass ich mich nicht in dem Schockzustand befand, wie es war, als er ins Grab gelegt worden war. Mir liefen dieses Mal die Tränen, aber ich fühlte mich etwas getragen durch unsere und Benjamins Freunde, die mit uns bei der Grabsteineinweihung dabei waren. Es waren vor allem Benjamins Freunde, die seit seinem Tod uns in unserer Trauer begleitet und mitgetragen haben. Bisher kamen sie aus verschiedenen Ecken Deutschlands, um seiner an seinen Geburtstagen und Todestagen zu gedenken. Dabei helfen sie auch mir, mit Benjamins Tod ein Stück besser umzugehen.

Ich fühle mich eher von Benjamins Freunden als von meinen Freunden durch meine Trauer getragen. Meine Freunde scheinen weniger gut damit umgehen zu können. Sie vermeiden das Thema „Benjamin". Im Gegensatz dazu sprechen Benjamins Freunde mit uns über ihn. Und jedes Mal, wenn sie kommen, merke ich, dass ich besser mit der Trauer umgehen kann und immer besser den Grund wieder unter meinen Füßen finde.

Benjamins dritter Geburtstag ohne ihn liegt seit Kurzem hinter uns. Dieses Mal haben wir seinen Geburtstag mit seiner Patentante gemeinsam gewürdigt. Wir waren länger an seinem Grab, wo wir seiner gedachten. Am selben Abend haben wir ein Foto von ihm aufgestellt, eine schöne Rose in einer Vase daneben gestellt und eine Kerze zu seinem Gedenken für ihn angezündet. Dann lasen wir nochmals seine Grabrede. Und dann tranken wir ein Glas Sekt auf sein Leben und auf seinen Wunsch, nicht in tiefer Traurigkeit zu verweilen, sondern zu versuchen, unsere Leben so auszufüllen, so wie auch er es sich für uns gewünscht hatte.

Seit Benjamins Tod haben mein Mann und ich in jedem der drei Jahre Urlaub in Cuxhaven gemacht. Dort waren wir weder ohne noch mit Benjamin je gewesen. Wir hatten jedes Mal mindestens ein gutes Foto von ihm dabeigehabt. Der erste Urlaub in 2017 war sehr schwer, der zweite etwas weniger schwer und der letzte wurde nicht mehr so stark von unserer Trauer und Sehnsucht nach Benjamin überschattet. So würde es Benjamin sich auch wünschen. Das wissen wir alleine schon durch seine Grabrede. Aber ein Teil meines Herzens wird mit Sicherheit immer gebrochen bleiben. Damit versuche ich mich, immer noch abzufinden. Vermissen werde ich ihn täglich bis zum Ende meines Lebens.

Benjamin Bahr war das Zweite unserer Kinder. Geboren wurde er an dem sonnigen Sonntag des 22.6.1986. Benjamin war ein Glückskind. Ihm fiel das Lernen leicht, er war von früh auf sehr beliebt, recht sportlich und sah gut aus. Er hatte die Gabe, anderen gut zuzuhören, und war sehr hilfsbereit und großzügig. Sein Großvater bezeichnete ihn mal als „Glückskind". Und so verlief sein Leben bis zu seiner späten Jugend. Ab dem Zeitpunkt wurde er immer häufiger krank. Er achtete verstärkt auf seine Ernährung, machte Sport und versuchte sein Leben so gesund zu gestalten wie möglich. Dennoch, seine Bemühungen halfen nicht. Als er sich im April 2016 vollkommen durchchecken ließ, erhielt er die niederschmetternde Krebsdiagnose: Gemischter Keimzellentumor im oberen Mediastinum. Zehn Monate brutale Chemotherapie, Bestrahlungen und Alternativmedizin folgten, ohne Erfolg.

Benjamin hinterließ eine Grabrede auf Englisch. Diese hatte er heimlich drei Monate vor seinem Tod geschrieben und seinen Chef gebeten, sie im Falle seines Todes zu verlesen. Sein Chef rief uns an, als er erfuhr, dass Benjamin gestorben war und wies uns darauf hin, dass es eine Rede in Benjamins digitalen Daten geben müsste. Es folgte eine intensive Suche danach, und wir hatten Glück, dass ein Freund von ihm sie noch rechtzeitig für Benjamins Begräbnis in Benjamins Notebook gefunden hatte und eine gute Freundin von Benjamin sie noch rechtzeitig ins Deutsche übersetzen konnte. Hier ist sie:

Liebe Familie und liebe Freunde,

Danke, dass Ihr hier bei mir seid.
Danke, dass Ihr im Laufe meines Lebens bei mir gewesen seid.
Danke, dass Ihr jetzt bei mir seid.

Ja, jetzt.
Mein Körper vermag vielleicht nicht mit Euch zu sein.
Aber ich bin es.

Ich bin mit Euch in Euren Erinnerungen
Ich bin mit Euch, wenn Ihr Euch alleine fühlt
Ich bin mit Euch, wenn Ihr liebt und wenn Ihr Euch freut!

Nun habe ich mich wiedervereint mit den weniger physikalisch greifbaren Aspekten dieses Universums:
Mit der wunderbaren Energie, die durch alle Wesen fließt
Mit dem Wind, der durch die Bäume weht
Mit einem schönen Lied, Bild, oder Moment, was immer uns berührt
Mit der tieferen Weisheit, die wir spüren, wenn wir auf unsere Herzen hören
Mit dem warmen Gefühl der Liebe im Innersten von uns allen

Vielen Dank für Eure Unterstützung in den letzten Monaten!
Sie hat mich so schön getragen! Bitte denkt nicht auch nur für einen Moment, dass Eure Gebete, Eure Gedanken, und Eure Hilfe zu nichts geführt hätten!
Ich versichere Euch, sie haben viel gebracht!
Ich habe den Kampf gegen den Krebs nicht gewonnen, aber dank Eurer Gebete, Eurer Gedanken, Eurer Hilfen, waren die Monate, in denen ich gegen den Krebs kämpfte, mindestens so erhebend und erfreuend wie andere Zeiten meines Lebens, wenn nicht noch mehr.

Ich glaube, dass die Welt in Zyklen wirkt, nichts dauert in seiner Form.
Es gibt eine Zeit der Geburt und eine Zeit des Sterbens,
beide gehören gleichermaßen zum Leben.

Aber in der Mitte, da ist Lebendigkeit!
Oh, ich liebe das Leben! Und ich möchte Euch alle ermutigen Eure Flügel so weit auszubreiten, wie Ihr könnt und das Leben zu leben!
Hört auf Euer Herz. Es weiß den Weg.

Vertraut Euch selbst. Traut Euch, Euren Träumen nachzugehen. Traut Euch so zu sein, wie Ihr in Eurem Herzen schon lange wisst in Wahrheit zu sein, ein Sein, in das Ihr hineinwachsen könnt.

Es ist, dass wir jeden Lebensmoment tiefer wertschätzen können, weil unserem Leben Grenzen gesetzt sind.

Ich habe eine Bitte an Euch alle: Bitte versinkt nicht meinetwegen in tiefe Traurigkeit. Ich habe das auch nicht getan. Stattdessen, denkt bitte an die Freude, die wir zusammen hatten. Das Wunder des Lebens, das wir zusammen erlebt haben. Die Liebe, die wir geteilt haben. Nehmt Euch selbst, und somit auch mich, zu den schönsten Momenten, die wir zusammen hatten. Und lasst diese Momente in Euren Herzen aufleuchten. All diese Positivität bleibt als ewige Schöpfung zwischen uns und der Energie des Universums. Wenn Ihr wirklich etwas für mich tun wollt, dann teilt diese Freude, teilt dieses Wunder, teilt diese Liebe. Teilt sie mit anderen. Teilt sie mit der Welt. Und, was am allerwichtigsten ist, teilt sie mit Euch selbst.

Ich habe schon immer an das angeborene Gute der Menschen geglaubt. Ich bin so glücklich, dass die letzten Monate meinen Glauben mehr als nur bestätigt haben. Das Gute, das ich empfangen durfte, kommt aus Eurem tiefsten Inneren. Ich sehe, dass Euer Herz strahlt. Ich sehe, dass Eure Seele leuchtet. Ich sehe Euch. Und es ist wunderschön!

Ich danke Gott für das Leben,
Und ich danke Euch, dass Ihr daraus ein tolles
Leben gemacht habt!
Ich werde Euch immer lieben.
Nun, lasst uns gemeinsam das Leben feiern.

Euer Benjamin

Barbara B.

Benjamin Z.

*10.03.1991 +03.10.2012

Mein Sohn Benjamin Ziegler wurde am 10.3.1991 als jüngstes meiner vier Kinder geboren. Er verstarb am 3.10.2012 an einem Hirntumor, Glioblastoma multiforme Stufe IV, inoperabel, da am Stammhirn sitzend.

Ich erlebte mit Benjamin eine schöne Schwangerschaftszeit, mit komplikationsloser Geburt. Obwohl ich vierzehn Monate zuvor meine Tochter per Kaiserschnitt entbunden hatte, war dieses wieder eine Spontangeburt und wie einige Monate zuvor bei seiner Schwester, fiel der Tag der Geburt wieder auf einen Sonntag.

Mein Benni war ein sonniges, fröhliches Kind, mit einem ungezügelten Temperament, man nannte es hyperaktiv. Diese Hyperaktivität wurde auch bei mir im Alter festgestellt, habe ich ihm wohl mitgegeben.

Seine Geschwister, Marc, Jens und Linda, waren bei seiner Geburt zwölf, zehn und ein Jahr alt, er wurde von allen Geschwistern geliebt und betüdelt. Sein Name, Benjamin war Programm.

Ich bin in meiner zweiten Ehe verheiratet, mit Georg, meinem Mann, jetzt schon seit 20 Jahren zusammen. In dieser für mich sehr schweren Zeit wurde ich immer von ihm unterstützt. Er hat mir geholfen und ist mit mir immer gemeinsam den Weg der Trauer gegangen.

Zu seiner Schwester Linda hatte „Benni", wie er von allen liebevoll genannt wurde, ein besonderes Verhältnis, und da die beiden nur vierzehn Monate trennte, teilten sie sich einen fast gemeinsamen Freundeskreis, bis auf wenige Ausnahmen.

Benjamin war, zu dem Zeitpunkt der Diagnose, die er kurz nach seinem einundzwanzigsten Geburtstag bekam, als Ordner bei unserem Fußballverein BVB Dortmund, den er sehr liebte, angestellt. Die Deutsche Meisterschaft 2012 des BVB, worüber er sich sehr freute, wurde auch trotz seiner kurz zuvor festgestellten Erkrankung noch ausgiebig mit Freunden und Geschwistern gefeiert.
An den Tag der Diagnose, 24.04.2012, erinnere ich mich noch ganz genau.

Benni sagte ca. vierzehn Tage vorher zu mir, dass er sein rechtes Bein nicht mehr so spürte, ich tippte auf Bandscheibe und sagte ihm, dass er sich einen Termin fürs CT in unserem nahe gelegenen St. Josefs Krankenhaus geben lassen soll. Was er auch umgehend tat. In diesem Krankenhaus wurde er auch geboren.

Der behandelnde Arzt empfahl allerdings eine andere Diagnoseform. Ein Schädel MRT. In einem vertraulichen Gespräch, im Nachhinein, sagte dieser mir, dass er auf MS getippt hätte, was sich „leider" nicht bestätigte, damit hätte er länger leben können …

Es war ein Tumor im Stammhirn und wie sich nach der Entnahme einer Probe herausstellte, der gefährlichste und zugleich schlimmste Hirntumor, den man sich vorstellen kann. Ein Glioblastoma multiforme Stufe IV. Durch die komplizierte Lage im Stammhirn dann noch inoperabel. Wir waren schwer erschüttert und wie gelähmt.

Als der Arzt sagte, die Prognose wäre schlecht, haben wir dieses erstmal gar nicht richtig verstanden. Es tat sich ein grenzenloses Loch auf.

Ich dachte, durch die Chemo und die Bestrahlung wird der Tumor bestimmt begrenzt, wird schrumpfen und alles wird gut. Einen anderen Gedanken konnte und wollte ich gar nicht zulassen. Es war unvorstellbar.

Es kann ja nicht sein, dass unser Benni bald nicht mehr unter uns ist...

Dem war leider nicht so. Wir, und vor allem Benni, mussten nach fünfeinhalb Monaten leidvollem Kampf, voller Hoffnung und Verzweiflung mit einem noch schönen Urlaub an der Ost- und Nordsee, mit Ausflügen nach Sylt und ins Wikingerdorf Haithabu, uns diesem „Teufel" Krebs geschlagen geben.

Benni verbrachte seine letzten sechs Wochen im Knappschaftskrankenhaus in Bochum, das eine Fachabteilung für Kopf- und Hirntumore hat. Der behandelnde Professor war ein ausgewiesener Spezialist für Neurochirurgie. Die Körperfunktionalitäten sowie Nahrungsaufnahme gestalteten sich für Benni als sehr problematisch. Die langanhaltende Chemo- und Strahlentherapie hatten seinen Körper total erschöpft. Er konnte zum Schluss die mühsam aufgenommene Nahrung nicht mehr bei sich behalten und wurde künstlich ernährt. Dieser körperliche Verfall war eigentlich nicht, oder ganz schwer, zu ertragen. Zu sehen wie einem jungen, agilen, vitalen Mann die Kraft genommen wird.

Dennoch sollte er seine letzten Tage in einem Hospiz in Dortmund verbringen, dazu sollte noch zuvor ein Port für die künstliche Ernährung gelegt werden.

Am Donnerstag dem 4.10.2012 sollte dieser Eingriff stattfinden.

Auch wollte Jürgen Klopp, der damalige Trainer von Borussia Dortmund, Benni im Krankenhaus besuchen und das mit Sebastian Kehl, einem zu diesem Zeitpunkt Dortmunder Spieler. Leider verstarb Benni, bevor wir einen Termin vereinbaren konnten. Jürgen Klopp war tief betroffen.

Am Montag hatte er noch, trotz Einschränkung der rechten Seite, die Einwilligung für die OP unterschrieben und am Dienstag sollte das Gespräch mit dem Narkosearzt geführt werden, wozu es leider nicht mehr kam...

Wir wurden am Dienstag früh angerufen und es wurde uns gesagt, dass es Benni zusehends schlechter ging. Wir machten uns auf den Weg und als wir im Krankenhaus ankamen, lag Benni schon im Morphium-Koma.

Wir blieben bis abends um 19:30 Uhr. Ich fuhr dann zum Schlafen nach Hause. Da ich nicht schlafen konnte, weil meine innere Unruhe überwog, bin ich um 1:30 Uhr mit meinem Sohn Jens, da ich nicht in der Lage war selbst zu fahren, wieder ins Krankenhaus gefahren. Jens fuhr mit seinem Vater wieder nach Hause. Die letzten Stunden durfte ich mit Benni alleine verbringen.
Ich streichelte ihn, sagte ihm, wie sehr ich ihn liebe und dass er gehen darf, was mir unendlich schwerfiel.

Wir hörten gemeinsam seine Lieblingsmusik als Benni am Mittwoch, dem 3.10.2012, morgens um 6:20 Uhr für immer einschlief.
Als Benni seinen letzten Atemzug machte, habe ich das deutlich gehört, aber nicht geglaubt, dass das jetzt so ist, erst als ich die Schwester rief und sie es mir bestätigte, ließ ich meinen Tränen freien Lauf.

Die Schwestern zogen Benni sein Meisterschaftsshirt an und haben einen Engel und eine Kerze aufgestellt, das fand ich sehr lieb, ich öffnete das Fenster, damit Bennis Seele frei sein konnte.

Am Tag von Bennis Urnenbeisetzung haben wir eine Abschiedsfeier für Benni organisiert und weiße Luftballons steigen lassen, mit Zetteln dran, wo jeder drauf schreiben konnte, was er Benni als Wunsch mit auf den Weg gibt.

So, dass er einen guten Weg über die Regenbogenbrücke hat.

Benni war Schlagzeuger und auf seinem Grabstein steht ein Spruch, den er Georg (meinem Mann) und mir in einer schönen Sommernacht in unserem

Garten sagte: „Es gibt nichts, was mich so fröhlich macht, wie Musik", da war Benni schon erkrankt!

In der ersten Zeit der Trauer dachte ich, das ist alles nicht wahr und Benni kommt gleich zur Tür herein, ich ging täglich zum Friedhof, aber Benni war für mich nicht dort, jedes Mal, wenn ich ging, sagte ich zu ihm, komm Benni, wir gehen wieder nach Hause. Es ist dort seine Gedenkstätte, nicht der Ort, wo er jetzt ist.

Heute gehe ich nicht mehr so oft zum Friedhof, es gibt Tage, da kann ich dort nicht hin und dann gibt es Tage, da muss ich unbedingt hin, es ist manchmal wie ein Zwang.

Für mich ist Benni immer da, dort wo ich bin, seine Geschwister, oder seine Freunde.
Benni schickt uns Zeichen und wenn mir das früher jemand gesagt hätte, hätte ich gesagt, der spinnt.

Obwohl mir mein verstorbener Vater auch das ein oder andere Zeichen schickte, was ich aber nicht so deuten konnte, bin ich durch Bennis Tod sensibler für so etwas geworden.
An Bennis erstem Sternengeburtstag ging mein Mann Georg zum Friedhof, um etwas neu zu pflanzen und für den Nachmittag alles herzurichten, wenn wir dann alle gemeinsam zum Friedhof gehen würden.

Georg ging hinten aus unserem Gartentor raus und ich zurück ins Haus, ich dachte bei mir, da Benni Musik so liebte, das Radio nach langer Zeit mal wieder anzumachen und sagte laut : „So, Benni ,dann können die ja zur Feier des Tages mal „dein" Lied spielen", ich drückte auf den On Knopf und genau in diesem Moment setzte Bennis Lied ein … ich musste mich setzen, zitterte am ganzen Körper und musste fürchterlich weinen und habe laut gesagt: „Ja, mein Junge, ich weiß, du bist da…"

Solche Sachen passieren nun immer häufiger und ich nehme es bewusst auf.

Auch die Begegnungen mit anderen „verwaisten" Eltern haben uns neuen Mut gegeben, daraus sind wunderbare Freundschaften entstanden und die Gespräche und Treffen sind immer wieder schön.

Dabei wird nicht nur übers Sterben gesprochen, wir lachen und weinen gemeinsam, das verbindet.

Außerdem habe ich mich von vielen sogenannten Freunden verabschiedet, die mir gesagt haben, wie ich trauern soll und nicht verstanden haben, dass wir nun anders ticken.

Es gibt keine Ratschläge in der Trauer, jeder trauert anders und alles ist erlaubt und wem das nicht passt, hat in meinem/unserem Leben nichts mehr verloren.

Denn niemand, der das nicht erlebt hat, hat das Recht sich einzumischen und Ratschläge zu geben, denn die Trauer ist genauso individuell, wie wir Menschen auch.

Ich habe mich entschieden, mein Leben für Benni mitzuleben, er ist und war ein Teil von mir und ich mache heute all das, was Benni nicht mehr kann, für ihn mit.
Laufe stundenlang am Strand entlang z. B., wie er es liebte, und sammle Steine, Muscheln und schöne Dinge und dabei rede ich mit ihm, manchmal laut und manchmal leise, genieße die Natur, wie nie zuvor und achte auf „Zeichen".

Jeder Schmetterling, jede Blume, jeder Vogel o. ä. lassen mich lächeln und es klingt vielleicht verrückt, für mich ist Benni in jedem Schönen, was ich sehe.

Die Trauer hat sich bei mir so verändert, dass ich sagen kann, ich lebe weiter, anders als vorher, aber ich habe bemerkt, es gibt durchaus noch ein lebenswertes Leben, wenn nicht sogar intensiver, weil ich ja weiß, es ist nicht selbstverständlich, dass wir gesund durchs Leben gehen können.
Auch wenn viele verwaiste Eltern das kurz nach dem Tod ihres/ihrer Kinder nicht so sehen, es geht weiter.

Benni fehlt mir natürlich unendlich und das wird auch immer so bleiben, bis wir uns irgendwann wiedersehen, auch daran glaube ich mittlerweile, woran ich früher meinen Zweifel hatte.

Mit dem Schmerz, der immer bleibt und auch intervallähnlich kommt und geht.

Ich vergleiche die Trauer um mein Kind immer mit einer Amputation, wenn dir der Arm amputiert wird, wächst er auch nicht mehr an, du lernst nur, damit zu leben/umzugehen.

Benni ist bei mir, wie seine lebenden Geschwister auch und dafür bin ich unendlich dankbar, auch dafür, dass ein neues Menschenkind sich auf den Weg gemacht hat und im März 2020 (Bennis Geburtsmonat) unsere Familie hoffentlich gesund und munter erreichen wird, ich werde wieder Oma, meine Tochter Linda wird das erste Mal Mama.
Kurz vor Bennis 29. Geburtstag kam unser Enkel Noah gesund zur Welt!
Wir sind mehr als dankbar! Noah bedeutet übrigens Trost.

Ich liebe dich unendlich, mein Benni und werde dich immer lieben,

Deine Mama
Hier noch ein Gedicht, das ich viele Jahre vor Bennis Erkrankung geschrieben habe:

Menschen

Menschen sind wie Blätter
Die meisten fallen im Herbst ihres Lebens lautlos zu Boden.
Manche aber, werden durch Stürme, vor dem Herbst zu Boden gerissen …

© Roswita Häbel

Roswita H.

Bernhard-Sebastian S.

*03.01.2000 +27.04.2011

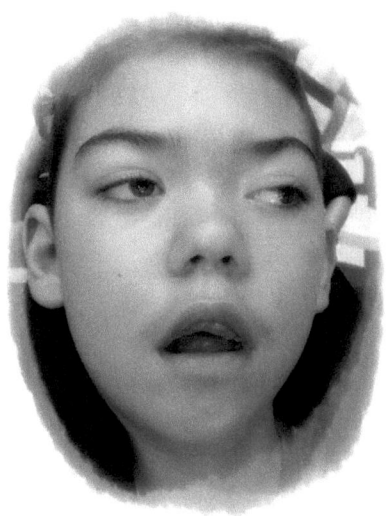

Trauerveränderung

Heute ist der 29.06.2019. – 2985 Tage sind nun vergangen – vergangen seit dem Tag, an dem ich Dich endgültig gehen lassen musste, Dich meinen geliebten Sohn. 5804 Tage seitdem die Krankheit FIRES Epilepsie gnadenlos zugeschlagen hatte. Von einem Tag zum anderen war alles anders, nichts mehr wie gewohnt und eine lange Odyssee von Krankenhausaufenthalten die Folge.

FIRES Epilepsie ist eine der schwersten Formen der Epilepsie im Kindesalter, und meist geht sie einher mit bleibenden Schäden im kindlichen Gehirn. Nicht wenige der betroffenen Kinder bleiben für immer komatös, oder schwerst-mehrfach-behindert. Ebenso Du, mein kleiner Sohn. An einem Tag noch lachend, fröhlich, klug und wohlauf – nach bleibenden Krampfanfällen und vier Monaten Intensivstation im künstlichen Koma – schließlich übergegangen in einen wachkomatösen Zustand. Von jetzt auf gleich – ein Palliativkind. Das reißt einem den Boden unter den Füssen weg. Und zeitgleich gibt es einem die Möglichkeit für einen langen und bewussten Abschied. Und nach fast acht langen Jahren in einem komaähnlichen Minimalbewußtseinszustand, mit vielen schweren Krampfanfällen und oftmals schweren Lungenentzündungen, konnte ich Dich an Deinem Todestag dann auch loslassen und Dir den Frieden gönnen, wenngleich mein Herz auch heute noch tiefe und schmerzende Wunden hat. Mutterschaft endet eben nie. Das Band bleibt über den Tod hinaus bestehen – die Sehnsucht nach Dir auch. Die ersten Tage, Monate, eigentlich auch Jahre habe ich nur wie ferngesteuert funktioniert. Jeden Tag nur ertragen und geschaut, ihn halbwegs vernünftig über die Bühne zu bringen. Selbst mehr tot als lebendig. Und irgendwann begann es, dass ich wieder teilnahm am Leben. Erst in ganz kleinen Schritten und mit wenigen Minuten am Tag, aber zunehmend immer mehr. Der eigene Überlebenswille gewann wieder die Oberhand.

Und so stelle ich fest, dass der bewusste Umgang mit dem Verlust meines Sohnes und die vielen Gespräche mit meinem jetzigen Mann, meiner besten Freundin und nun auch die Langzeit-Therapie mir helfen, an vielen Tagen meines Lebens ausgeglichen und glücklich zu sein.

Aber am allermeisten half und hilft mir die Arbeit mit dem von mir initiierten und gemeinsam mit anderen betroffenen Eltern, aber auch mit der besonderen Hilfe und dem herausragenden Engagement des von Klaus Blöcker gegründeten FIRES Epilepsie Kinderhilfsnetzwerk e.V., um aus dem Trauerkarussell weitestgehend auszusteigen. Klaus ist ein Mann, der selbst in der Familie nicht von FIRES Epilepsie betroffen, aber dankbar ist, einen gesunden Sohn zu haben, und helfen will.

Mein Leben hat wieder einen tieferen Sinn durch die Arbeit im Kinderhilfsnetzwerk bekommen. Denn selbst nach fast 16 Jahren mit Beginn der Erkrankung von Bernhard, stelle ich fest, dass die Medizin noch nicht wirklich einen Schritt weiter ist. Dass es immer noch sehr lange dauert, bis Kinder, die an FIRES Epilepsie erkranken, richtig behandelt werden. Und selbst das ist kein Garant für ein Überleben oder aber einem guten Ausgang. Auch wenn es immer wieder Kinder gibt, die das Desaster der Erkrankung einigermaßen heil überstehen. Und genau diese Kinder sind es, die mich unermüdlich suchen und werben lassen. Suchen nach weiteren Spezialisten und betroffenen Eltern, suchen nach Behandlungsmethoden und werben. Werben für Spendengelder, Sponsoren, interessierte Mitstreiter und Menschen, die helfen wollen, helfen können und die etwas bewegen wollen. Gemeinsam sind wir stark.

Fündig bin ich geworden: Fündig an wundervollen Menschen, die selbstlos an meiner Seite suchen, werben und finden. Kontakte ergeben sich und selbst eine Entfernung quer durch Deutschland – ich hier im südlichsten Zipfel von Bayern – und Klaus – oben im hohen Norden, in der Nähe von Kiel stark und kraftvoll, funktioniert.

Kiel, das mit dem UKSH und dem dort arbeitenden PD Dr. Andreas van Baalen, den derzeit deutschlandweit einzigen Spezialisten und Namensgeber von FIRES Epilepsie weiterhin an einer Verbesserung der Behandlungsmethoden für Kinder, die an FIRES Epilepsie erkrankt sind, arbeitet und hoffentlich auch bald forscht. Denn dank der unermüdlichen Arbeit von Klaus, den Aktionen der Flaming Stars (eine Interessengemeinschaft von Feuerwehrmännern, und Feuerwehrfrauen, sowie Freunden und interessierten Motorradfahrern), konnten wir gemeinsam am 27.02.2019 das bundesweit erste Studienzentrum für FIRES Epilepsie am UKSH in Kiel aus der Taufe heben, auch wenn es derzeit noch aufgebaut werden muss und wir Spenden sammeln müssen. Aber ich bin zuversichtlich, dass wir die benötigten finanziellen Mittel bis zum Ende des Jahres zusammen haben werden. Und weil Energie der Aufmerksamkeit folgt, haben wir nun mit dem Verein „Gutes tun! Freunde und Förderer des UKSH" einen weiteren großen Mitstreiter für unser Ziel des Studienzentrums werben können. Ich bin sehr erstaunt, wie viel wir zusammen in der kurzen Zeit seit der Gründung des FIRES Epilepsie Kinderhilfsnetzwerk e.V. im Juni 2018 erreicht haben.

Und mit jedem weiteren Tag wird mir nun immer klarer und für mich greifbarer, dass sich damit mein Versprechen am Totenbett meines Sohnes zu manifestieren beginnt. Denn ich habe ihm versprochen, immerwährend darüber zu sprechen, zu suchen und zu finden, bis es diesen einen Tag geben wird, an dem kein Kind mehr durch FIRES Epilepsie zu Schaden kommt.

Und so hat mein Leben mit dem Kinderhilfsnetzwerk ein Zugpferd bekommen, etwas was mich wieder hoffen lässt und mir wieder Zufriedenheit und Lebenssinn gibt.

Ich bin wieder da. Noch nicht ganz 100% – aber jeden Tag ein Stück weit mehr.

Ich kann die Zeit nicht zurückdrehen und das Geschehene nicht ändern. Aber meine Sichtweise darauf, die kann ich ändern. Damit die Messer aufhören in mein Herz zu schneiden. Und sie tun es – aufhören zu schneiden! Das wurde mir dieses Jahr an Deinem Todestag an Deinem Erdenbett so bewusst. Denn zum ersten Mal waren neben der Trauer auch ein riesengroßes Gefühl von Dankbarkeit und das Gefühl, dass es jetzt gut so ist, wie es ist.

Zum ersten Mal sah ich Dein Grab nicht durch einen Schleier von Tränen. Ich werde Dich immer lieben mein Schatz, Dich nie vergessen. Aber ich habe auch eine Verantwortung Deiner Schwester gegenüber. Eine Verantwortung dafür, dass auch sie eine Mama hat, die fröhlich ist. Und die gerne lebt.

Und auch wenn ich weiß, dass Trauer niemals linear verläuft und dass es blaue und graue Tage in meinem Leben gibt und geben wird; Tage, an denen die Trauer sehr präsent ist, und Tage, an denen ich abends feststelle, dass die Trauer heute keinen Raum von mir gefordert hat. So weiß ich aber, dass die Tage wieder Sinn ergeben. Denn das Leben will gelebt werden. Und ich weiß, mein kleiner Schatz – das hättest Du niemals gewollt, dass ich zerfressen von der Trauer um Dich, mich und alle die Menschen um mich herum, die mich liebhaben, vergesse. Daher erweitere ich heute mein Dir am Totenbett gegebenes Versprechen. Ich erweitere es um den Punkt, dass ich auch auf mich achten werde, dass es mir gut geht. Damit auch ich am Ende meines Lebens erfüllt und glücklich nach Hause gehen darf. Denn ich weiß – eines Tages werden wir uns wiedersehen. Davon bin ich überzeugt.

Und Ihr, Ihr lieben Leser – wenn ihr mehr über die Erkrankung FIRES Epilepsie erfahren, helfen und/oder spenden wollt: Dann freue ich mich sehr, wenn Ihr auf unserer Homepage www.fires-epilepsie.de vorbeischaut, wenn Ihr uns unterstützen wollt, Mitglied werden wollt, oder auch einfach nur aus Interesse. Ihr findet uns natürlich auch auf Facebook. Und ich bin dankbar für jeden Menschen, der über FIRES Epilepsie spricht und damit zum Bekanntwerden der Erkrankung beiträgt. Ich danke Euch!

Martina Kleinfeldt – Mama von Bernhard-Sebastian im Herzen,
Anna-Emilia, mein Sternenmädchen im Herzen
und Franziska-Sophie an der Hand.

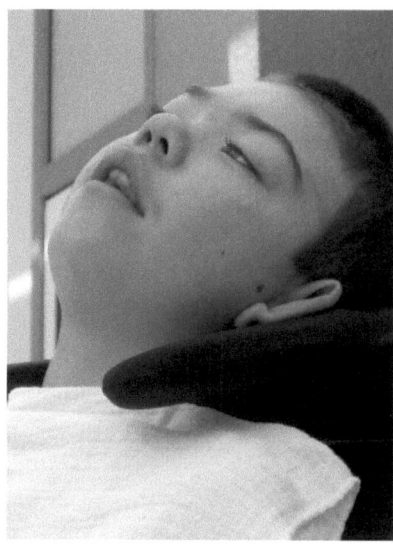

Martina K.

Colin Noel P.

*23.08.2004 +13.07.2015

Die Geschichte von Colin Noel

Auf dem Bild hier seht Ihr meinen Sohn Colin Noel – einen Strahlemann mit Wuschelkopf. Immer lustig und fröhlich – ein Kind mit großem Herzen und viel Empathie für Mensch und Tier. Er liebte Handball über alles und war mit Feuereifer dabei – egal ob er selbst gespielt hat oder beim lautstarken Anfeuern seiner Lieblings-Bundesligamannschaft, zu deren Spielen ihn sein Opa immer mitgenommen hat. Ich sehe ihn noch in der Sporthalle dort oben stehen – mit Trikot, Schal und Fahne – er hat den Sport gelebt. Youtuber wollte er gerne werden – ich muss heute noch sehr lachen, wenn mir mal wieder ein paar Tonaufnahmen von ihm vor die Füße fallen, ein so kostbarer Schatz – er wäre sicher ein toller Entertainer geworden – oder auch Weltverbesserer? Wer weiß das schon so genau ... Am Tag seines Todes hatten sie in der Schule die Aufgabe zu beschreiben, wie bzw. wo sie sich in einigen Jahren sehen. Er wollte in Berlin in einer WG leben und Autos ohne Abgase erfinden – Laub wollte er zur

Energiegewinnung nutzen – was für eine Idee! Er hatte oft eine große Weitsicht und seine Fragen besaßen eine manchmal für mich unheimliche Tiefe. Wie kann ein Kind in dem Alter solche Gedanken haben oder das Verhalten seiner Mitmenschen auf diese Art und Weise hinterfragen und analysieren? Was auch immer er weiter aus seinem Leben gemacht hätte – auf alle Fälle war er ein toller großer Bruder, der seine Schwester über alles geliebt hat.

Colin kam am 23. August 2004 zur Welt. Ich hatte eine weitestgehend beschwerdefreie Schwangerschaft, allerdings nie Vor- oder Senkwehen und der kleine Mann wollte nicht von alleine raus. Also wurde neun Tage nach dem eigentlichen Geburtstermin ein Wehenbelastungstest durchgeführt und letztendlich die Geburt eingeleitet. Aufgrund einiger Komplikationen kam Colin um 17:45 Uhr mit 55 cm und 3870 g (und Riesenfüßen) durch einen Notkaiserschnitt, also ziemlich turbulent, in unserem Leben an. Er war ein sehr kuschel- und liebebedürftiges Baby und später auch Kind, er hat uns einfach glücklich gemacht und unser Leben bereichert – und er fehlt uns nach wie vor sehr.

Colin wurde am 13. Juli 2015 mit knapp elf Jahren bei einem Autounfall aus dem Leben gerissen. Einem Unfall, bei dem ich am Steuer saß – einem Unfall, bei dem auch ich schwer verletzt wurde – einem Unfall, dessen Ursache auch heute noch unbekannt ist. Ich habe erst am nächsten Tag von seinem Tod erfahren, es vorher allerdings gespürt – nur nicht wahrhaben wollen – und ich konnte ihn aufgrund meiner Verletzungen auch erst drei Tage nach seinem Tod das erste Mal sehen. Leider hatte ich keine Möglichkeit mehr ihn zu halten, ihn in den Arm zu nehmen und zu drücken – eine Tatsache, die mir auch heute noch Schwierigkeiten und manchmal auch schlaflose Nächte bereitet. Aber ich kann nach gut vier Jahren auch sagen, dass sich vieles verändert hat. Mir war gleich von Anfang an klar, dass ich „da" durch möchte und muss. Doch was ist dieses „da"? Eine große, unheimliche Unbekannte – ein schwarzes Loch, eine Achterbahnfahrt ins Ungewisse. Mir wurden noch in der Klinik Medikamente angeboten. Die Psychologin damals wies mich darauf hin, dass ich etwas bekommen könnte – aber mir klar sein müsse, dass sich dadurch alles nur verzögert bzw. die Verarbeitung erst später einsetzt. Also lehnte ich ab – eine Entscheidung, die ich bis heute nicht bereue.

Sobald es mir damals körperlich möglich war, habe ich mich einer Elterngruppe angeschlossen. Ich bin heute nicht mehr in der gleichen Gruppe, aber sehr dankbar, dass sie mich damals aufgenommen hat. Da saßen Menschen mit ähnlichen Schicksalen, die wussten wie es mir geht, wie ich mich fühle. Bei denen man sich nicht erklären musste und Dinge aussprechen konnte, die man „normalen" Menschen gegenüber nie erwähnen würde. Aber vor allem eines machte mir Mut: dort waren Eltern, deren Kinder schon mehrere Jahre oder Jahrzehnte tot waren und sie hatten überlebt! Sie waren als Eltern, als Paar noch zusammen – hatten den großen Sturm überstanden bzw. kämpften sich immer noch gemeinsam da durch. Da sah ich für mich ein kleines Licht am Ende des Tunnels – eine Chance, diesen Schmerz irgendwie überstehen zu können. Heute weiß ich, den Schmerz übersteht man nicht – aber er verändert sich. Selbstverständlich werde ich meinen Sohn immer vermissen und ich habe auch heute noch oft Momente, in denen es mir das Herz zerreißt – aber diese Momente sind weniger oder auch weniger erstickend geworden. Ich konnte inzwischen annehmen, für die Zeit mit ihm dankbar zu sein. Ich bin dankbar, dass er mich als seine Mama ausgesucht und mir so viele kostbare Erinnerungen geschenkt hat – diese kann mir niemand mehr nehmen – sie sind fest in meinem Herzen verankert. Ich kann mich viel mehr über Kleinigkeiten freuen – egal ob die ersten Sonnenstrahlen im Frühling meine Nase kitzeln, mir der Wind an der Küste den Kopf frei pustet oder eine dicke Hummel meinen Weg kreuzt, all das schenkt mir kleine Glücksmomente. Ich nehme vieles intensiver wahr – diese Kleinigkeiten sind mir wichtig geworden und viele oberflächliche Dinge sind sehr in den Hintergrund gerückt. Ich kann gleichzeitig lachen und weinen – traurig und glücklich sein, das war eine ganz neue Erfahrung für mich.

Genauso bin ich dankbar dafür, durch seinen Tod so viele wundervolle Menschen kennengelernt zu haben. Da gibt es zum einen die Gruppe Eltern, die wir auf der Verwaisten-Reha in der Klinik in Tannheim kennenlernen durften. Es waren vier sehr intensive und anstrengende Wochen, mit viel Schmerz und Tränen – aber auch mit viel Lachen und tollen Momenten. Loser – so haben wir als Gruppe uns selbst genannt – man entwickelt in solchen Ausnahmesituationen wie den Tod des eigenen Kindes so seinen eigenen Humor. Loser, weil wir alle etwas sehr Kostbares verloren haben. Das versteht nicht jeder und mag von außen eher makaber wirken, aber wir haben in dieser Zeit eine spezielle Verbindung zueinander aufgebaut und auch nach drei Jahren haben noch viele von uns regelmäßigen Kontakt miteinander, auch wenn wir über das ganze Bundesgebiet verstreut sind.

Dann gibt es da eine kleine Gruppe guter Freunde, die immer noch und immer wieder an unserer Seite sind. Sich unsere Sorgen und Nöte anhören – mit uns über Colin sprechen, ihn nicht vergessen und ihn auch in ihren Erinnerungen weiterleben lassen. Ohne diese Freunde wäre ich verloren – ich habe diese Menschen sehr ins Herz geschlossen! Es sind tolle Freunde, das kann ich ihnen nicht oft genug sagen – denn so etwas ist nicht selbstverständlich. Auch Colins Freunde kommen ihn immer wieder besuchen. Wir haben uns zuletzt an seinem 15. Geburtstag an seinem Grab getroffen, zusammen gelacht und auf Colin angestoßen. Natürlich blutet mir das Herz, wenn ich die inzwischen so großen Jungs sehe und mich frage, wie es jetzt mit Colin wohl so wäre. Aber ich freue mich auch sehr, Neuigkeiten von seinen Freunden zu erfahren und an ihrem Leben weiterhin ein wenig teilhaben zu können.

Man kann ein solches Schicksal nicht alleine bewältigen, das musste ich allerdings erst erkennen. Umso dankbarer bin ich den zwei Vereinen mit großartigen Frauen, die uns schon über drei Jahre voller Power und Mitgefühl immer wieder auf unterschiedliche Art und Weise unterstützen. Sei es mit Reittherapie für unsere Tochter, durch Einzelgespräche, Körperarbeit oder das monatliche Elternfrühstück. Diese Vereine leisten liebevolle Arbeit, um verwaisten Eltern/Geschwistern oder auch Eltern mit schwerkranken Kindern zur Seite zu stehen. Durch diese großartige Unterstützung habe ich weitere tolle Eltern kennengelernt, die mein Denken und mein Leben bereichern. Wir können zusammen lachen und weinen oder über ganz absurde Gedanken sprechen. Wir sind füreinander da und verstehen auch oft ohne Worte, wenn der Sturm unseres Lebens uns mal wieder den Boden unter den Füßen wegzieht.

Für all diese wundervollen neuen und alten Begegnungen in meinem Leben danke ich meinem Sohn von ganzem Herzen – ohne seinen Tod hätte ich viele davon sicherlich gar nicht kennengelernt bzw. würde diese Tiefe der Freundschaft für meine Lieblingsmenschen nicht empfinden.

Was mich das alles noch gelehrt hat? Mehr auf mich und meine Bedürfnisse zu schauen und für diese zu kämpfen. Öfter mal „Nein" zu sagen und Hilfe einzufordern, ohne mich schwach zu fühlen. Pausen und Auszeiten zu nehmen, wenn diese nötig sind – denn Trauer braucht Kraft. Die Trauer sitzt wie ein kleiner Vampir in mir drin und saugt mich aus – mal mehr und mal weniger. Auch das musste ich lernen anzunehmen bzw. bin ich noch dabei das zu akzeptieren. Manchmal ist das ganz schön frustrierend – wenn man sich (natürlich nach eigenen Maßstäben) vorgenommen hat, sein Arbeitspensum zu schaffen, und dann merkt, dass das einfach nicht mehr so gelingt wie früher. Oder auch wenn das „Außen" erwartet, dass man nach einer Weile wieder funktioniert. Man muss sich für manche Situationen schon ein dickes Fell oder gute Antwortsprüche zulegen. Kein anderer steckt exakt genau in meiner Haut und kann für mich entscheiden, was ich schaffe oder nicht – das kann ich an manchen Tagen ja nicht mal selbst. Aber auch das ist ok und geht vorbei.

So versuche ich also Tag für Tag, mein Leben zu leben und denke dabei immer wieder darüber nach, was Colin wohl gut gefunden hätte. Mein Bauch- und Herzgefühl ist dabei das Einzige, was zählt und nicht was andere von mir denken oder erwarten. Ich muss mit diesem Schicksal leben, ich muss jeden Tag aufstehen und die Tage durchstehen – immer mit dem Herzen bei meinem Sohn und mit dem Gedanken im Kopf, wie er jetzt wohl wäre. Ich trage ihn aber nicht nur in meinem Herzen, sondern auch unter meiner Haut – sein Fingerabdruck und seine Unterschrift sind auf meinem Unterarm für immer verewigt und für alle sichtbar, wenn ich das möchte. Ob ihm das wohl gefallen würde? Irgendwann, wenn meine Zeit hier auf der Erde vorbei ist werden wir uns wiedersehen und ich kann ihn das und noch viel mehr fragen – davon bin ich fest überzeugt. Und bis dahin ist er trotz der Entfernung ganz nah bei mir, sendet mir kleine Zeichen oder besucht mich in meinen Träumen und ist hoffentlich stolz darauf, wie wir Eltern und seine kleine Schwester unser Leben meistern.

In tiefer Liebe für meinen Sohn

Susanne D.

Emil S.

*29.10.2003 +26.10.2003

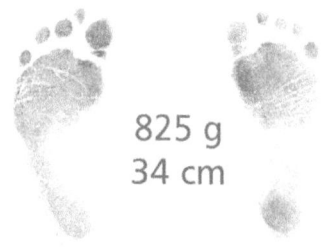

EMIL

825 g
34 cm

† 26.10.2003
* 29.10.2003

"Trauerveränderung"

Die Trauer ist gegangen, die Liebe bleibt.

Als man mir sagt, du seist nicht lebensfähig, verliere ich den Boden unter den Füßen. Ich weine und kann nicht mehr aufhören. Alle sprechen von Abtreibung, dabei will ich dich doch nicht verlieren. Ich habe das Gefühl, allein auf der Welt zu sein – in einer Blase mit meinem Mann, der mit mir leidet. Ich fühle mich unverstanden, allein und ausgeliefert.

Schmerz, Hilflosigkeit und die Frage nach dem Warum.

Als ich im Internet ein Forum finde, in dem ich mich mit anderen betroffenen Eltern austauschen und Erfahrungsberichte lesen kann, fühle ich mich verstanden. Da gibt es andere Menschen, die Ähnliches erlebt und überlebt haben. Sie haben sich gegen den Mainstream entschieden und ihre nicht lebensfähigen Babys ausgetragen. Da weiß ich, dass das auch mein Weg ist. Erleichterung. Dankbarkeit dafür, dass ich mich entscheiden darf. Als ich entschieden habe, die Schwangerschaft weiterzuführen, geht es mir besser. Mein Mann unterstützt mich, meine Eltern und unsere Freunde stehen an unserer Seite. Ich fühle mich getröstet, weil du noch länger bei mir bist und weil ich mich selbst so entschieden habe. Das gibt mir Kraft, um das Wissen auszuhalten, dass ich dich nicht lange bei mir haben werde. Du wirst sterben – bei der Geburt oder kurz danach. Jeder Tag bringt mich deiner Geburt, aber auch deinem Tod näher. Jeder Tag mit dir ist ein Geschenk.

Dankbarkeit, Liebe – und ganz viel Angst vor dem, was mich erwartet.

Als du in der 27. Schwangerschaftswoche stirbst, ist das ein Schock. Wir haben damit gerechnet, dich bis zum Geburtstermin bei uns zu haben. Aber du bewegst dich nicht mehr, dein Herz hat aufgehört zu schlagen. Ich bringe dich drei Tage später zur Welt, es ist schön und schmerzhaft. Wir nennen dich Emil und sind stolze Eltern. Und wieder bleibt die Zeit stehen. Gemischte Gefühle, Stolz und Trauer – aber auch Erleichterung darüber, dass es nun vorbei ist.

Die Zeit vergeht. Weihnachten, dein errechneter Geburtstermin, der Jahrestag der Diagnose, dein erster Todestag und dein erster Geburtstag. Ich trauere intensiv, genauso wie dein Vater und deine zwei Brüder – jeder auf seine Weise. Wir sind zusammen und doch allein.
Ein tiefes Loch, ein langer Weg, Untröstlichkeit.

Am meisten hilft mir der Austausch mit anderen betroffenen Eltern in der Selbsthilfegruppe. Die Frage, wie mein Leben nun weitergehen soll, beschäftigt mich. Ich habe mich verändert. Du hast mich verändert. Ich will etwas weitergeben, zurückgeben, meinem Leben eine neue Richtung geben. Ich will andere trauernde Eltern unterstützen. Aber wie?
Ungeduld, Rastlosigkeit und viele Fragen.

Als ich mich in der Selbsthilfegruppe immer mehr engagiere, ich die Ausbildung zur Geburtsvorbereiterin und später zur Lebens- und Sozialberaterin machte, komme ich meinem Ziel näher. Ich beginne, trauernde Eltern zu begleiten und zu beraten. Diese Arbeit verschafft mir tiefe Befriedigung. Ich merke, dass ich etwas verändern kann, dass ich Menschen helfen kann. Ich fühle mich dir nahe. Zufriedenheit und Dankbarkeit.

Als deine kleine Schwester geboren wird, merke ich, dass unsere Familie nun komplett ist. Du bist und bleibst ein Teil davon, ein Teil von uns, ein Teil von mir. Ich habe keine Angst mehr, dass sich das jemals ändern könnte. Ich muss nicht mehr ständig von dir erzählen, um dich nicht zu verlieren. Ich habe die Gewissheit, dass du für immer bei mir bist.
Sicherheit und eine tiefe Ruhe.

Die Trauer ist gegangen, die Liebe bleibt.
Danke.

Petra H.

Fabian M.

*03.05.1994 +26.07.2010

Mein Leben änderte sich am 26.07.2010. Es sollte der schlimmste Tag meines Lebens sein!
Ich fand meinen Sohn Fabian morgens tot in seinem Bett. Im Alter von 16 Jahren hatte er nachts einen epileptischen Anfall erlitten, obwohl er nicht unter Epilepsie litt. Er hatte ein halbes Jahr vorher zwei epileptische Anfälle, wurde im Krankenhaus intensiv untersucht, natürlich auch auf Epilepsie. Laut Ärzten war es nichts Außergewöhnliches in seinem Alter. Alle Untersuchungen fielen negativ aus, so dass man dachte, es wäre eine pubertäre Ausnahme.

Leider war es nicht so ... Drei Tage nach einer Kontrolluntersuchung, die engmaschig durchgeführt wurde und bei der ich genau das Szenario nachfragte, fand ich Fabian in seinem Bett – auf dem Bauch liegend mit dem Kopf im Kissen und erstickt. Einige Zeit nach seinem Tod konnte ich über einen Anwalt die Krankenhausakten beziehen. Erst als ich diese las, wusste ich, dass die Anfälle vermutlich durch eine "koronare Krise" ausgelöst wurden, es also ein Herzproblem gab. Niemand hat mich oder Fabian persönlich darüber informiert, was mich bis heute noch wütend macht. Meine Frage nach einer Behandlung in einer Spezialklinik für Epilepsie wurde abgelehnt ...

Fabian hatte gerade seinen Realschulabschluss gemacht und wollte am 1. August 2010 seine kaufmännische Ausbildung beginnen, seine Traumausbildung, in einem Busunternehmen. Seinen Berufswunsch kannte er sehr früh ... „irgendetwas mit Bussen". Seit jeher interessierte er sich für Busse oder auch für die Eisenbahn, kannte alle Fahrpläne in unserer Stadt auswendig und erkannte am Geräusch den Hersteller der Busse. Nie musste ich mir Sorgen machen, ob er den Weg mit den Öffentlichen Verkehrsmitteln nach Hause fand ... auch als I-Dötzchen konnte er neuen Busfahrern schon mal den Linienweg sagen, wenn diese nicht mehr weiterwussten.

Fabian war der ältere meiner beiden Söhne, sein Bruder N. ist zweieinhalb Jahre jünger.

Wir drei waren eine eingeschworene Gemeinschaft, die schon viel erlebt hatte, immer eng zusammenhielt; besonders auch nach der Scheidung und dem Auszug meines Ex-Ehemannes und Vaters der Kinder im April 2002. Ich habe immer versucht, das Beste aus allem zu machen und meinen Söhnen eine schöne Kindheit und Jugendzeit zu bieten, auch mit wenig finanziellen Mitteln. Aber das Wichtigste ist sowieso kostenlos: gemeinsame Zeit, ganz viel Liebe, Rückenstärkung und unbedingtes Vertrauen!

Beide Jungs waren sehr genügsame Kinder und Jugendliche, die keine großen Ansprüche stellten.

Fabian war ein begeisterter Rennradfahrer und kümmerte sich im Verein auch um jüngere Vereinsmitglieder. Auch in der Schule war er immer hilfsbereit, war Ansprechpartner für jüngere Schüler und auch Lehrer, half überall mit. Er mochte keinen Streit und wollte immer ausgleichend eingreifen ... immer gelang das natürlich nicht. Seine herzliche und liebenswerte Art wurde von allen geschätzt, auch wenn er öfters mal richtig wütend werden konnte. Außer den üblichen Geschwisterauseinandersetzungen verstanden sich meine Jungs sehr gut. Wir hatten eine schöne, viel zu kurze gemeinsame Zeit ...

Nach Fabians Tod dachte ich, ich sei die Einzige, der so etwas passiert; mir würde man es an der Stirn ansehen, dass mein Kind gestorben ist. Die ersten sechs Wochen habe ich mich kaum aus dem Haus gewagt. Als mein jüngerer Sohn neue Fußballschuhe brauchte, ist eine Freundin mit ihm ins Geschäft gegangen, während ich im dunklen Parkhaus sitzen blieb, um nur nicht auf Menschen zu treffen. N. und ich rückten noch enger zusammen, waren in dem gemeinsamen schweren Schicksal mit dem Verlust des Sohnes und des Bruders eng vereint. Wir haben viel miteinander gesprochen. Ich habe mich auch nicht davor gescheut, uns professionelle Hilfe zu holen, sowohl für N. als auch für mich.

N. war durch unser Verhältnis, meine Rückendeckung, unseren offenen Umgang und die Gespräche so gefestigt, dass nach sehr kurzer Zeit (vier Termine) eine Therapie nicht notwendig war.

Ich brauchte etwas länger ... auch weil ich noch andere „Baustellen" aufarbeiten musste und wollte.

Diese Hilfe von außen war eine große Bereicherung für mich – vielleicht hätte ich sie bereits in früheren Situationen in Anspruch nehmen sollen. Ich habe sehr viel über mich, aber auch über andere Menschen in meinem Umfeld gelernt! Erst durch Fabians Tod war ich bereit, diese Hilfe anzunehmen und erkannte ihre Notwendigkeit!

Anfangs dachte ich, ich würde nie wieder über Fabian sprechen können, ohne in Tränen auszubrechen, nie wieder ein „normales" Leben führen, auch wieder glückliche Momente genießen können. Ich hatte große Scheu vor Begegnungen mit Menschen, wollte aber sofort wieder in den Alltag zurück. Ich funktionierte nach außen perfekt. Zu meinem großen Glück habe ich Freundinnen, die in dieser Zeit an meiner Seite waren, die mir zuhörten oder auch mit mir schwiegen, die in den ersten drei Tagen bei uns übernachteten, dafür sorgten, dass wir aßen und die uns dazu brachten, professionelle Hilfe zu suchen. Das war sicherlich anstrengend! Ich bin diesen Freundinnen heute noch dankbar, dass sie in dieser Zeit bei uns waren! Auch die Klassenkameraden von N., der nach den Sommerferien in die 8. Klasse kam, waren sehr rührend um ihn bemüht, lenkten ihn ab, waren da und behandelten ihn „normal".

Der Gottesdienst, der von Fabians Schule sechs Wochen nach seinem Tod organisiert wurde, war für mich ein kleiner Wendepunkt. Ich kroch aus meinem Schneckenhaus heraus. Mir war es wichtig, etwas von und über Fabian zu erzählen, es waren auch die jungen Schüler anwesend, die er als Zehntklässler betreut hat. Ich wollte von ihm erzählen, seine Art und seinen Charakter darstellen, ihn wieder in Gedanken aufleben lassen. Ich hatte die Rede, die ich vom Blatt ablas, geübt. Es war sehr, sehr schwer, aber es tat auch gut, über ihn reden zu können, zu dürfen, auch wenn ich zwischenzeitlich dachte, ich schaffe es emotional nicht.

Aber durch diese Veranstaltung begann ich, mich wieder nach außen zu wenden. Ich ging wieder auf Menschen zu, was eher meinem Charakter entspricht. Erstaunt stellte ich fest, dass viele damit überhaupt nicht klar kamen, es überhaupt nicht wollten. Entsetzt war ich, als eine Bekannte die Straßenseite wechselte, als sie mich sah. Dies passierte im Laufe der Jahre öfter; mittlerweile habe ich die Unsicherheit und Sprachlosigkeit akzeptiert … beim ersten Mal war ich geschockt. Aber ich habe auch Menschen gehabt, die gerne mit mir zusammen waren und über Fabian sprachen, die bei mir/uns blieben in dieser schweren Anfangszeit.

Ich sah mich nun nach Menschen um, denen auch so etwas passiert war. Im Internet stieß ich dann auf ein Forum verwaister Eltern – leider gab es in unserer Stadt keine für mich sichtbaren Hilfsangebote. Erst durch dieses Forum wurde mir bewusst, dass ich mein Schicksal mit vielen anderen Eltern teile. Der Austausch tat mir sehr, sehr gut. Ich traf auf Menschen, die das Gleiche erlebt haben, die verstanden, wie es mir geht, was in mir vorgeht, wie es ist, sein Kind zu verlieren. Ich musste keine Erklärungen abgeben, ich hatte nicht das Gefühl, ich nerve, wenn ich erzähle – es tat einfach gut. Es fanden Treffen statt, ich trat sogar Facebook bei, wovor ich meine Jungs immer gewarnt hatte … Schließlich gab es die Idee eines Buches, an dem ich mitschrieb, was mir sehr guttat!

Je mehr ich nach außen ging, desto mehr realisierte ich das Geschehene und konnte es verarbeiten – es war ein sehr heilsamer Weg für mich. Mittlerweile ging ich sehr offen mit dem Tod von Fabian um, was sicher manche Menschen verschreckte. Auch dass ich an dem Buch mitschrieb, kam nicht bei allen gut an – wollten einige doch dieses Schicksal „totschweigen" und schon gar nicht anderen davon erzählen. Einige in meinem Umfeld vertraten die Meinung, sie bräuchten erst mal Abstand von mir/uns und dem, was passiert ist. Dieser Abstand hält bis heute an. Das muss ich akzeptieren, auch wenn es nicht immer einfach ist.

Aber für mich war es der richtige Weg! Die Offenheit machte es vielen leichter, mit mir zu sprechen, sie verloren ihre Scheu, denn es ist meistens Unsicherheit über das „richtige" Verhalten, was Menschen sprachlos macht. Aber was ist richtig, was ist falsch? Jeder Versuch, auf mich zuzugehen, war richtig! Zwischenzeitlich war es sogar so, dass ich auf meiner Arbeitsstelle gerufen wurde, wenn es Krisensituationen gab. Ich versuchte, immer als Ansprechpartner zur Verfügung zu stehen, wenn es gewünscht war. Drei Jahre nach Fabians Tod hatte ich die Idee, den „worldwide candle lighting"-Gottesdienst in unserer Stadt ins Leben zu rufen. Auch hier traf ich bei meiner Anfrage auf tolle und sehr offene Menschen, die diese Idee unterstützten und halfen, sie umzusetzen.
Fabians Tod ist für mich nach wie vor das Schlimmste, was mir bisher passiert ist. Ich kann mir für eine Mutter bzw. für Eltern auch nichts

Schlimmeres vorstellen, als das eigene Kind zu verlieren. Die Trauer ist anfangs das beherrschende Gefühl. Es zerreißt einen, nimmt einem den Atem und die Lebensfreude – auch wenn man nach außen vielleicht funktioniert. Viele wenden sich ab, sind überfordert mit mir und der Situation. Es bleiben aber die, auf die ich mich immer verlassen kann! Ich habe viele neue sehr wertvolle Menschen kennengelernt, die jetzt ein wichtiger Bestandteil meines Lebens sind.

Lange war es mir wichtig, täglich zu Fabian auf den Friedhof zu gehen. Ich fühlte mich ihm nahe, wurde innerlich ruhig. Es war mir wichtig, dass sein Grab jederzeit schön aussah. Heute habe ich das Bedürfnis zwar auch noch, aber mir „reicht" ein Besuch auf dem Friedhof zwei Mal in der Woche. Nach wie vor bin ich bemüht, immer eine brennende Kerze und frische Blumen auf dem Grab zu haben. Die Nähe zu ihm fühle ich immer noch – aber die fühle ich nun auch in anderen Situationen und Orten! Ich weiß, er ist immer bei mir!

Das Leben wird ein anderes, es ändert sich – und das bleibt auch so. Aber ich habe gelernt, die Trauer zuzulassen, wenn das Gefühl kommt. Es muss nicht nach außen sichtbar sein – darf es aber. Die Trauer gehört dazu; ist aber nicht mehr so intensiv, so lähmend.
Ich freue mich immer, wenn jemand von Fabian spricht, sich traut, von ihm zu erzählen, wenn seine Lehrer mich grüßen und fragen, wie es mir geht, wenn seine Schulfreunde Anekdoten erzählen oder sein Bruder erwähnt, was Fabian in einer bestimmten Situation gemacht hat. Es macht mich glücklich, dass er bei vielen nicht vergessen ist und ich freue mich, wenn jemand zuhört, wenn ich von ihm erzähle.

Er gehört zu unserem Leben, ist immer ein Bestandteil unserer kleinen Familie! Die Trauer über seinen viel zu frühen Tod ist da, aber ich fühle mittlerweile auch große Dankbarkeit, dass ich Fabian in meinem Leben hatte, die Zeit mit ihm verbringen durfte. Dieses Schicksal hat mich verändert – auch die Trauer hat sich verändert. Ich glaube, dass dies unmittelbar zusammenhängt. Die Welt dreht sich weiter, nur anders – sie eiert.
Ich würde mich heute nicht als unglücklich bezeichnen, obwohl ich das größte Unglück überhaupt erlebt habe. Aber ich habe auch viel gelernt und Kraft geschöpft, habe mich und auch viele Menschen besser kennenge-

lernt – bin von einigen sehr enttäuscht worden, bin aber dankbar für viele neue Kontakte, die mein Leben bereichern – nicht nur – aber auch verwaiste Eltern. Natürlich hätte ich darauf gerne verzichtet, wenn ich so Fabian noch bei mir hätte. Aber ich bin mir sicher, dass Fabian sehr stolz auf seinen Bruder und auf mich ist, wie wir das Leben nun meistern!

Manuela M.

Finia H.

* 07.01.2005 +23.04.2012

Ich widme dieses Kapitel meinen beiden Mädchen. Weil ich sie beide ganz genau gleich liebe.

FINIA & JUNA

Sieben Jahre Finia

Gleich zu Beginn möchte ich ganz ehrlich und direkt sein. Ich möchte nichts beschönigen oder verharmlosen, um Rücksicht zu nehmen. Das ist wohl auch der Grund, weshalb ich schreibe.

Im Alltag und somit in meinem Leben, nehme ich grundsätzlich Rücksicht auf die Gefühle der Menschen um mich herum. Das war schon immer so! Zu viel Empathie und Rücksichtnahme führt aber auch dazu, dass man seine eigenen Gefühle unterdrückt und in den Hintergrund stellt. Für mich ist es viel leichter, Mitleid für andere zu empfinden, als mich mit meinem eigenen Schicksal auseinanderzusetzen.

Deshalb nutze ich jetzt die Gelegenheit zu erklären, wie sich meine Trauer verändert hat. Finia ist seit sieben Jahren nicht mehr bei uns. Zumindest nicht körperlich. Ich möchte so sehr glauben, dass ihre Seele bei uns ist ... Dass wir uns wiedersehen ...

Aber das ist ein anderes Thema.

Sieben Jahre war Finia bei uns. Dann musste sie völlig unerwartet und sinnlos sterben.

Einfach so!

Ein kleines Stück Bratwurst blieb in ihren Atemwegen stecken und verursachte (durch Reizen des Vagusnervs) einen reflektorischen Herzstillstand. Bolustod. Und auch nach sieben Jahren haben viele Leute noch nicht verstanden, dass wir nie wieder grillen oder Bratwurst essen werden. Sieben Jahre! Was ist schon Zeit?

Finias kleine Schwester Juna war dreieinhalb Jahre als es passierte. Trotz unseres Schicksals hat sie sich mehr als positiv entwickelt. Und trotzdem vermisst sie (besonders jetzt) ihre Schwester unerträglich. Juna ist jetzt zehn Jahre alt. Bald wird sie elf.

Ihr Verstand ist jetzt soweit, dass sie eine andere Sichtweise bekommt.

Sie weiß: „Ich habe eine Schwester und habe sie doch nicht." Sie vermisst sie unglaublich.

Geschwisterliebe ist so wertvoll!

Auch da stoßen wir auf Unverständnis. Die Leute denken, es ist doch schon solange her ...

Sie war doch noch so klein.

Aber es ist ein Albtraum, aus dem wir nie wieder erwachen.

Dennoch bleibe ich stark. Für Juna!

Ich kann meinen Trauerprozess gar nicht richtig beschreiben. Ich glaube, ich hatte von Anfang an nur ein Motto: „Augen zu und durch." Ich habe mich von Anfang an nicht hängen lassen.

Das würde ich meinen Kindern niemals antun und wäre egoistisch. Die ersten Monate nach Finias Tod habe ich mich intensiv mit dem Thema Jenseitskontakte und Leben nach dem Tod beschäftigt. Das hat mir ungemein geholfen. Dafür bin ich auch meinem Mann unendlich dankbar. Er war zu diesem Thema immer an meiner Seite!

Irgendwann ebbte es dann nach und nach ab. Ich sah mich dem Thema fast schon abgestumpft gegenüber. So ist es eigentlich bis heute. Es gibt aber auch Tage, da schöpfe ich noch etwas Kraft daraus.

Trauer ist für mich nicht steuer- oder vorhersehbar. Ich fühle sie wie Geburtswehen.

Bis zum Ende meines Lebens. Dann kann ich Finia wieder in meine Arme nehmen.

Ich entbinde sie dann nochmal. Nur in die andere Richtung.

Manchmal fühle ich es auch, wie sich ein kalter Drogenentzug anfühlen muss. Finia ist meine Droge!

Ich habe nie Antidepressiva oder ähnliches genommen. Ich sehe keinen Sinn darin. Warum sollte ich Medikamente nehmen, damit es mir besser geht, während mein Kind tot ist?

Das ist aber meine ganz persönliche Empfindung.

Ich sehe Finia auch nicht auf dem Friedhof! Es ist zu viel für mich, ihren Namen dort zu lesen.

Es ist mir einfach zu öffentlich …

Sie ist mein Kind (Natürlich auch das meines Mannes. Aber ich möchte dieses Kapitel wirklich nur für mich schreiben.)!

Ich kenne Finias Gefühle, Ängste, Träume und Charaktereigenschaften. Somit fühle ich sie einzig und allein zuhause. Und das ist da, wo wir sind (ihre Familie).

Auch nach sieben Jahren nehme ich sie abends samt ihren Kuscheltieren und ihres Kissens mit in mein Bett. Und auch nach 100 Jahren werde ich allen Menschen erzählen, dass ich zwei Kinder habe.

Trauer kennt keine Zeit! Zumindest nicht, wenn man Zeit in Jahren misst.

Ganz ehrlich? Es wird immer schlimmer ... Jeder Tag ohne Finia ist eine Qual. Meine Kinder sind wie Körperteile von mir. Ich fühle mich amputiert. Phantomschmerzen! Aber dennoch lebe ich weiter. Für Juna! Und ich denke, ich kriege es ganz gut hin. Für Juna brauche ich mich nicht zu verstellen. Und sie sich nicht für mich. Dazu ist sie zu intelligent.

Sprüche, wie „Die Zeit heilt alle Wunden" oder „Es wird nicht besser aber anders", ergeben für mich keinen Sinn. Sie dienen nur dazu, die Trauer zu unterdrücken.

Das Wort Trauer finde ich übrigens auch unpassend. Trauer ist Liebe! Und Liebe geht über den Tod hinaus. Warum soll ich aufhören mein Kind zu lieben? Nur damit andere Leute nicht damit belastet werden und weil sie nicht mit dem Thema Tod konfrontiert werden wollen? Sie können sich ja fernhalten. Von dieser Entscheidung haben übrigens schon einige Menschen in meinem Umfeld Gebrauch gemacht.

Meine Trauer macht mich innerlich auch sehr aggressiv. Ich bin oft sauer auf die Leute um mich herum. Aber auch wütend auf mich selbst. Auf meine ewige Rücksichtnahme.

Wütend auf Menschen, die grillen, Bratwurst essen (obwohl mein Kind deshalb sterben musste) ... unbeschwert sind ...

Ich bin wütend auf Kinder, die unbeschwert und gesund aufwachsen ... es aber nicht zu schätzen wissen.

Es tut mir leid … Ich kann mit meinem Kapitel niemandem Mut machen. Ich möchte einfach ehrlich sein. Es ist auch nicht meine Aufgabe. Jeder Mensch empfindet anders. Jeder Mensch führt ein anderes Leben. Jeder hat eine andere Vergangenheit.

Auch nach sieben Jahren kann ich positive Dinge schlechter annehmen als negative. Auch wenn es oft nur Kleinigkeiten sind.

Ich bin unglaublich stolz auf Juna. Sie ist eine ehrgeizige Schülerin, spielt richtig gut Fußball und Geige. Sie ist so sensibel und feinfühlig. Ich fühle mich unglaublich eng mit ihr verbunden. Das ist von unsagbarer Bedeutung für mich.

Genauso eng werde ich auch immer mit Finia verbunden sein. Diese Verbundenheit und Liebe können mir kein Mensch und nicht mal die Zeit nehmen. Seit Finias Tod hat für mich ohnehin eine andere Zeitrechnung begonnen. Alles was vorher war, ist wie ein Traum. Alles, was seitdem war, wie eine Art Film, bei dem ich der Zuschauer bin. Ich stehe aber nicht neben mir. Ich weiß genau, wer ich bin. Weil Juna da ist! Ich bin immer noch der gleiche Mensch wie früher. Allerdings fehlt mir ein wichtiger Teil, ohne den mein Leben nicht mehr unbeschwert ist.

Manchmal möchte ich es so einfach wie möglich haben. Keine Probleme … kein unnützer Ballast. Ich habe doch schon das Schlimmste erlebt. Warum darf ich dann nicht bis an das Ende meiner Tage meine Ruhe haben? So ist die Welt leider nicht … Niemand kann einfach tun und lassen, was er will. Deshalb sollte man sich zwischendurch eine Auszeit nehmen.

Manchmal reichen mir Kleinigkeiten. Es fällt mir aber unglaublich schwer eine Auszeit zu nehmen. Meine Gedanken kreisen den ganzen Tag (sozusagen mein Lebensfilm in Dauerschleife). Das macht unglaublich müde …

Ich weiß, dass ich es schaffe! Weil Juna da ist! Und irgendwann sind wir auch wieder bei Finia.
Aber bis dahin „Augen zu und durch".

Für immer zu viert!!!!
Kristina H. mit Finia im Herzen und Juna an der Hand

Florian G.

*17.10.1976 +01.07.2000

Sie wurden gerufen und sind gegangen
Wir müssen mit unserer Sehnsucht leben
und sie ihren Weg gehen lassen.
Gibt es denn einen größeren Beweis unserer Liebe,
als den, dass wir weiterleben,
uns weiter erinnern
und nicht aufgeben?

© Gabriele Gérard

Dies sind Schlüsselsätze, die mich aus meiner langen Trauer„arbeit"
hinübergeleitet haben in das Leben ohne meinen Sohn Florian.

Auf Florians Grab legte ich am 7.7.2000 einen Kranz mit den Worten:
„Nichts wird jemals wieder sein, wie es war". Damals verstand ich noch
nicht einmal, was geschehen war, befand mich noch im schützenden Kokon

des Schocks und ahnte nicht, was Trauer und Schmerz sein können … Heute weiß ich, dass nichts jemals wieder wurde – und niemals mehr sein wird, wie es war! Ich fühle mich aus meinem Paradies vertrieben, denn dort war mein Sohn. Ich habe dieses Bild in den ersten Trauerwochen mehrfach geträumt – die Vertreibung.

Florian starb 2000 durch plötzlichen, unerklärlichen Herzstillstand. Nichts deutete hin auf diesen Tag, der mein Leben für lange Zeit einfror! Florian war und ist mein einziger Sohn, mein einziges Kind.

Einige Monate nach dem Verlust schrieb ich den folgenden Text:

Florian und ich waren wie ein Baum und mit seinem Tod wurde dieser Baum seiner Krone, ja, seiner Schönheit beraubt, tragende Äste gebrochen! Wenn ein Baum tragende Äste verliert, erleidet er Schmerzen, die ihn bis in die Wurzeln erschüttern. Sein Schmerz gräbt sich in seine Rinde ein, man sieht an seinen Ringen den Einschnitt und jedes Jahr setzt sich das neue Muster fort. Immer zur selben Jahreszeit sieht man die Kerbe am meisten, aber mit den Jahren wird sie weniger tief erscheinen, die Wurzeln werden die Nahrung anders verteilen lernen – aber die Kerbe wird für immer zu sehen sein!

Ich habe Florian zum 1. Todestag einen Baum im Garten gepflanzt – eine Apfelbeere. Heute, nach 19 Jahren, ist das Bäumchen ein Baum, dessen Krone etwas von der Schönheit und Würde meines Sohnes ausstrahlt.

Ein Text aus dem Jahr 2009:

Florians Grab – meine zweite Heimat? Ein Ort, an dem ich meine Wurzeln finde? An dem ich spüre, wo sich Himmel und Erde verbinden und alle Blumenblätter sich im kleinen Teich spiegeln. Wie gut, dass eine Bank dort steht, auf der ich ausruhen kann, um all meine Gedanken mit Florian zu teilen. Dort ist er mir nahe, dort kann ich etwas für ihn tun: Hoffnung pflanzen, eine Kerze anzünden, Augenblicke sammeln. Raum und Zeit für einen Moment überbrücken. Meine Seele mit Florians verschmelzen lassen.

Der Friedhof, ein Garten des Seelenfriedens, ein unzerstörbares Paradies, in dem Blumen der Liebe wachsen und leuchtender scheinen, als an allen anderen Orten. Manchmal finde ich kleine Briefe, Steinherzen, frische Blumen; vielleicht war die junge Frau, die ich auf der Bank sah und die ging, als ich kam, eine frühere Freundin von Florian? Vielleicht wollte auch sie ihm dort einfach nahe sein. Wie tröstlich, dass selbst nach so vielen Jahren immer noch frische Zeichen auf Florians Grab liegen.

Trauer ist Liebe! Und je mehr wir einen Menschen geliebt haben, desto tiefer ist unsere Trauer. Diese Trauer ist deshalb sehr kostbar. Ein Schatz, den wir bewahren und hüten müssen – und zugleich versuchen, uns dem normalen Leben zu öffnen, wieder zuzukehren. Das ist eine so große Herausforderung. Unser Leben hier bleibt bruchstückhaft- begleitet immer wieder vom innigen Wunsch, das verlorene Leben zurück zu bekommen – bleibt Sehnsucht und die Hingabe an die kleinen Alltäglichkeiten, die dann in Summe doch auch eine Art Erfüllung in sich tragen.

Es gibt in unserer Kultur sehr wenig an Vorbildern, an Mustern, an Anregungen, die Trauer zu gestalten. Wir sind zunächst nur auf uns selbst geworfen, schöpfen aus dem, was uns zum Zeitpunkt des Verlustes des geliebten Menschen zur Verfügung steht!
Dann erst, wenn wir uns nach außen wenden können/wollen, beginnen wir, Suchende zu sein und auf eine Weise werden wir immer Suchende bleiben!

Andere Kulturen bieten Trauernden Hilfestellungen an. Zum Beispiel die Aborigines in Australien: Sie betrachten das Leben als Bühne, die nur zum Teil ausgeleuchtet sei. Es gäbe Parallelwelten, die der Scheinwerfer nicht erfasse, die aber genauso real seien. Die „Feinspür-Ebene", in der Träume, Ahnungen, Visionen regierten, stehen gleichgewichtig neben der „Konsensus"-Ebene, der Alltagsrealität, die Menschen im Westen als einzige Wirklichkeit lange Zeit gelten ließen.

Noch immer sollen wir die Trauer „überwinden" – statt sie in unser Leben zu integrieren. Wie kann ich den Verlust meines einzigen Kindes überwinden? Will ich das überhaupt? Wichtiger für mich war, an all meine Erfahrungen, an meinen Schmerz, an mein Festhaltenwollen zu glauben. Und meine Erfahrung ist, dass sich der Weg, wenn wir mutig und vertrauensvoll in unsere eigene Stärke und die Möglichkeit der Selbstheilung (Resilienz) glauben, von alleine unter unsere Füße legt.

Nichts ist Zufall, alles hat seinen Sinn. Wir sind nur nicht gewohnt, so zu denken. Ich fühlte stark, dass es eine übergeordnete Weisheit gibt, die ich nicht in der Lage bin zu erklären oder gar zu beweisen. Aber ich vertraute mich ihr an, glaube bis heute, dass dieses Vertrauen, zusammen mit der Hingabe an neue Wege, die ich beschritt, mir den Zugang in dieses neue, nicht selbstgewählte Leben gaben.

Die Literatur, vor allem die Poesie, das Teilen des empfundenen Leidens und Schmerzes mit anderen Trauernden; die Übernahme von Verantwortung für andere, bedürftige Menschen; verschiedene „Projekte", wie ich sie nannte (Erstellen einer Gedenkseite für Florian, die Veröffentlichung eines Buches, Musik und eine neu empfundene Liebe zur Natur) – all dies waren Bausteine für den Weg, den ich ging. Immer im Glauben, dass ich niemals eine Schuldfrage stellen dürfe, denn ich bin und bleibe MUTTER und diese Verpflichtung, die ich mit der Geburt meines Sohnes einging, kann nicht an seinem Grab enden! Florian ist mir Inspiration, Florian ist die Luft, die ich atme und nur damit kann ich überhaupt weiterleben … Müsste ich ihn loslassen, würde ich sterben …

Ich machte mir zur Aufgabe, das Andenken meines Sohnes zu hüten: Hüterin der Erinnerung zu sein, so lange ich selbst lebe! Ich sehe an dem Festhalten der Trauer – nämlich der Liebe, zu dem, der in unserem Leben fehlt – und mich meinen Aufgaben zuzuwenden, keinen Widerspruch. Ich sehe es als Ergänzung und ich fühle mich in dem, was ich hier nun tue (und dies hat mit meinem „alten Leben" nicht mehr viel zu tun) von Florian, von unserer Liebe inspiriert! Ich brauche ihn sozusagen für die Aufgaben, die ich nun hier zu erledigen habe und ich hindere ihn damit nicht daran, das zu vervollkommnen, was er im geistigen Leben zu „erledigen" hat.
Für mich haben unsere Kinder mit ihrem Tod die geistige Welt betreten – und dort sind sie – wo sonst ? – und diese Welten sind sich um so vieles näher als die Menschen glauben …

Ich kann mich gut wiederfinden z.B. in den Gedanken vom irischen Philosophen John O'Donohue und seine unstillbare Sehnsucht nach der Schönheit des Lebens mit jedem Wort nachempfinden. Gäbe es diese wunderbaren Begegnungen mit der Natur nicht, gäbe es auch keine heilsamen Wege. Dort, wo etwas abgebrochen ist, brauchen wir das Gefühl der Vollkommenheit. Und lassen uns von ihr tragen. Um dem Untragbaren etwas entgegenzuhalten.

Gabriele G.
Im Jahr 20 nach Florians Vorausgehen

Im Gedenken an Florian:
www.trauer-um-Florian.de
Blog: https://trauerumflorian.blogspot.com/
Buch: „FLORIAN, geb. 1976" - Trauer die bleibt (TRANSIT Verlag)

Franziska B.

*08.11.1994 +24.07.2014

Franziska, unser einziges Kind, wurde am 08.11.1994 geboren und verstarb am 24.07.2014. Fröhlich und unbeschwert in ihrer Kindheit, zickig in der Pubertät. Aus einer kleinen „Zis" wurde eine „Franzi", irgendwann fand sie den Namen erwachsener, obwohl ich sie weiter „Hase" nennen durfte. Wir hatten ein inniges, vertrautes Mutter-Tochter-Verhältnis und haben viel zusammen unternommen. Nach massivem Mobbing in der Schule wechselte sie die Schule und wurde wieder glücklich. Sie baute wieder Vertrauen auf und lernte „echte" Freunde kennen. Viele schöne Erlebnisse machten sie wieder froh und ausgeglichen. Sie sang und tanzte für ihr Leben gern, Musicals besuchen, reisen und die Nordsee liebte sie ganz besonders. Pilotin, ihr Traumberuf seit frühester Kindheit, ließ sich nicht realisieren, sie war zwei Zentimeter zu klein und sehr traurig (heute gibt es dieses Auswahlkriterium nicht mehr).

So begann sie nach dem Abitur ein duales Studium im Finanzwesen, und vier Wochen später hieß es, da ist etwas in ihrem Bauch, was da nicht hingehört. Man operierte ihr einen handballgroßen Tumor aus dem Unterleib. Tumorfrei entlassen, nahm sie ihr Studium wieder auf. Im November Tumore im Rücken, zerstörte Wirbel, sie durfte keinen Schritt mehr gehen. Einen Tag nach ihrem 19. Geburtstag begann die erste Chemotherapie, danach stundenlange Rückenstabilisierungsoperation, die Tumore hat man nicht entfernt. Ende Dezember erneut ein großer Tumor im Bauch trotz Chemotherapie, eine weitere Operation. Die nächste Chemotherapie folgte. Als man ihr im Januar 2014 sagte, die Chemotherapien haben nichts genutzt und man würde nun einfach weiter probieren, entschied sie sich gegen weitere Chemotherapien. Sie wollte ihre Lebensqualität zurück, die sie komplett eingebüßt hatte. Die Folgen der Chemotherapien machten sich bemerkbar, aber sie kämpfte. Sie ließ sich auf Bestrahlungen ein in der Hoffnung, dass die Tumore im Rücken klein beigeben, leider ohne Erfolg. Mit guten Ärzten und Heilpraktikern bekam sie neuen Lebensmut, die Haare wuchsen wieder und auch, wenn sie sich nur noch am Rollator fortbewegen konnte, nahm sie wieder am Leben teil. Voller Hoffnung und Mut kämpfte sie sich wieder ins Leben. Ende Juni 2014 dann kam der Rückschlag. Krankenhausaufenthalte wurden nötig, hier wurde ihr in einem Krankenhaus gesagt: „Sie werden sterben", ihre Antwort – „das glauben Sie". Das einzig Positive in diesem Krankenhaus war die Aussage, dass keine Chemotherapie dieser Welt den Krebs besiegt hätte. Ihre Entscheidung im Januar war also die Richtige. Dass sie drei Wochen später starb, damit habe ich nicht gerechnet oder besser wollte es nicht sehen, wollte es nicht wahrhaben, dass der junge Körper einfach nicht mehr konnte.

Auf dem Weg zu einer Bluttransfusion kollabierte sie, und der letzte Krankenhausaufenthalt ihres Lebens mit Palliativstation begann. Man stellte eine Sepsis fest und innerhalb von wenigen Tagen verlor sie den Kampf.

Ich konnte nicht mehr mit ihr sprechen, sie Dinge fragen, die ich so gerne noch gewusst hätte, sie hat einfach nicht mehr gesprochen. Sein Kind sterben zu sehen, ist das Schlimmste im Leben, es nicht beschützen und helfen zu können, nicht zu begreifen. Auch wenn sie kurz nach ihrem Tod ein Lächeln auf den Lippen hatte, so als wäre sie in Empfang genommen worden, sie war gegangen.

Das Überleben nahm seinen Lauf.

Die Zeit nach dem 24.07.2014

Das erste Jahr

An die ersten Wochen nach der Beisetzung (Seebestattung) kann ich mich kaum erinnern. Ich bin relativ zeitig wieder arbeiten gegangen (was ich auch stundenweise während der Krankheit getan habe), zu Hause und ohne Franzi zu sein, dies war einfach nicht zu ertragen. Hier war ich abgelenkt, obwohl die ersten Wochen sehr emotional waren; viele Menschen kamen zu mir und wollten mich umarmen. Trösten konnten sie mich nicht. Wie von einer Schutzhülle umgeben, flossen die Tränen, ein nicht endender Strom. Hilflosigkeit und das Gefühl, es ist alles nur ein böser Traum und sie kommt wieder. Die Realität weit wegschieben und überleben, irgendwie, aber wie? Jede Nacht von Mittwoch auf Donnerstag wachte ich um 03.40 Uhr auf. Zeichen, immer wieder gefunden und manches Mal erst später als solche gedeutet. Floskeln und Empathielosigkeit, das Letzte was man braucht, wenn man das Wichtigste im Leben verloren hat, aber leider ein ständiger Begleiter. Genau wie die Warum-Frage. Wie im Gehirn eingemeißelt und ständig in den Gedanken. Was hätte ich tun können, warum habe ich dies so gemacht und nicht anders.

Franzi hatte schon früh immer gesagt, was sie erleben will. Neue Musicals besuchen, einmal nach Südafrika zu meiner Freundin, mit Delphinen schwimmen und andere Länder kennenlernen. Ich nannte es nun die „Hasenwunscherfüllerliste" und hab mir vorgenommen ihre Wünsche zu erfüllen. Umgeben von der „Schutzhülle" was tun an ihrem ersten Geburtstag ohne sie. Nachdenken, was hätte sie gewollt. Dass ich diesen Tag nicht mehr feiern konnte und weiterhin kann, war mir klar, aber was tun? Wir flogen zu meiner Freundin nach Südafrika. Die Hasenwunscherfüllerliste wurde real. Die Weite des Landes, eine andere Umgebung, ich hatte zumindest ein wenig das Gefühl, atmen zu können, bewusst und nicht mechanisch. An ihrem Geburtstag selbst fuhren wir aufs

Meer hinaus. Ich hatte Fieber, Schüttelfrost und bin anschließend ins Bett. Franzis ersten Geburtstag hatte ich irgendwie überlebt. Ich traf in Südafrika auch einen Freund aus Ausbildungszeiten, dass ich hier aber auch einen neuen Herzensmenschen kennenlernen würde, habe ich erst viel später begriffen und realisiert. Und dann stand Weihnachten vor der Tür und wieder die Frage, wie soll das gehen? Wir fuhren an die Nordsee und haben dort Weihnachten mit Menschen verbracht, die uns nah waren. An Silvester standen wir am Deich, zündeten Raketen an, und ich schrie in den Himmel, so laut ich konnte. Meine Wut hinausschreien, das hilft mir und auch jetzt nach fast fünf Jahren, schreie ich manchmal so laut, dass die Ohren dröhnen.

Die ersten „Freunde" gingen und auch ich habe recht schnell gemerkt, wer mir nicht guttut. Am meisten graute es mir vor Geburtstagen oder den anderen „besonderen Tagen". Was tun? Meinen ersten Geburtstag nach Franzis Tod habe ich in Dubai verbracht, weit, weit weg und doch war und ist sie allgegenwärtig. Die Geburtstagsglückwünsche – teilweise schnitten sie mir die Luft ab. Aber ich war zumindest am Wasser, ihr immer ganz nah. Die Tränen flossen täglich und auch mein Weckruf erinnerte mich daran, was in der Nacht von Mittwoch auf Donnerstag passiert war. All diese Feiertage und Familienfeste wie in Trance. Sehr schwer war es, an solchen Feiern teilzunehmen, mal ging es, mal ging es nicht. Muttertag, sie hat ihn immer zelebriert, und ich versank in einem Meer von Tränen.

Ich versuchte Normalität zu leben, aber die gab es nicht mehr und es wird sie auch nicht mehr geben. Das erste Jahr nach dem Tod, es verging so schnell, und ich konnte kaum ihr Zimmer betreten. Wenn ja, legte ich mich in ihr Bett und hoffte, sie kuschelt sich gleich an mich.
Aber mein Kuschelmonster, mein Hase kam nicht …

Das zweite Jahr und die Jahre danach

Was tun am ersten Todestag? Irgendwie immer auf der Suche, was man tun kann, um allem zu entfliehen. Ich befinde mich seit ihrem Tod immer wieder auf der Flucht. Wir flogen ans Meer, es war brütend heiß, die Temperaturen auch im Zimmer kaum zu ertragen. Wir haben wenig gesprochen an diesen Tagen, aber ich war im Meer schwimmen und hatte das Gefühl ihr nah zu sein.

Viele Nachrichten kamen, dass man an mich (uns) denkt, aber leider oftmals nur eine Floskel.

Die Hülle des Trauerpanzers gab plötzlich nach, mir wurde ganz langsam bewusst, sie kommt nicht mehr.

Wie ich in dem ersten Jahr bzw. den Jahren danach meinen Alltag bewältigt habe, weiß ich nicht. Aber ich habe immer wieder Möglichkeiten gesucht und auch gefunden, dieses Überleben lebbar zu machen.

Ich besuchte neue Musicals (Hasenwunscherfüllerliste), alleine oder mit Freunden und ich hatte das Gefühl, sie ist dabei. Dieses Gefühl habe ich immer in sehr emotionalen Situationen. Ein wichtiger Schritt war, mich von Leuten zu distanzieren, die mir nicht guttun.

Die einen waren einfach da (auch Franzis echte Freundinnen) und die anderen meinten schon nach dem ersten Jahr, mir Ratschläge geben zu müssen, so wie – jetzt ist es doch mal wieder gut, es ist so lange her. Ich zog mich zurück und wurde immer einsamer. Heute kann ich sagen, nicht die erste Zeit war die Schlimmste, es wurde schlimmer. Kaum Menschen, die meine Hilferufe verstanden oder mich so ertragen haben, wie ich in dieser Zeit war. Es hätte manchmal genügt mich in den Arm zu nehmen und meine Tränen und Hilflosigkeit zu ertragen. Aber die meisten konnten das nicht. Ich wurde immer dünnhäutiger.

Noch immer dachte ich, es geht ohne fremde Hilfe und ich meine nicht die Schlaftabletten, die mir zumindest für drei bis vier Stunden zu Schlaf verholfen haben.

Anfangs konnte ich nicht mehr lesen, keine Musik ertragen, weil ich immer an Franzi erinnert wurde. Das Radio hat sicher nicht verstanden, dass ich den Sender ständig wechselte oder es einfach ausstellte.

Mit der Zeit konnte ich lesen, aber nur Bücher von anderen Menschen, die trauern, die um ihr Kind trauern. Hier habe ich mich verstanden gefühlt, denn nur wer so etwas erlebt hat, kann auch zumindest bedingt verstehen. Nie würde ich mir anmaßen zu sagen, ich verstehe dich. Denn jedes Schicksal ist anders und selten zu vergleichen. In eine Trauergruppe zu gehen mochte ich nicht, einfach weil ich das Leid anderer Menschen in ähnlichen Situationen nicht ertragen hätte. Auch eine Reha habe ich nicht gemacht, ich habe mich nicht getraut, aus Angst vor?

Und doch habe ich in Facebook Gruppen gelesen, still und auch manchmal laut. Später gab es mir auf eine Art und Weise Trost, weil mir bewusst wurde, dass ich nicht die Einzige bin, die ihr Kind verloren hat.

Meine Zukunft, wie ich sie mir vorgestellt hatte, gab es nicht mehr, wie weggewischt. Franzi hatte oft gesagt, sie wolle als Mama so werden wie ich und ich würde eine so tolle Omama werden, wie meine Mama es war.

Auch im Glauben fand ich keinen Trost. Ich bin zwar sicher, es gibt etwas im Universum, aber nicht den Gott, von dem sie mir in der Schule erzählten. Dieser Gott hätte mir mein Kind nicht genommen. Trotzdem freue ich mich für jeden, der Trost im Glauben findet, denn überhaupt Trost zu finden, nur das kann helfen, diesen Verlust zu überstehen.

Der erste große Schritt in Richtung neues Leben: wir beschlossen unser Haus zu verkaufen. Weg aus den Erinnerungen, der Versuch etwas Neues, etwas ganz Anderes zu beginnen. Ein Neubau an der Nordsee, in der Nähe der Seebestattung, ihr immer auf ganz besondere Weise nah sein. Eine Tafel an der Gedenkstätte anbringen zu lassen, hier ihren Namen zu lesen. Mit Friedhöfen und Grabsteinen konnte Franzi nichts anfangen, sie meinte früher immer „ aber hier ist doch nur ein Stein, sonst nichts". Jeder trauert auf seine Art und so ist es auch für jeden richtig.

Eine große Überwindung war, ihr Zimmer auszuräumen und die Dinge nach Kategorien zu verteilen:

Muss ich behalten/ Muss ich vielleicht behalten/ Werde ich an liebe Menschen verschenken, die sich über Erinnerungen freuen. Und ich habe sehr viel behalten, konnte mich nicht trennen und rieche noch heute an Dingen in der Hoffnung, der Geruch von Franzi ist da.

Das hat mich unendlich Kraft gekostet, obwohl ich einen ganz weiten Schritt nach vorne machte, es gab immer die kleinen Schritte zurück.

Der Hausverkauf ging so schnell, wir konnten kaum darüber nachdenken.

Die ersten Schritte zu der künftigen Heimat Nordsee, wir zogen für die Zwischenzeit in eine Mietwohnung, weg von dem Haus, in dem ein nicht vorzustellendes Leid die schönen Zeiten hatte vergessen lassen.

Fast zeitgleich zu dem Buch „Tintenschmerz" hat sich mein Mann ein Tattoo stechen lassen.
Er, der immer Tattoos negativ belächelte, wollte einen Hasen tätowieren lassen und hat es tatsächlich getan. Mir selbst hat er „verboten", ein Tattoo stechen zu lassen. Seine eigene Art mit der Trauer umzugehen. Bis heute spricht er wenig über sie oder von ihr, dies macht es nicht leichter für mich und doch haben wir ein gemeinsames Leben nach ihrem Tod.

Kleine Schritte und doch näherte sich schon wieder der zweite Geburtstag ohne Franzi.
Wir flogen noch einmal nach Südafrika, und ich atmete tiefer, weinte weniger als noch im Jahr zuvor. Ich hatte ein wenig mehr Mut. Noch immer dachte ich, dass ich es alleine schaffen würde, die wenigen Menschen, die geblieben sind, würden schon reichen, um mir helfen.

Die Familientage waren genauso schwer zu ertragen wie im ersten Jahr. Einladungen habe ich einfach nicht mehr angenommen. Am Tisch zu sitzen, wo zum Teil vier Generationen saßen und wo ich doch nur noch eine Generation bin, Dinge aushalten zu müssen, auf die man mich nicht vorbereitet hat.

Meine Trauer und Wut verstärkten sich. Nach einem ersten Erlebnis mit einer Psychologin, die mit mir während Franzis Erkrankung vom Tod und dessen Verarbeitung sprechen wollte, wollte ich nie wieder zum Psychologen. Mein Kind lebte doch noch … damals!

Aber ich merkte nach zwei Jahren der Trauer, dass es mir zwar ein wenig besser ging, aber es war noch immer kein Leben, sondern mehr ein Überleben. Alleine konnte ich dies nicht schaffen und beschloss, mich in psychotherapeutische Behandlung zu begeben.

Und tatsächlich, die Chemie stimmte. Ich fühlte mich aufgehoben und sah dieser Behandlung sehr positiv entgegen.

Nun begann ich aufzuarbeiten, nicht wirklich Franzis Tod, denn der ist nun etwas, was nicht aufzuarbeiten ist. Das Leben zu meistern, positiv in die Zukunft zu schauen und mit den alltäglichen, früher so selbstverständlichen Dingen umgehen zu können. Dies begann ich durch die Therapie zu lernen, in kleinen Schritten, teilweise sehr kleinen Schritten.

Zu verstehen, warum ich in Situationen mutlos und todtraurig bin und ganz wichtig, dass ich das darf. Meine Mitmenschen zu verstehen, die mit mir und meiner Traurigkeit, meinem Verlust und auch meiner Wut nicht umgehen können.

Auch die Schwierigkeiten innerhalb der Familie belasteten mich zusätzlich. Wie soll ich Menschen gegenübertreten, die mir Vorwürfe machen, weil mein Kind gestorben ist, warum sie keine Chemotherapie mehr gemacht hat, warum man nicht „ordentlich" Abschied nehmen konnte, warum es kein Grab gibt, wo man trauern kann. So viele Warum-Fragen, die ich nicht beantworten konnte und auch weiterhin nicht kann, und was ich gelernt habe, sie auch nicht beantworten muss.

Viele Sitzungen beim Psychologen und viele Entscheidungen beeinflussen nun mein Leben. Und auch wenn der Schmerz groß ist und das Vermissen immer da ist, es geht weiter. Ich halte mich immer an dem Gedanken fest, dass sie nicht gewollt hätte, dass ich aufgebe. Sie, die so gern durchs Leben tanzte, hätte nicht gewollt, dass ich in einer Ecke sitze und nur noch traurig bin. Sie gibt mir dies auch immer wieder durch Zeichen zu verstehen.

In den Sitzungen habe ich gelernt, dass ich auf niemanden Rücksicht nehmen muss. Es ist mein Leben, das ich lebe und es ist meine Entscheidung, wer ein Teil meines Lebens bleibt.

Habe ich mich noch kurz nach ihrem Tod von Menschen in meinem Leben getrennt, weil ich die Art und Weise, wie sie mit mir und meinem Verlust umgingen, nicht mehr ertragen konnte, so verstehe ich heute, nach knapp fünf Jahren, sie konnten nicht anders und waren einfach hilflos. Zaghaft lasse ich sie nun wieder in mein Leben, weil sie mir viel bedeuteten und es immer noch tun.
Andere werde ich gehen lassen, leise und still. Die, die mir nicht zur Seite stehen, sondern durch empathieloses Verhalten immer wieder in mein

gebrochenes Herz stechen. Das Schlimme, sie merken es nicht. Sie heucheln Anteilnahme und im nächsten Moment stechen sie zu, erbarmungslos und es wirft mich zurück in meine Tränen und Traurigkeit; dies nagt immer an und in mir.

Auch das habe ich zwischenzeitlich gelernt, ich alleine treffe die Entscheidung, wer mir nah sein darf und wer nicht. Hierfür muss ich mich nicht entschuldigen, ich muss lernen, an mich zu denken.

Ihren Geburtstag verbringe ich am Meer oder mit Herzensmenschen oder ich tue Dinge, die ihr gefallen hätten. Meinen eigenen Geburtstag feiere ich nicht mehr, das geht über meine Kraft und so flüchte ich ans Meer oder versuche mich anderweitig abzulenken.

Viele Menschen in meinem Umfeld können noch immer nicht damit umgehen, dass ich den wichtigsten Menschen meines Lebens verloren habe und der Schmerz hierüber nie vergehen wird. Meine Ängste und Panikattacken begleiten mich, und die Angst vor der Zukunft ist groß.

Wenn man auf unbekannte Menschen trifft, wird man oft gefragt, ob man Kinder hat. Es gibt Tage, da spreche ich offen von ihr und sage, ja ich habe ein Kind, aber leider lebt Franziska nicht mehr. Manchmal sage ich dazu einfach nichts. Dies ist stimmungsabhängig. Mein Bauchgefühl sagt mir meist im richtigen Moment, was zu tun ist.

Ich habe den Mut gehabt, neue Wege zu gehen, eben weil ich noch lebe. Mit unserem Hausbau an der Nordsee und dem Umzug in diesem Jahr, weit weg von den quälenden Erinnerungen. Die schönen Erinnerungen sind wohl noch immer in meinem Trauerpanzer versteckt. Sie schauen manchmal ganz vorsichtig hervor und ich sauge sie auf, die schönen Erinnerungen, die in klitzekleinen Bruchstücken manchmal zurückkommen.

Es sind neue Menschen in mein Leben getreten. Menschen, die zu Herzensmenschen wurden und mir zeigen, dass es sich lohnt hierzubleiben. Auch ich bin ein Mensch, der andere trösten kann, trotz des Schmerzes und der Trauer. Der Schmerz und die Tränen sind kein dauerhafter Begleiter, das Leben wird lebbarer. Die Trauerwellen, die sicher jeder kennt, kommen unverhofft, nicht so verlässlich wie Ebbe und Flut. Ausgelöst durch ein Lied, ein Wort, junge Frauen, die ihr ähnlichsehen, einen Kinderwagen geschoben von einer Frau – einer Oma, die ich nie sein darf. Ich versinke noch immer in Tränenfluten, aber ich weiß, es wird in mir ruhiger, die Sonne lacht mir wieder zu, auch wenn sie sich hinter Wolken gerade mal wieder versteckt hatte.

Es gibt sie, die kleinen Glücksmomente, eine Karte geschrieben von Menschen, die mich in meiner bleibenden Traurigkeit so akzeptieren wie ich bin. Begegnungen mit Menschen, die auch ein Schicksal erlitten haben, ein anderes Schicksal, aber die auch damit zu kämpfen haben, ihr Leben zu leben. Und die mich in meiner Trauer einfach halten und aushalten, so wie ich sie.

Diese Erkenntnis, ich teile ein Schicksal mit vielen, nicht das Gleiche, aber ein Schicksal, hilft mir, meinen Lebensalltag zu bewältigen. Und ja ich kann lachen, aus vollstem Herzen, mit der Gewissheit, sie lacht mit mir, denn sie hat immer gerne gelacht.

Sie wird mir immer fehlen, bis ans Ende meines irdischen Lebens und doch lebt sie immer bei mir, tief in mir und stupst mich und sagt leise „mach weiter, lebe dieses Leben, was ich so sehr geliebt habe", und dann stehe ich auf, schaue nach oben und gehe weiter in kleinen Schritten, und das Leben wird lebbar.

Die Trauer verändert sich und mit dem Mut nach vorne zu gehen, wird es bei mir besser, dieses Überleben, es geht in kleinen Schritten ins Leben zurück ohne Franziska an meiner Seite und doch immer mit ihr im Herzen.

Karin B.

Frédéric G.

*13.06.1993 +01.12.2014

Leid lindern durch Lesen – meine fortwährende Reise durch die Trauer: Im Gepäck: Lektüre, die tröstet

Bücher wurden meine „Krücken"

Vier Jahre und acht Monate nach dem tragischen Badeunfalltod meines ältesten Sohnes Frédéric in der Karibik kam mir die Erkenntnis, wie ich dieses Kapitel betiteln werde, nämlich „Leid lindern durch Lesen" (kurioserweise war das erst ein paar Wochen *nach* meiner Bewerbung für dieses Projekt).

Eine meiner wichtigsten „Krücken", um durch den Albtraum der schweren akuten Trauer um meinen erstgeborenen Sohn zu kommen, waren Bücher. Bücher haben mich getragen, Bücher haben den Schmerz erträglicher gemacht, Bücher waren meine Begleiter durch zahllose schlaflose Nächte, in Büchern fand ich Mitleidende und Mitleid, in Büchern fand ich Trost. Das bedeutet in keinster Weise, dass meine drei lebenden Söhne, meine engsten Freund*innen, manche Familienmitglieder, die offene wie geschlossene Trauergruppe in Berlin, sowie unsere Hündin mir nicht ebenso essentiell wichtige Stützen waren, wurden und sind!

Auf meinem Schreibtisch habe ich, um dieses Kapitel zu schreiben, 77 Bücher aufgereiht, die ich ab Mitte Januar 2015 (also ca. sechs Wochen nach seinem Tod) erworben oder geschenkt bekommen habe und die sich alle direkt mit der Trauer und dem Sterben befassen, viele Gedichtbände und philosophische Werke zum Thema nicht mitgerechnet.
In dem Buch von Joan Didion „Das Jahr magischen Denkens", in dem die amerikanische Autorin und Journalistin ihren Seelenzustand während des ersten Trauerjahres beschreibt und das mir meine Kollegin erst kürzlich ausgeliehen hatte, fand ich den Hinweis auf ein Buch, das den viel versprechenden Titel „Die Romantherapie" trägt. Es wurde von zwei Britinnen in Form eines Handbuches verfasst, in dem man, den

Bezeichnungen der seelischen Leiden alphabetisch folgend, die passende Lektüre zur Linderung des jeweiligen Kummers findet.

Ein wenig wehrte und wehre mich immer noch gegen den Begriff der „Therapie" in Verbindung mit Trauer: Trauer ist keine Krankheit, hat nichts klassisch Pathologisches, das „geheilt" werden kann; Trauer bekommt man „lebenslänglich", wie ich es etliche Male gehört und gelesen hatte. Aber Trauer verändert sich auch.

Lesekur

Ich kaufte also auch noch das Buch „die Romantherapie", da ich ahnte, dass es bestätigen würde, was mir in den letzten viereinhalb Jahren seit dem Tod von Frédéric passiert war:
Ich hatte mich in meiner tiefen Trauer durch einen beachtlichen Teil der Trauerliteratur durchgelesen, um meinen Schmerz, mein Leiden zu lindern, und um Trost zu finden.
Es hat, soweit man in der Trauer um ein Kind überhaupt von „Trost" sprechen kann, halbwegs funktioniert; ich spreche trotzdem lieber von meinen „Krücken", die mir geholfen haben und immer noch helfen, durch mein neues Leben zu humpeln – Lesen ist definitiv zu einer meiner „Krücken" geworden!
Jeder trauert anders, Trauer ist so individuell wie unser Fingerabdruck, habe ich neulich gelesen und fand dieses Bild sehr passend. Wenn man also in dem „alten" Leben, d.h. dem Leben vor dem Verlust des eigenen Kindes, gerne und viel gelesen hat, liegt es nahe, dass man in dem neuen, wenn auch ungeliebten Leben irgendwann wieder darauf zurückkommt – vielleicht nicht sofort – denn akute, schwere Trauer bringt Konzentrationsschwäche, Schlaflosigkeit, Mattheit etc. mit sich. Da kann man oft gar nicht lesen. Und trotzdem:

Von der anderen Seite des Lebens

Das erste Buch nach Frédérics Tod kam mir buchstäblich aus meiner alten Heimat Paris zugeflogen, so wie mir übrigens sehr viele Bücher, Gedichte, Sprüche „zugeflogen kamen" und immer noch kommen; der Mann einer guten Freundin hatte es nach dem Tod seines Vaters entdeckt und darin viel Trost gefunden: „Von der anderen Seite des Lebens" bzw. „De l'autre côté de la vie" von Philippe Ragueneau handelt von der sehr engen Beziehung des Autors zu seiner Frau, die nach ihrem Tod ihren Mann weiterhin durch sein Leben begleitet; ihn vor so mancher „Unbill" als Witwer bewahrt, ihm aber auch von ihren Erfahrungen „von der anderen Seite" berichtet und ihn davon Notizen machen lässt. Leider habe ich keine Übersetzung gefunden. Weshalb ich dieses Buch hier trotzdem erwähne, hat einen besonderen Grund: Es hat eine Tür aufgestoßen, die mir den Einblick in eine Welt gab, in der Lebende mit Verstorbenen kommunizieren. Catherine, die verstorbene Ehefrau des Autors, der durch seine Aktivitäten in der französischen Resistance und als Autor in Frankreich bereits bekannt war, empfahl ihm während einer geistigen Unterhaltung, über ihre Begegnungen als Verstorbene zu schreiben und dies zu veröffentlichen. Auf seine Frage wozu und für wen (und vor allem wer würde ihnen schon glauben?) antwortete sie, dass ein Bericht über ihre Begegnungen verzweifelten Menschen Hoffnung geben könne, die befürchten, dass nach dem Tod alles vorbei sei.

Ich war eine dieser Verzweifelten und deshalb war dieses Buch ein tiefer Trost für mich in diesen schweren und furchtbaren Zeiten und ich bin meiner Freundin unendlich dankbar, dass sie mir dieses Buch geschickt hat.

Ich öffnete mich ganz langsam der Perspektive „was wäre, wenn Frédéric nun doch nicht ganz „weg" wäre (was ich ohnehin nicht glauben wollte) und was wäre, wenn ich mit ihm eine Verbindung aufrechterhalten könnte?? Heute erscheint mir das ganz natürlich, auch ohne an Spiritismus zu denken, heute – nach den vielen Informationen über Sterbeforschung und Nahtoderfahrungen, die ich mir vor allem angelesen habe, erscheint es mir sehr natürlich zu denken, dass die Liebe alle Verbindungen aufrechterhält und dass wir durch die Liebe verbunden sind.

Das erschien mir aber in meinem akuten großen Schmerz zunächst leider überhaupt nicht so: Ich war vom Schock der Todesnachricht, der Katastrophe, des Unfassbaren, des Unvorstellbaren überrollt, quasi aufgefressen worden …

Der erste Kontakt in diesem akuten Trauerzustand mit Literatur bzw. Poesie kam durch Nina, Frédérics ehemalige Kommilitonin, die die Trauerkarte entwarf und das schöne Gedicht von Mary Elizabeth Frye „Stehe nicht an meinem Grab und weine" dort zitierte, das besagt, dass die Verstorbenen in den Naturelementen um uns verweilen. Die Karte entsprach damals nicht meinen Gefühlen – aber es war tröstlich, zu denken, dass die jungen Leute dieses „Motto" für ihren Freund „Fred" gewählt hatten: Er würde nicht wollen, dass wir durch seinen Tod „zerstört" sind und dass wir glauben, dass er einfach „weg" sei.

Während seiner Beerdigung aber fühlte ich mich dem Gedicht von Wystan H. Auden „Anhalten alle Uhren" („Stop all the clocks, cut off the telephone") näher, das den Schmerz und Wunsch ausdrückt, die Welt solle stillstehen, da ja nichts mehr je wieder gut werden könne. In diesen schweren Tagen war kein Platz für Trost, die Ohren nicht geöffnet für Zuspruch, kein ans Telefon gehen, nur das nötigste Essen und Trinken, an Schlaf nicht zu denken … ich verrichtete mechanisch die alltäglichen Dinge. Ging aber zehn Tage nach der Beerdigung wieder zur Arbeit, da mein damals vierzehnjähriger, jüngster Sohn tapfer und ohne einen Tag zu fehlen, weiterhin zur Schule ging. Wie hätte ich mich da hängen lassen können? Ein klitzekleiner Trost war unsere Hündin, die mich treu auf meinen täglichen Gängen zum Friedhof begleitete und vor der ich mich nicht schämte zu weinen. Ich weinte und weinte und weinte und nahm zunächst nicht einmal wahr, wie sie dann immer ihre Schnauze sanft in meinen Schoss legte oder mich anstupste, in ihren sanften brauen Augen die Frage: „Hast Du nicht langsam genug geweint?" Am Grab legte sie sich immer geduldig auf den kalten, gefrorenen Boden und wartete ab, während ich verwelkte Kränze wegtrug, Blumen und Spruchbänder sortierte und neu dekorierte, Kerzen anzündete, meine Gebete sprach.

Trauerbuchhandlung

Es war wahrscheinlich kein Zufall, dass mich mein erster Gang nach Frédérics Beerdigung in die „Trauerbuchhandlung" in Berlin-Wilmersdorf führte und nicht zu Psycholog*innen oder Psychotherapeut*innen. Ich hatte in meinem Leben als „Expat" auf drei verschiedenen Kontinenten der Welt als Bibliothekarin an internationalen Schulen gearbeitet und war im

Januar 2013 in der „Berliner Woche" auf den Artikel über die Eröffnung einer Trauerbuchhandlung gestoßen. Zufall? Ahnung? Ich habe dafür keine richtige Erklärung. Nur die: Bücher, Buchhandlungen, Bibliotheken spielten in meinem Leben immer eine wichtige Rolle und deshalb war mir die Neueröffnung dieser etwas ungewöhnlichen Buchhandlung in der Kiezzeitung aufgefallen.

Nicht ahnend, welches Drama, welches Schicksal mich zum ersten Mal in diese Buchhandlung führen sollte. Ein paar Wochen nach der Beerdigung Frédérics, der am 1. Dezember 2014 in dem Rettungsflugzeug bei seiner Überführung von Santo Domingo in die Unfallklinik Berlin-Marzahn im Himmel über Kanada gestorben war – wir hatten ihn bei Schneeregen und Wind auf dem Grunewaldfriedhof am 10. Dezember beerdigt – trat ich bei strahlendem Januarsonnenschein den Weg in diese Trauerbuchhandlung an. Ich weiß nicht mehr genau, was ich außer „Ohne dich" von Freya von Stülpnagel noch kaufte: „Das tibetische Totenbuch" von Sogyal Rinpoche? „Was der Tod uns lehren kann" von Elisabeth Kübler-Ross? „Damit aus meiner Trauer Liebe wird" von Roland Kachler?

Neben der tiefen Trauer um meinen Sohn beschäftigten mich unerträgliche Fragen: Wie war er gestorben? Dort oben im Himmel, in dieser fliegenden Intensivstation, umgeben von Unbekannten: Zwei Piloten, einem Arzt und einem Pfleger?? Hatte ihm einer von ihnen die Hand gehalten? Hatten sie ihn würdevoll verabschiedet? Sind sie ihm beigestanden? Ich habe nichts mehr für ihn tun können, meine Bitte, in dem Medikalflugzeug mitfliegen zu dürfen, wurde aus Platzmangel abgelehnt. Ich hatte zehn Tage von Santa Domingo aus mit der Unfallversicherung verhandelt und darum gekämpft, dass sie ihn überhaupt überführen; hatte tagelang nicht geschlafen, da ich durch die Zeitverschiebung nachts mit der Versicherung korrespondierte und tagsüber mit den Ärzten im Krankenhaus „Hospiten" über alle Möglichkeiten seines Heimtransportes verhandelte. Keine Diagnose hatte sein Sterben auch nur angedeutet: er hatte sich bei seinem Kopfsprung von dem Touristenboot aus in kniehohes Wasser in Strandnähe vier Halswirbel schwer gestaucht und gequetscht. Die schlimmste Aussicht war Querschnittslähmung. Kein kleinster Funken eines Gedankens an Sterben.

Die Nachricht seines Todes traf mich nach seinem Abflug im Rettungsflugzeug in einem Luxushotel in Punta Cana, wo mich der Konsul des Malteser Ordens netterweise für ein paar Stunden unterbrachte, nachdem mich sein Fahrer von Santo Domingo aus dorthin gefahren hatte und von wo ich meinen Heimflug nach Deutschland antreten sollte. Auch ich war allein, als der wachhabende Arzt des Flugrettungsdienstes in Bayern mir die Todesnachricht telefonisch übermittelte.

Zwischen Himmel und Erde

Wie hält man das alles aus? Erstmal nur im Zustand des Schocks, des „Nicht-wahrhaben-Wollens" und des seltsamen Entrücktseins. Barbara Pachl-Eberhart, die durch einen tragischen Autounfall ihre beiden Kleinkinder und ihren Ehemann verlor, beschreibt in ihrem Buch „Warum gerade Du?" das Entrücktsein als einen Zustand zwischen Himmel und Erde, als schwebte sie in einer Blase, die sie mit ihrer verstorbenen Familie verband, allerdings dauerte dieser Zustand nur so lange sie nicht vor die Tür gehen musste. Irgendwann muss man leider dann vor die Tür gehen und bei mir war das eben der Gang in die Trauerbuchhandlung. Dort stieß ich auf das Buch von Freya Stülpnagel „Ohne dich", das für die ersten schweren Wochen mein treuer Begleiter wurde: es ist spürbar von einer Betroffenen geschrieben, es ist (auch im schlimmsten Zustand) leicht zu lesen, in kleinen Abschnitten und unterbrochen von vielen wunderschönen Gedichten von Rilke, Novalis, anderen Betroffenen und ihr selbst. Ihr Gedicht „Klagelied", in dem sie den Tod einer ihrer vier Söhne betrauert, wurde mein Klagelied, auch Mutter von vier Söhnen. Das Gedicht „In Memoriam" von Honoré de Balzac, das sie ihrem Sohn Benni widmete, wurde mein Memoriam für Frédéric. Wie ich hatte auch sie den Glauben an Gott nicht verloren, das las ich heraus, da sie das schöne Gedicht „Verlust" von Rilke in ihr Buch aufgenommen hatte, in dem er ausdrückt, dass es Gottes Wille sei, sich wiederzufinden.

Ich möchte hier erwähnen, dass ich trauernde Eltern, die sich von Gott abwenden, sehr gut verstehe. C.S. Lewis und Verena Kast beschreiben in dem Buch „Über die Trauer" die Distanz, die nach Schicksalsschlägen zu Gott entstehe, bedingt durch die Gefühle von Ungerechtigkeit und Unverständnis, warum dies ausgerechnet einem selbst passiere? Wenn den Trauernden dann noch angetragen werde, Trost bei Gott zu finden, fühlten sich Letztere noch mehr unverstanden und ziehen sich von Familie und

Freunden zurück. Trauernde fühlten plötzlich mit großer Klarheit den Unterschied zwischen dem Existenziellen und dem Unwesentlichen. Dass man nur noch existenziell Wichtiges empfinden kann und Hilfe, Trost und Unterstützung von Freund*innen als unwesentlich abtut, habe ich ebenso erlebt. Das ist dramatisch und isoliert uns Trauernde noch mehr. Der Theologe und Rabbi Jack Riemer plädiert in seinem Gebet, Gott nicht um Beistand, sondern um Stärke, Entschlossenheit und Willenskraft zu bitten, anstatt nur passiv Wünsche in Gebeten zu äußern.

Trauerarbeit ist tatsächlich Arbeit, und wir brauchen unendlich viel Kraft und Energie dafür!

Deshalb ist es so wichtig, dass es vielfältige Trauerliteratur für diese „Arbeit" gibt, und ich habe Freya v. Stülpnagels Buch als sehr passend für mich empfunden. Obwohl sie in ihrer Einleitung schreibt, dass sie dieses Buch eigentlich nicht schreiben wollte, da es schon so viele Trauerbücher gäbe, kann ich nur nochmal daran erinnern, dass es so viele Trauerzustände wie Fingerabdrücke gibt und ich sehr dankbar war, dass es dieses Buch für mich gab und gibt.

All diese Gedichte waren „Balsam auf meine geschundene Seele" und haben mir, wenn auch zunächst sehr zaghaft und nur für kurze Augenblicke, ein paar Atempausen gewährt, in diesen schweren Stunden der Trauer, die einen verzehren, die einem alle Energie rauben.

Hilde Domin, ursprünglich Hilde Palm, eine vor den Nazis geflohene Jüdin, nahm den Namen des Landes ihres Exils, der Dominikanischen Republik an, in der mein Sohn verunglückte. Sie wird als Schutzpatronin der Poesie- und Bibliotherapie gesehen und hat für das Buch „Poesie und Therapie: Über die Heilkraft der Sprache" einen Text beigetragen, der erläutert, weshalb für sie die Sprache und Dichtung eine Art Zauberkunst, ein Akt der Befreiung sei. Das erläutert Andrea Gerk in ihrem Buch „Lesen als Medizin".

Der Literaturwissenschaftler und Lyriker Raoul Schrott und der Neurologe Arthur Jacobs widmen sich ebenso in ihrem Buch „Gehirn und Gedicht" den Zusammenhängen zwischen Poesie und Psyche, wie literarische Stilmittel neuronale Prozesse einleiten, und wie wir beim Lesen in innere

Bilder und in das „Kopfkino" abtauchen. So paradox es klingen mag, aber ich las ausschließlich Bücher über tragische Lebensschicksale und Dramen und fühlte mich dabei verstanden und solidarisch: Ich bin mit all diesen Autoren und Autorinnen, zum Großteil Betroffene, mit durch ihre Trauer gegangen, habe mitgelitten und geweint und die wichtigste Erkenntnis war: Ich bin nicht allein!

Deshalb soll und muss es viele Trauerbücher geben für diejenigen, die imstande sind, in diesem Zustand zu lesen; für andere Trauernde sind andere Medien vielleicht besser.

Ich las, weil ich wissen wollte. Wissen, wie man stirbt. Wissen, wo er jetzt ist. Wissen, was es auf sich hatte, dass ich sein Sterben ganz genau gespürt hatte, obwohl wir bereits Tausende von Kilometern voneinander entfernt waren.

Die in der Trauerbuchhandlung für Mitte Januar 2015 angekündigte Lesung von Bernard Jacoby „Wie wir die Angst vor dem Sterben überwinden" traf quasi ins Schwarze. Bernard Jakoby befasst sich mit Nahtod-Erfahrungen, Nachtod-Kontakten und den Sterbeprozessen. Er versucht, Beweise zu erbringen, dass das Bewusstsein und die Seele nach dem Tod des menschlichen Körpers weiter existieren und es ein Leben nach dem Tod gebe, der Tod nur ein Übergang in eine andere Form des Seins sei, was er durch ihm geschilderte Nachtodkontakte empirisch nachzuweisen versucht.

Die Bücher von Bernard Jacoby, Helen Greaves, Sabine Mehne und Pim van Lommel, die den Gang der Sterbenden ins Licht, das Aufrechterhalten der Kommunikation zwischen Sterbenden und Hinterbliebenen beschreiben sowie Bücher über Sterbeforschung haben mir viel Trost und Hoffnung gegeben.

Am 31.01.2015, also zwei Monate nach Frédérics Tod, schrieb ich folgende Mail an den Pfarrer unserer deutschsprachigen, katholischen Gemeinde in Paris. Diese Mail noch einmal zu lesen bringt mich gedanklich und emotional in diesen schrecklichen Zustand zurück; aber ich lese heute aus dieser Mail auch kleine Lichtblicke heraus – und vor allem, der Beweis, wie mich Poesie und Literatur zu der Zeit bereits getröstet haben:

Mail an den Pfarrer der deutschsprachigen, katholischen Gemeinde in Paris 31.01.2015

Lieber Herr Pfarrer!

Ich habe Ihre Nachricht auf dem Anrufbeantworter gehört, vielen Dank und soeben (Samstag) versucht, Sie auf dem Festnetz zurückzurufen, leider ohne Erfolg.

Es geht mir mäßig – sehr mäßig … ich hangele mich so durch die Tage und bin sehr beschäftigt mit Job, Administration, etc. die Jungs haben die Unis gewechselt.

Und ich mache Trauerarbeit:

Margot Käßmann „Das Zeitliche segnen", Roland Kachler „Meine Trauer wird dich finden", Elisabeth Kübler-Ross, Bernard Jacoby, Philippe Raguenau, Helen Greaves, das schöne Gedicht von Mascha Kaléko „Memento" etc. Lieber Herr Pfarrer, es ist sehr, sehr schwer.

Ich saß schon einmal weinend in ihrem Pfarrbüro in Paris und würde dort jetzt wieder gerne bei Ihnen sitzen und weinen … dafür sitze ich vor meinem Computer und weine und schreibe und denke an diesen Moment der Begegnung mit Ihnen zurück und es kommen so Gedanken wie: wenn ich damals gewusst hätte, wie viel schlimmer es noch kommen wird …

Es gibt nur einen Weg: Die Liebe und die Erinnerung und den Kontakt zu Frédéric aufrecht zu erhalten, und den Trost suchen mit dem Wissen, dass er in Gottes Händen ist.

…

Ich weiß, dass ich mich am Anfang eines langen, schweren Wegs befinde und hadere natürlich auch, warum gerade ich, warum auch DAS noch und ich fühle mich oft so schrecklich allein und unverstanden, will nicht das Mitleid meiner Freundinnen, will aber auch das Ignorieren meiner Kollegen und Bekannten nicht. Es ist eine seltsame Gratwanderung.

Aber trotzdem gibt es Momente des Trostes, am Grab im Gespräch mit Frédéric, im Gebet zuhause oder in der Kirche, beim Spaziergang mit der Hündin in der Natur … manchmal denke ich, mir war Frédéric nie so nah wie in diesen Momenten.

In herzlicher Verbundenheit,
viele liebe Grüße aus dem seit heute verschneitem Berlin.
Nikola G. & boys

Literatur als Trost

Der Literaturkritiker Marcel Reich-Ranicki schildert in seiner Autobiographie „Mein Leben", in der er den schrecklichen Aufenthalt im Warschauer Ghetto mit seiner späteren Frau Teofila beschreibt, dass sie die „Lyrische Hausapotheke" von Erich Kästner für ihn abgeschrieben und illustriert hat, da sie im Ghetto das geliehene Buch nicht für ihn kaufen konnte: Sein schönstes jemals erhaltenes Geschenk. Im Elend des Warschauer Ghettos und in ständiger Todesangst habe er vor allem Trost in Gedichten von Heine, Goethe und Kästner gefunden.

Lektüre, Musik, Schreiben, Malen, Lesen – all das kann Balsam auf die offenen Wunden der Trauernden sein. Und auch für die veränderte Trauer, die tatsächlich ein paar Jahre später seltener, aber nicht weniger schmerzt, und die man lernen musste, in das neue Leben aufzunehmen und zu integrieren, fand Freya v. Stülpnagel in ihrem Gedicht „Die Brücke" wieder die für mich passenden Worte.

Wir gehen verändert den Weg durch unser neues Leben, wir selbst verändert und unsere Trauer, ebenso verändert.

Nikola G.

Fynn Sch.

*3.12.1999 +16.12.2012

Trauerveränderung

Weißt du, wie sehr es schmerzt, wenn dein Kind stirbt? Sag nicht leichtfertig „Ja". Du meinst, es wäre wie in den Filmen im Fernsehen? Du brichst weinend zusammen? Und nach zwei bis drei Jahren ist alles wieder in Ordnung?

Mag sein, dass es dir so geht. So oder so ähnlich war meine Vorstellung von Trauer und Verlust, bevor mein Sohn Fynn am 16. Dezember 2012 plötzlich starb. Und dann war es ganz anders. Das mit der Trauer und den fühlbaren Schmerzen hatte ich mir anders vorgestellt.

Mein Vater starb früh, mit gerade einmal 50 Jahren. Damals war ich 16. Durch Krankheit hatte sich der Tod angekündigt. Dennoch tat es weh, als der Tag da war. Ich weinte und ich fühlte mich hilflos. Aber ich wollte stark sein, weil meine Mutter mich brauchte. Doch recht schnell stellte sich der Alltag mit Schule und Hobbies wieder ein.

Als mein Sohn starb, war es komplett anders. Der Tod kündigte sich nicht vorher an. Er war einfach da. Von jetzt auf gleich und nahm mir das Liebste, das ich hatte.

Ich war von Anfang an alleinerziehend. Daher war die Bindung zu Fynn sehr eng und liebevoll. Er war ein aufgeweckter, agiler Junge. Sport war seine Leidenschaft. Er war abenteuerlustig, begeisterungsfähig, gerne unterwegs und lebenshungrig. Und doch wurde er nur dreizehn Jahre alt. Mit Freunden hatte er ein Video über Choking Games gesehen und probierte das mit fataler Wirkung an diesem Sonntag vor Weihnachten in seinem Zimmer aus. Ich saß nebenan im Wohnzimmer und bekam es nicht mit. Er wollte eigentlich sein Zimmer aufräumen und ein Weihnachtsgeschenk vorbereiten. Nachdem ich eine halbe Stunde nichts von ihm gehört hatte, klopfte ich an seine Zimmertür. Kein „Herein", kein Ton.

Ich versuchte die Türe zu öffnen, was sehr schwer war, weil er dahinter in der Ecke saß.

Erst dachte ich, er würde einen seiner Späße machen, aber dann sah ich das blaugefärbte Gesicht und den Gürtel um seinen Hals und dann lief alles nur noch schematisch ab, ohne dass ich bewusst agierte.
Ich reanimierte selbst bis zum Eintreffen der Rettungskräfte, die fast zwei Stunden vergeblich um sein Leben kämpften.

Und ich saß da und fühlte gar nichts mehr. Ich, die bei jeder emotionalen, blöden Filmszene mitheulen kann. Ich hatte keine Tränen. Ich fühlte mich schuldig, dass ich vollkommen emotionslos war. Das sollte Trauer sein?
Ich hatte das Gefühl, dass sich meine Seele im Moment der Gewissheit des Verlustes gespalten hatte. Ich fühlte mich dreigeteilt. Ein Teil von mir war in den nächsten Tagen und Wochen sehr aktiv. Ich schrieb dem Klassenlehrer eine SMS, dass Fynn morgen nicht in die Schule käme, denn er sei tot.

Ich rief auf der Kindergeldstelle an und erklärte, dass ich das Kindergeld nicht mehr benötige, denn mein Kind sei gestorben. Ich kündigte die Krankenversicherung, ich schrieb mit Behörden, ich organisierte eine Beerdigung, ich sagte allen Freunden Bescheid.

Ich war wütend auf mich selbst. Ich war sauer, weil mir mein Kind unter den Nägeln entrissen worden war und in die Rechtsmedizin gebracht wurde. Ich hatte keinen Einfluss darauf, ob eine Obduktion gemacht werden sollte oder nicht. Ich grollte mit den zuständigen Behörden, die mein perfektes, unversehrtes Kind nun entwürdigen und aufschneiden durften, um zu schauen, ob es sich um einen gezielten Suizid, ein Unglück oder eine Tötung handelte.

Der zweite Teil meiner Seele dagegen saß den ganzen Tag in der Sofaecke und schaute dem aktiven Teil zu. Dieser Teil machte nichts. Nur auf Drängen von Freunden ließ ich mich dazu herab, ab und zu mal an einer Scheibe Weißbrot zu knabbern. Ich hatte kein Hungergefühl mehr. Dieser Teil war mit ihm gestorben. Ab dem Tag der Beerdigung änderte sich die innere Kälte und machte unstillbaren Tränen Platz. Sie liefen und liefen. Stundenlang, tagelang. Ich konnte sie überhaupt nicht beeinflussen, geschweige denn stoppen. Ich sah ständig das Bild vor Augen, wie er in der Zimmerecke saß.

Trotzdem die Tränen endlich da waren, die ich vorher so sehr vermisst hatte, ging es mir nicht besser. Ich wollte mich zusammenreißen und stark sein, aber eine andere Macht schien Besitz von mir ergriffen zu haben. Meine kognitiven Fähigkeiten beschränkten sich auf einen kleinen, exklusiven Kreis. Ich hatte Schlafstörungen und schwere Alpträume. Für jede traumlose Nacht war ich unendlich dankbar.

Ich war extrem vergesslich. Ich musste ständig nachfragen oder Zettelchen schreiben. Ich lebte unter einer Käseglocke, die kaum durchdrungen werden konnte. Weder von außen nach innen noch umgekehrt.

Und der dritte Teil meiner Seele sah wie von oben auf die beiden anderen Teile hinab, als handle es sich um einen anderen Menschen und nicht um mich selbst. Dieser Teil verstand wiederum die anderen Teile nicht wirklich, da er doch sonst so perfekt funktionierte und wusste, wie man sich zu benehmen hatte.

Nach vier Wochen fing ich wieder an zu arbeiten. Somit musste ich mich tagsüber zusammenreißen. Langsam veränderte sich die Traurigkeit. Es flossen immer noch viele Tränen, besonders wenn ich mit meinen Freunden zusammen war. Wir redeten viel über Fynn und über das Unglück und das tat gut. Ich konnte jederzeit kommen und gehen, wie ich wollte. Alle hatten Verständnis für mich und trauerten fast ebenso wie ich. Gemeinsame Trauer ohne viele Worte tut gut. Ich musste nichts erklären. Und das Leben der Freunde ging ganz normal weiter, während meine Welt nun auch ganz langsam wieder anfing, den Stillstand zu beenden. Besonders meine Freundin A., ihr Mann und deren Kinder zeigten Fingerspitzengefühl. Sie lachten auch in meinem Beisein, scherzten und zeigten mir, dass das Leben weitergeht.

Zur anfänglichen Traurigkeit mischte sich Wut. Nicht auf Fynn oder seine Freunde. Aber auf das Schulamt, dass es nicht fertigbrachte, die Mitschüler und Eltern noch vor den Weihnachtsferien darüber zu informieren, warum Fynn sterben musste. Dabei hatte ich es gleich der Schule mitgeteilt, weil ich nicht wollte, dass noch andere Mitschüler diesem gefährlichen „Spiel" zum Opfer fallen würden.

Anfang 2013 setzte ich mich mit der Schulleitung und dem Schulamt zusammen und organisierte einen Elternabend, um andere Eltern für das Thema zu sensibilisieren. Ich hatte vorher noch nie davon gehört und viele Eltern kamen später auf mich zu und waren dankbar dafür, dass ich ihnen alles erzählte. Viele kannten diese Ohnmachtsspiele auch nicht.

Die meiste Wut kam später. Etwa nach drei Monaten traf ich Mitschüler meines Sohnes, die mich fragten, was denn wirklich passiert sei. Niemand hatte es den Pubertierenden gesagt! Ich war so sauer. Ich rief auf dem Schulamt an. Der für diese Schule zuständige Psychologe traute sich selbst nicht, der Klasse zu sagen, was passiert war. Dabei hatte er diese bereits mehrfach aufgesucht und psychologisch betreut.

Ich machte einen Termin mit dem Klassenlehrer aus und stellte mich den Fragen der Mitschüler und entkräftete die teilweise abstrusen Gerüchte um Fynns Tod.

Monate später dankte mir die gesamte Klasse für den Mut und ich dankte der Klasse für ihre Offenheit, denn es kam heraus, welche Kinder sich die Videos angesehen hatten und wer selbst bereits dieses gefährliche Spiel probiert hatte. Glücklicherweise kam kein weiteres Kind dadurch zu Schaden.

Die abendlichen Heulflashs waren noch lange da. Aber sie wurden erträglicher. Und irgendwann fing ich auch wieder an meine Hobbys aufzunehmen.

Mein Alltag holte mich wieder ein. Und doch war eine Kälte in mir, die ich nach außen wunderbar überspielen konnte.

Der Volksmund sagt bekanntlich: „Die Zeit heilt alle Wunden." Ich sage eher, sie vernarbt alle Wunden. Die Weinkrämpfe wurden weniger. Die Wut beruhigte sich. Und doch fühlte ich mich nach zwei Jahren innerlich tot. Ich existierte, ich überlebte, aber vom Leben und der Energie, die ich vorher hatte, war ich weit entfernt.

Viele Menschen sagten mir, dass sie mich bewunderten, wie ich mit dem Verlust umginge und dass ich mich nicht unterkriegen ließe, aber das war nur eine Fassade. Mir ging es immer schlechter, trotz psychologischer Unterstützung. Mir war mein Lebensinhalt weggebrochen. Ich wusste nicht, was ich mit dem Rest meines Lebens anfangen sollte. Ich brauchte einen Plan, um mich selbst wieder zu finden. Dazu kam, dass ich ständig weiter mit dem Tod konfrontiert wurde. Unser Hausarzt und eine Chorfreundin starben plötzlich, ein Freund aus Fynns Kindertagen nahm sich wegen schlechter Schulnoten das Leben, meine Nachbarin und ihre Tochter, die Fynn früher babygesittet hatten, starben und zum Schluss musste ich noch meine Mutter zu Grabe tragen. Zehn Beerdigungen in zwei Jahren. Ich konnte nicht mehr. Ich wollte keine schlechten Nachrichten mehr hören. Ich musste hier raus. Ich musste weg. Ich musste den Kopf frei bekommen, doch wie?

Ein guter Freund brachte mich auf die Idee, eine längere Reise zu unternehmen. Ich? Allein? Als Frau? Traute ich mir das zu?
Doch ums Zutrauen ging es letztendlich nicht. Für mich war es eine überlebenswichtige Notwendigkeit. Würde ich hierbleiben, würde ich innerlich verkümmern. Ich ertappte mich dabei, dass ich schmerzhafte Herausforderungen suchte, um mich selbst zu spüren. Ich lief und wanderte stundenlang durch die Täler und Wälder der Umgebung, nur damit mir irgendwann die Füße und der Rücken wehtaten. Ich wollte spüren, dass noch Lebenssaft in mir fließt. Und das wiederum war so skurril und unverständlich für den anderen Teil in mir.

Fast ein wenig überstürzt ging ich in ein Reisebüro und buchte eine Reise nach Australien für Dezember 2015. Je näher der Tag der Abreise kam, desto mulmiger wurde mir. Wie war ich nur auf die Idee gekommen, meine erste Alleinreise, gleich ans andere Ende der Welt zu machen? Am Flughafen war ich kurz davor zu kneifen. Doch ich setzte mich ins Flugzeug und trat den Weg ins Ungewisse an.

Die ersten Tage in Sydney waren alles andere als spaßig. Erholungsurlaub sieht anders aus. Ich musste mich meinen Ängsten stellen. Ich musste alles selbst organisieren. Ich versuchte zu kauderwelschen und meine eingerosteten Schulenglisch-Kenntnisse nach über 30 Jahren zu reaktivieren.

Ich gab mich dem Jetlag und einem Tränenmeer hin und wollte am liebsten wieder heim. Doch ich blieb und nach drei Tagen Metropole flog ich weiter auf die kleine Insel Tasmanien. Bereits mit Betreten des Inselbodens ging eine Veränderung in mir vor. Ich fühlte mich heimisch und willkommen. Die Menschen dort taten ihr Übriges dazu.

Ich konnte alles machen, ich musste aber nichts machen. Ich hatte Pläne und ich hatte doch keinen Plan. Ich ließ das Leben mich einfach durchströmen und mir einen neuen Puls pflanzen.
Ich lief und wanderte stundenlang. Dabei konnte ich die Gedanken und manchmal auch die Tränen laufen lassen. Ohne dass ich es bemerkte, hatte ich ein Ziel für mein Leben gefunden.
Nach fast fünf Wochen reiste ich nach Deutschland zurück und kam als neuer Mensch an. Ich traute mir plötzlich viel mehr zu. Und ich wusste nun, dass ich reisen wollte. Viel, kurz oder lang, egal.

Und ich wollte schreiben. Bereits während der Reise hatte ich auf einem Blog meine Stationen für die Daheimgebliebenen festgehalten und mit Bildern ausgeschmückt. Die Geschichten kamen so gut an, dass ich beschloss, daraus den öffentlichen Reiseblog DieReiseEule zu machen. Zwar war mir nicht klar, ob irgendjemand meine Geschichten lesen wollen würde, aber darum ging es nicht. Ich hatte die Inspiration, Fußstapfen auf der Erde hinterlassen zu wollen.

Man sagt, dass der Mensch erst tot ist, wenn niemand mehr an ihn denkt. Ich will, dass man mich nach meinem Ableben noch eine Weile in Erinnerung behält. Und ich will, dass mein Sohn (noch) nicht in Vergessenheit gerät. Denn sein Ableben hat vielleicht den Zweck gehabt, andere aufzuklären und dadurch den Tod anderer Kinder und Jugendlicher zu vermeiden.

Wie geht es mir heute? Trauere ich noch?
Der Verlust tat und tut immer noch weh, aber ich habe gelernt, damit zu leben. Es vergeht kein Tag, an dem ich nicht an Fynn denke. Er nimmt den größten Teil meines Herzens ein. Anfangs bin ich täglich zu seinem Grab gegangen, heute gehe ich noch ein- bis zweimal die Woche hin. Das Grab ist nur noch ein Grab. Ein Ort zum Trauern, aber davon gibt es mehrere.

Das Wichtigste ist, dass er in meinem Herzen ist und mir Impulse gibt, wenn ich „schlechte" Tage habe.

Ich stelle mir vor, wie er heute aussehen würde. Sicher hätte er seinen 18ten Geburtstag groß gefeiert. Mit der Schule wäre er fertig. Hätte er seinen Traum verwirklicht, Comiczeichner in Japan oder den USA zu werden?

Es gibt sie immer noch, die Tage, an denen nichts geht. Wo mich die Trauer fest im Griff hat und überrollt. Aber ich gestehe mir diese Tage selbst zu. Ich nehme mir seit 2012 immer den kompletten Dezember frei. Dort hatte Fynn Geburtstag, da ist er dreizehn Tage nach seinem 13ten Geburtstag verstorben. Weihnachten flüchte ich immer und mache eine Reise.

Vieles hat sich verändert. Besonders durch die Reise nach Australien. Ich öffnete mich und dadurch lernte ich einen Mann kennen und lieben. Dieser ist ein zuverlässiger Partner an meiner Seite, der die Trauertage mit mir trägt und meinem Leben eine zusätzliche, positive Wendung beschert hat.

Ich sehe positiv in die Zukunft ohne Kind. Fynn wird mir immer fehlen, das wird sich niemals ändern. Aber er hätte nicht gewollt, dass ich den Kopf hängen lasse und nichts aus meinem Leben mache. Ich spüre ihn an meiner Seite, besonders wenn ich auf Reisen bin. Er lächelt mich an und sagt mir, dass ich das gut und richtig mache und das ist das, was für mich zählt. Ich werde ohne ihn nicht mehr diese unendliche, bedingungslose Liebe spüren, die man wohl nur zum eigenen Kind hat. 100% glücklich zu sein wird es nicht mehr geben, aber mit 95% kann ich sehr gut existieren. Ich habe die Traurigkeit in mein Leben als einen wichtigen Bestandteil integriert, der dazu führt, die kleinen Glücksmomente mehr als je zuvor zu genießen und Nebensächlichkeiten nicht zu wichtig zu nehmen. Denn ich weiß aus der Erfahrung, dass die Welt – auch wenn sie gefühlt für einen selbst stehen geblieben ist – sich erbarmungslos weiterdreht. Ich lebe wieder und versuche nicht mehr nur zu überleben.

Liane Sch.

Heribert (Harry) H.

*30.03.1996 +09.04.2018

Trauer überleben – Trauer leben?

Harry, mein Sohn hat sich mit 22 Jahren das Leben genommen.

Ein kleiner Auszug aus meinen Worten, die ich vorher auf CD aufnahm und abspielen ließ:

„... Wir, Heri, Magdalena (damals eineinhalb Jahre alt) und ich haben Heribert (Harry) bei einer Hausgeburt in unserem Leben willkommen geheißen. Die nächsten Jahre ging es recht quirlig und lebhaft bei uns zu. Das Leben war lebendig, warm und schön.

Jeder von euch, der Harry kennt, weiß, dass er sein aktives Leben geliebt hat. Ein Leben, dass oftmals auf der Überholspur daherkam, dass er die Bremse nicht immer rechtzeitig fand und froh war über das ein oder andere

Sicherheitsnetz durch Freund oder Eltern. Harry führte ein unruhiges Leben, veränderte immer wieder mal seine Wege und fand doch immer wieder ein Ziel, für das es sich lohnt …"

Niemand kam jemals zuvor auf die Idee, Harry könnte eine psychische Erkrankung haben. Ja, natürlich, er hatte ADHS, aber das hatte er doch im Griff. Er machte viel Sport, las gerne, hatte Freunde, plante sein Studium … Doch die Erkrankung mit der Diagnose „Borderline" hat ihn wohl vor die größte Herausforderung seines Lebens gestellt. Die Krankheit war wohl schon immer da, hat geschlummert, wurde von Harry bewältigt, zurückgedrängt, nicht wahrgenommen?

Borderline ist eine erschreckende Diagnose, mit schwerwiegenden Symptomen und einem hohen Leidensdruck. Bei Krankheiten, die den Körper betreffen, egal wie schwer, funktioniert zumindest der eigene Kopf mit all seinen Gedanken. Bei Borderline bin ich der Fremde im eigenen Kopf, da bestimmen Gedanken, die ich nicht will.

Harry hat gekämpft mit seiner Krankheit und ich bin stolz auf ihn. Allein die Tatsache, dass er in der Therapie mitmachte, mir schmunzelnd erzählte, dass er zwar nie ein Musterschüler war, aber nun ein Musterpatient. Harry ging in den uns verbleibenden dreieinhalb Monaten offen mit seiner Erkrankung und Diagnose um. Er begann sogar von der Klinik aus mit dem Studium, was als Erfolg der Therapie und natürlich auch als zukunftsweisend und förderlich gesehen werden konnte – bis zu seinem Suizid.

Ich liebe meinen Sohn und inzwischen kann ich die vielen schönen Erinnerungen an ihn, an unser gemeinsam geteiltes Leben wieder fühlen, spüren und denken. Die Trauer hat sich in gut 17 Monaten seit seinem Tod geändert. Ich erlebe die Trauer heute als helfende und mich umsorgende Gefährtin meiner Gefühle und Gedanken. Die Trauer kann aber auch wie ein riesiges Trauermonster an mir hängen, mich festhalten, wenn ich laufen will, mich schwer machen, wenn ich arbeiten will, mich einhüllen und schützen.

Was hat sich verändert – Wie hat sich die Trauer verändert - Was war für mich hilfreich?

In den ersten Monaten war ich in einem kaum mit Worten zu beschreibenden Zustand zwischen Starre und Rennen, zwischen Traum und Wirklichkeit. Als eine erste Hilfe erlebte ich das Bestattungsinstitut, unseren Priester, die Gestaltung der Trauerfeier (die wir selbst in der Hand hatten) und die vielen Menschen, die kamen, um von Harry Abschied zu nehmen. Ich fühlte mich bei der Beerdigung von der Gemeinschaft der trauernden Menschen getragen. Ich weinte, die anderen weinten, wir lagen uns in den Armen, konnten nur schluchzen, nicht sprechen, und die Trauer kam in mir, bei mir an. Der Tod wurde Realität, ich konnte ein kleines bisschen davon annehmen, in mir ankommen lassen.

Die Natur, sich bewegen, langsam, stolpernd, aber doch immer wieder aufstehend, haben mir auch geholfen. Dazu die Freunde, die einfach eine Nachricht schrieben „Komm, wir gehen spazieren" und gleich noch einen Termin vorschlugen.
Anfangs (die ersten Monate) war ich in meiner Trauer gefangen, mich selbst gab es nicht mehr. Mein Leben ein Trümmerhaufen. Was soll das alles? An Arbeit war nicht zu denken. Wie kann ein einziger Scherbenhaufen vor einem Kurs – einer Klasse stehen und unterrichten? Unmöglich.

Viele Karten, Briefe und Spaziergänge später kam allmählich der erste zaghafte Gedanke, dein Leben ist noch nicht vorbei. Was nun?

Ich beantragte eine psychosomatische Rehabilitation, die mich in meiner Entwicklung der Trauerannahme, des Wieder-Aufnehmens von Kontakten, des Sprechens mit anderen Menschen, … , unterstützte. Am Ende der sechs Wochen konnte ich mit der Wiedereingliederung in meinen Beruf als Dozentin zurückkehren, worüber ich sehr froh bin. Es ist oftmals extrem anstrengend. Denn die Trauer verbraucht nach wie vor sehr viel Energie. Dennoch war dies einer der Schritte, der mich wieder einen Teil meines Lebens wiederfinden ließ.

Das Leben ist nie wieder so wie vorher. Es wird immer ein Vorher und Nachher geben. Im Nachher darf die Traurigkeit, die Freude, das Lachen und Weinen, das Arbeiten und Ausruhen, das „Ich bleibe heute in meiner Trauerhöhle" und das Wandern im Berg, die Empfindsamkeit und die Stärke, … , alles darf sein.

Trauer ist mehr als Weinen und Rückzug. Trauer ist heilsam, manchmal auf unbekannten Wegen, aber immer da und hält die Hand auf, wenn du fällst.

Mein Mann und meine Tochter und ich, wir gestehen uns gegenseitig unsere jeweilige Trauer zu, verstehen und stützen uns, haben uns lieb und reden. Egal, wie der andere trauert, und ob ich seinen Gedanken wirklich folgen kann, jeder darf sein, wie er ist, auch und vor allem in der Trauer.

Trauer ist liebevolles Denken an mein Kind. Jeden Abend schicke ich Harry einen lieben Abschiedsgedanken vom Tag. So wie ich ihm früher mit einer Geschichte eine Gute Nacht wünschte, so schicke ich ihm heute einen lieben oder auch mal traurigen Gedanken in die Nacht.
Trauer ist Erinnern. Erinnern heißt, in Verbindung bleiben. Ich bleibe Mama, auch wenn mein Kind nicht mehr in dieser Welt ist. Erinnern heißt auch, innerlich lächeln, wenn ein Bild meines Sohnes vor meinen Augen erscheint.

Trauer ist, auch die Realität anerkennen. Mein Sohn ist vorausgegangen. Mit der Geburt kam auch die Möglichkeit des Todes in mein Leben. Die Realität, wie ich sie jetzt gerade erlebe, ist veränderbar. Mein Sohn ist tot, dennoch ist mein Leid veränderbar.

Was mir noch geholfen hat?

- Ganz viele Bücher, die sich mit Trauer, dem Wandel, der Spiritualität, dem Verlust, dem Leben, … , beschäftigen.
- Soziale Netzwerke, wie Facebook und Trauergruppen
- Reale Trauergruppen (Agus – Hilfe für Hinterbliebene nach Suizid)
- Yoga, um meine Verbindung zwischen Kopf – Seele – und Körper immer wieder zu spüren
- Gehen und Laufen, Bewegung als Unterstützung für die Veränderbarkeit der Trauer

- Freunde und Familie, für ihr Dasein, für die Zuwendung, … ,
- Status in WhatsApp, um meinen Schmerz symbolisch hinaus zu schreien
- Geburtstag von Harry feiern mit Freunden und Gestalten von kleinen Fahnen, die nun im Garten hängen
- Rituale, wie der abgeschnittene Zweig vom Weihnachtsbaum, den wir zu Harry ans Grab brachten
- Harrys Freunde, die immer wieder mal zum Essen zu mir und meinen Mann kommen
- Tagebuch schreiben
- Briefe an Harry schreiben, verbrennen und die Asche bei ihm verstreuen
- Die Teilnahme beim Herbst-Berg-Seminar der Verwaisten Eltern und Blauer Falter
- Gespräche, ein Lächeln von anderen Menschen, Musik, Gedichte, ….

Ich glaube an die heilende Kraft der Trauer und daran, dass es meinem Sohn, egal wo er jetzt ist, gut geht.

Seine Aufgabe hier auf Erden war erfüllt, nun ist er heimgegangen. Meine Aufgabe ist noch hier und auch mit meiner Trauer, meiner Liebe zu ihm, und allem was passierte, ist mir Leben möglich.

Eure Anne H., mit Harry im Herzen

Jacob B.

*26.10.1987 +30.09.2011

Jacob wurde am 26. Oktober 1987 als kleiner Bruder von Franziska (30.12.1983) geboren. Er war ein lang ersehntes Wunschkind. Wir waren eine glückliche Familie: mein Mann Micha, meine Tochter Franzy, Jacob und ich. Bis zu dem Tag an dem Jacob von uns gerissen wurde …

Am 29.09.2011 hatte Jacob einen Unfall mit seinem Fahrrad. Ein schwarzer Mercedes nahm ihm die Vorfahrt, Jacob machte eine Vollbremsung und stürzte über den Lenker. Er kam mit dem Kopf zuerst auf dem Asphalt auf. Es wurde eine Not-OP durchgeführt, aber er hat es nicht geschafft, die Kopfverletzungen waren zu schwerwiegend. Die Nachricht von Jacobs Unfall erhielten wir über Franzys Handy. Sie wurde von Jacobs Handy aus dem Krankenhaus angerufen, als sie gerade bei uns war. Die Ärzte brauchten für die Not-OP Informationen. Wir fuhren alle drei umgehend mit einem Taxi ins Krankenhaus. Aber schon einige Stunden später konnten uns die Ärzte keine Hoffnung machen. Einen Tag später um 16:42 Uhr wurde Jacob für Hirntod erklärt.

Wir, die Familie und seine Freunde entschieden gemeinsam, ihn zur Organspende freizugeben, da wir uns sicher waren, dass Jacob das gewollt hätte. Einige Wochen später erfuhren wir von einer Freundin unserer Tochter, dass sie sich mit Jacob mal über das Thema Organspende unterhalten hatte und er ihr sagte, dass er seine Organe spenden wollen würde, wenn er in so eine Situation käme. Wir wissen heute, dass Jacobs Organe vier Menschen das Leben gerettet haben. Und ich weiß, dass sein Herz irgendwo weiter schlägt!
Mein größter Wunsch ist es, den Menschen kennenlernen zu dürfen, der mit Jacobs Herz weiterlebt. Leider ist dies in Deutschland nicht möglich. Zu diesem Thema (Kennenlernen des Organempfängers) gibt es ein sehr schönes Musikvideo zu dem Song von Lewis Capaldi „Someone you loved" mit dem Schauspieler Peter Capaldi (youtube.com/watch?v=bCuhue-PlP8o).

Jacob war ein aufgeweckter Junge, er war sportlich und immer gut gelaunt, außer morgens vor dem ersten Kaffee. Jacobs Freunde aus der Berufsschule schrieben uns: „Jacob hat uns jeden Tag zum Lachen gebracht, wirklich jeden Tag!"

Er hatte Freunde aus der Kitazeit, der Grundschulzeit, der Realschulzeit, der Abiturzeit und auch aus der Berufsschulzeit. Er pflegte seine Freundschaften und war überall beliebt. Franzy und Jacob hatten eine sehr enge Bindung, sie unternahmen in ihrer Freizeit viel gemeinsam und hatten gemeinsame Freunde. Es gab keine Familienfeier, bei der Jacob fehlte. Die Familie war ihm sehr wichtig. Seine Cousinen und Cousins waren auch seine Freunde.

Jacob beendete seine Ausbildung zum Immobilienkaufmann erfolgreich, war auf der Suche nach einer neuen Arbeit und nach einer Wohnung für sich und seine Freundin Henni. Sie waren bereits seit einem Jahr ein Paar und wollten zusammenziehen.

Trauerveränderung

Wie geht man mit so einer Situation um? Das eigene Kind tot – das geht doch nicht, so etwas gibt es doch nur im Fernsehen! Ein Schmerz, der sich kaum beschreiben, geschweige denn aushalten lässt. Ein Schmerz, der nie zu enden scheint.

Einen Monat vor dem Unfall hatte ich mit Jacob „Freundschaft" bei Facebook geschlossen, sodass ich ihm seitdem regelmäßig im PN-Bereich schreiben kann. Das tue ich bis heute. Jacobs Facebookprofil ließen wir in den Gedenkzustand versetzen, sodass es weiterhin besteht und wir mit seinen Freunden darüber in Kontakt bleiben können und ich ihm in Facebook schreiben kann.

Einige Tage nach Jacobs Tod waren wir in seiner WG, um Unterlagen zu holen. Die Wohnung war in einem Hochhaus im neunten Stockwerk. Als ich dort auf dem Balkon stand, war mein erster Gedanke, dort hinunterzuspringen, dann hätte das Elend ein Ende.
Aber dann dachte ich an Micha und Franzy, wie würde es denen damit gehen? Nein, das war keine Option! Micha sagte mir später, dass er in diesem Moment die gleichen Gedanken hatte.

Wir bekamen nach dem Unfall keine Unterstutzung durch Psychologen oder einen Seelsorger.
Nach dem Tod meiner Eltern (mein Vater starb 2007, meine Mutter 2009) hatte ich eine Therapie begonnen und vorzeitig beendet, da es mir besser ging. Nach Jacobs Tod 2011! rief ich die Therapeutin an und hatte das Glück, die Therapie sofort wieder aufnehmen zu können.

Eine Kollegin, die selbst ein kleines Kind verloren hatte, sagte mir, dass es so etwas wie „verwaiste Eltern" gibt, wo man sich hinwenden kann. Ich googelte diesen Begriff und fand eine Selbsthilfegruppe, in der sich Eltern, die ein Kind verloren haben, einmal monatlich treffen. Ich meldete mich dort und konnte schon bald in die Gruppe gehen. Dort fühlte ich mich sofort aufgefangen, ich spürte, dass ich hier verstanden werde, auch wenn ich nichts sagen kann. Heute, nach acht Jahren, besuche ich die Gruppe immer noch regelmäßig. Wir stützen uns gegenseitig.

Schon einige Tage nach Jacobs Tod hatte ein Freund einen Song für Jacob geschrieben, der Jacobs Namen trägt und etwas später auch auf einer CD erschien. Ich hinterlegte den Song mit Bildern von Jacob und stellte ihn bei YouTube ein (youtu.be/YmsJ0ti3AFg).

Ich las unheimlich viele Bücher über Trauer und ein Leben nach dem Tod, über Nahtoderfahrungen und Nachtodkontakte. Mehr und mehr kam ich zu der Überzeugung, dass Jacob immer noch bei uns ist und an unserem Leben teilhat. Ganz beeindruckend fand ich das Buch „Voll doof tot zu sein, wenn alle traurig sind". Ich schrieb selbst ein Kapitel für ein Buch des Vereins „Kinderschutzengel e.V.", in dem es um das Leben und Sterben von schwer herzkranken Kindern geht, die auf ein Spenderherz warten. In diesem Buch sollte auch ein Kapitel von einem Organspender berichten, bzw. von den Angehörigen eines Organspenders, also von Jacob und unserem Leben nach seinem Tod. (In diesem Buch sollten auch Angehörige von Organspendern in einem Kapitel über ihr Leben nach der Spende ihres Verstorbenen berichten.)

Fünf Monate nach dem Unfall erhielten wir über unseren Anwalt endlich Akteneinsicht. In der Akte stand, dass Jacob Alkohol im Blut gehabt haben soll!? Als der Anwalt mir das am Telefon mitteilte, sagte ich sofort, dass das nicht sein könne. Er war auf dem Rückweg von der Arbeit und außerdem ist er nie mit dem Rad gefahren, wenn er Alkohol getrunken hatte. Obwohl ich wusste, dass das nicht sein konnte, ging ich zum Friedhof und schimpfte mit ihm, warum er so eine Sch… mache? Alle, Familie und Freunde, wussten, dass er das nicht gemacht hätte. Eine Nachfrage in der Firma ergab, dass es an dem Tag tatsächlich einen Geburtstag gab, aber es hätte höchstens mittags ein Glas Sekt gegeben. Der Unfall geschah aber kurz vor 19:00 Uhr. Auch seine Kollegen konnten sich das nicht erklären.

Nach einiger Zeit kam ich auf die Idee im Krankenhaus anzurufen, er wurde ja noch operiert, die müssten doch die Blutwerte haben! Und richtig, der Arzt bestätigte mir sogar am Telefon, dass Jacob kein Alkohol im Blut hatte. Laut Akte sollen es aber 1,23 ‰ gewesen sein. Ich bat den Arzt, diesen Laborschein unserem Anwalt zu übergeben.

Die Ermittlungen waren nach diesen fünf Monaten zwar abgeschlossen, aber ohne Ergebnis. Es gab keine Anklage und auch keine Aussage dazu, warum nicht. Wir forderten die sofortige Wiederaufnahme der Ermittlungen. Uns wurde zugesichert, dass es ein Gutachten in Bezug auf den Alkoholwert geben wird und auch ein Unfallrekonstruktionsgutachten. Es vergingen Monate, nichts passierte. Dann hieß es, die Akte sei abhandengekommen. Über Monate war die Akte verschwunden. Als sie wieder auftauchte, lag eine Anklageschrift drin, die schon ein halbes Jahr alt war, aber nie abgeschickt wurde. Am 12. August 2014, also fast drei Jahre nach dem Unfall, sollte nun endlich eine Verhandlung stattfinden. Wir fuhren zum Gericht und trafen uns dort mit Familie und Freunden von Jacob. Es waren acht Zeugen geladen. Aber was dann geschah war einfach unglaublich!

Es wurden nur die Anwälte in den Gerichtssaal gebeten. Die Staatsanwältin teilte mit, dass sie ja gar nicht wisse, was hier verhandelt werden solle, der Radfahrer war ja betrunken. ??? Hatte sie die Akte nur bis zu dem Punkt gelesen, als das erste Mal die Rede von Alkohol war? Der Richter meinte sogar, dass er gar nicht wisse, warum unser Anwalt uns zumuten will, dass vielleicht herauskomme, dass Jacob selbst schuld sei. Unser Anwalt sagte "Warum sollte er selbst schuld sein, er fuhr auf dem Radweg der Hauptstraße, er hatte Vorfahrt." Der Richter sagte daraufhin, es gäbe keine Vorfahrt. ??? Fakt war aber, dass beide Gutachten aussagten, dass Jacob keine Schuld an dem Unfall hatte! Das Gutachten wegen des Alkoholwertes bestätigte, dass er keinen Alkohol getrunken hatte und das Unfallrekonstruktionsgutachten ergab, dass eindeutig der Autofahrer Schuld hatte. Jacob hatte mit der Vollbremsung den Zusammenstoß mit dem PKW verhindert, er stürzte eindeutig, weil er den PKW auf sich zukommen sah.

Aber, es fand keine Verhandlung statt, da keiner der Zeugen erschienen war. Geladene Zeugen waren: die beiden Gutachter, vier Polizisten und zwei Augenzeugen. Und die waren alle zufällig nicht erschienen! ??? Letztendlich wurde der Mercedesfahrer schuldig gesprochen und zu einer Strafe von 90 Tagessätzen à 50 € verurteilt, per Strafbefehl. 90 Tagessätze à 50 Euro! Wir konnten nichts tun, keinen Widerspruch einlegen oder Ähnliches, es gab keinen neuen Termin für eine Verhandlung. Wir waren völlig machtlos und fast ohnmächtig vor Wut. Als wir das Gericht verließen, verdunkelte sich der Himmel an diesem sonnigen Augusttag und es gab einen heftigen Regenschauer. Ich sagte nur: „Danke Jacob!" Und ich war mir 100-prozentig sicher, dass es Jacob war, der den Himmel verdunkelte.

Die Aussage über den vermeintlichen Alkohol, die verschwundene Akte und das Nichtstattfinden der Gerichtsverhandlung waren drei herbe Rückschläge in unserer Trauerarbeit, die uns viel Kraft kosteten.

Die Psychotherapie beendete ich, weil die Therapeutin sieben Monate nach Jacobs Tod meinte, dass sie gar nicht wisse, warum es mir so schlecht gehe, es sei doch nun schon sieben Monate her! ???

In der Selbsthilfegruppe (Leben ohne Dich e.V.) sagte einmal eine Mutter in der Befindlichkeitsrunde, dass es ihr gut ginge. Das konnte ich überhaupt nicht verstehen, wie es einem gut gehen kann, wenn doch das eigene Kind tot ist. Ich fragte nach. Sie sagte, sie sei bei einem Medium gewesen und habe Kontakt zu ihrer Tochter gehabt. Medium? Kontakt?

Ich googelte wieder und fand heraus, dass ein Medium jemand ist, der Kontakte ins „Jenseits", also zu Verstorbenen, herstellen kann. Ich fasste den Entschluss, dass ich das auf jeden Fall auch versuchen wollte.

Also suchte ich mir im Internet ein Medium. Ich ging zu einer Veranstaltung, einem Familienaufstellen, von diesem Medium und stellte fest, dass sie mir zum einem sympathisch war und zum anderen auch kompetent erschien, weil ich spürte, dass bei dieser Familienaufstellung etwas passierte. Also machte ich einen Termin. Bei diesem Sitting spürte ich, dass Jacob anwesend war. Das Medium übermittelte mir Botschaften, die für mich schlüssig waren. Es gab auch eine Botschaft, die zu der damaligen Zeit für mich nicht relevant war, es aber zwei Jahre später doch noch wurde. Mein Mann und meine Tochter konnten zu solchen Dingen keinen Zugang finden. Aber mein Mann hörte sich die Aufzeichnung von der Sitzung an und sagte: „Eins steht fest, diese Frau hat in der Sitzung von einer Stunde mehr erreicht, als die Therapeutin in einem halben Jahr." Es ging mir nach dem Sitting tatsächlich gut. Und das merkten auch andere Menschen in meiner Umgebung.

Das Medium teilte mir mit, dass Jacob uns ein Zeichen schicken will, wenn er an uns denkt. Und sie fragte, ob ich einen Bezug zu Regenbögen hätte. Ja, sagte ich, denn ich hatte bisher jeden Regenbogen, den ich sah, fotografiert, sofern ich einen Fotoapparat dabeihatte. Aber es waren nicht allzu viele Regenbögen, die ich bis dahin in meinem Leben gesehen hatte. Sie sagte, dass Jacob uns einen Regenbogen schickt, wenn er an uns denkt. Und seitdem sehen wir viel mehr Regenbögen als jemals zuvor in unserem Leben.

Dank Social Media wie Facebook und WhatsApp sind wir so auch immer mit Jacobs Freunden und der Familie verbunden. Wer auch immer einen

Regenbogen sieht, denkt an uns und an Jacob und schickt uns ein Foto. Und die Regenbögen haben ganz oft einen Bezug zu Jacob oder zu unserer Familie, so sahen an Jacobs ersten Todestag sieben Personen einen Regenbogen, der zu der Uhrzeit war, als ein Jahr zuvor der Unfall geschah. Am ersten Geburtstag unseres Enkelkindes, zu unserem Hochzeitstag, oft zu Geburtstagen in der Familie und bei Freunden erscheinen Regenbögen. Und dann ist da immer dieses Gefühl der Verbundenheit mit seinen Freunden. Und das ist einfach schön, sogar für Micha und Franzy.

Sieben Monate nach Jacobs Tod erstellte ich im Internet eine Gedenkseite für unseren Sohn. Eigentlich wollte ich eine eigene Seite erstellen, aber auf den angebotenen Seiten gibt es Funktionen (wie zum Beispiel das Anzünden einer Gedenkkerze, oder ein Kondolenzbuch), die ich zur damaligen Zeit nicht hätte erstellen können, deshalb entschied ich mich für eine Seite auf Gedenkseiten.de. (www.gedenkseiten.de/jacob-burkhardt)

Zehn Monate nach dem unfassbaren Geschehen machte ich eine psychosomatische Reha in Wandlitz. Micha und Franzy hätten das auch machen können, aber sie wollten es nicht. Als ich schon drei Wochen in der Reha war, erhielt ich einen Anruf, dass Micha mit akutem Herzinfarkt im

Krankenhaus sei. Er wurde vom Krankenhaus Königs Wusterhausen aus nach Marzahn ins UKB geflogen, wo sofort ein Herzkatheter gemacht wurde. Zum Glück konnte ihm geholfen werden und er hat es überlebt. Danach machte er eine Anschlussheilbehandlung und es wurde ihm empfohlen, sich wegen der Depressionen behandeln zu lassen, was er dann auch tat.

Ich konnte zu der Reha nur fahren, weil ich bereits die Gedenkseite für Jacob erstellt hatte. Ich hätte nicht fahren können, wenn ich nicht diese Möglichkeit des Kontaktes zu Jacob gehabt hätte. Länger als ein Jahr ging ich jeden Tag zu seinem Grab und auch immer wieder zur Unfallstelle. Ich wusste, dass er dort nicht ist, und vor allem nicht sein Herz, trotzdem zog es mich immer wieder zum Grab. Und auch heute noch geht jeden zweiten Tag einer von uns oder wir zusammen zum Grab, um ein neues Licht anzuzünden. Es brennt immer eine Kerze bei Jacob, er soll nicht im Dunkeln sein!

Micha begann die Kerzenreste zu verarbeiten und goss neue Kerzen daraus. Mittlerweile ist es ein richtiges Hobby geworden und all unsere Freunde und Familienmitglieder haben Kerzen von Micha, und wenn sie sie abbrennen denken sie auch an Jacob.

Ein weiterer Schritt in unserer Trauerbewältigung war die Mitwirkung bei einer Doku des RBB. Zum Thema plötzlichem Tod wurde die Doku „Aus dem Leben gerissen – Wenn die Zeit des Abschieds fehlt" gedreht. Es war eine sehr intensive Woche, bei der wir (Micha, Franzy und ich) uns mit Jacobs Tod und unserem Leben danach auseinandersetzten (youtube/VFLQRVu_cTc). Das war zwei Jahre nach Jacobs Tod und drei weitere Jahre später wurde noch ein kurzer Bericht zum Thema „Straßenkreuze" mit uns gedreht (youtu.be/XHuiwr0zs3I).

Von einer der Familien, die in der Doku mitwirkten, erfuhr ich etwas über eine IADC-Therapie (Induced After Death Communication - eingeleitete Nachtod-Kommunikation). Es ist eine in den USA entwickelte Therapieform, die aus der EMDR-Therapie abgeleitet wurde, die bei traumatisierten Soldaten angewendet wird. Diese Therapieform muss man leider selbst bezahlen, aber sie hat eine sehr heilende Wirkung (zumindest bei mir hatte sie es). Ich hatte mehrere Sitzungen, bei der ich immer wieder über die belastenden Zustände sprechen sollte, mit geschlossenen Augen. In der ersten

Sitzung hatte ich das alles ganz krass noch einmal durchlebt. Es war, als wäre es gerade erst passiert, aber es hat mir unheimlich gutgetan. In den folgenden Sitzungen sollte ich immer wieder über die Situationen sprechen, die mich am meisten belasteten und ich musste immer eine Bewertung abgeben, (auf einer Skala von 1-10) wie es mir danach ging. Und es ging mir von Mal zu Mal besser damit. Am Ende hatte ich einen Traum, der realer nicht hätte sein können. Ich hatte einen Kontakt zu Jacob, er war bei mir, ich hatte ihn gespürt, ich hatte ihn umarmt und ich konnte mit ihm reden! Das war so schön! Ich konnte sehen, dass es ihm gut geht, und als ich aus dem Traum erwachte, hatte ich das Gefühl, dass Jacob gerade eben den Raum verlassen hatte.

Wir haben Rituale, die wir zu den Gedenktagen leben! Diese sind für uns alle sehr wichtig!

An der Unfallstelle steht bis heute ein Kreuz, das an Jacobs Unfall erinnert und andere zur gegen- seitigen Rücksichtnahme mahnt. Des Öfteren werden die Blumen, Bilder und sogar auch schon zweimal das Kreuz von der Unfallstelle entwendet. Aber wir stellen immer wieder ein neues auf und pflegen diesen Ort. An jedem Jahrestag des Unfalls treffen wir uns dort mit Familie und Freunden und denken gemeinsam an Jacob und machen Seifenblasen zu der Zeit, wo damals der Unfall passierte. Jacob liebte Seifenblasen und verschenkte oft zu Geburtstagen welche. Immer wenn ich in der Stadt bin, gehe ich auch zur Unfallstelle und zünde eine Kerze an. Ganz oft werden wir dort von Passanten angesprochen, die uns sagen, dass sie hier öfter vorbeikommen und uns Mut machen, diesen Ort weiterhin als Gedenkstätte zu pflegen. Einmal kam eine Radfahrerin, sie stieg von ihrem Rad ab und fragte mich, ob sie mich umarmen dürfe. Das war so schön!

Jacobs Geburtstag ist Ende Oktober. Er freute sich immer darüber, dass an dem Wochenende, an dem er seinen Geburtstag feierte, die Uhren wieder auf MEZ zurückgestellt wurden. So hatte er ja immer eine Stunde mehr Zeit zum Feiern. Nun laden wir die Familie und Jacobs Freunde immer zu seinem Geburtstag ein, gehen abends im Dunkeln zu seinem Grab, mit Lampions (er liebte Lampions) und anschließend sitzen wir draußen am Feuer und feiern für ihn und mit ihm seinen Geburtstag. Mittlerweile haben seine Freunde fast alle eigene Kinder. Sie kommen auch mit ihren Kindern zu uns, und wir verbringen gemeinsam schöne Stunden.

Zu Jacobs 30. Geburtstag ließen wir ein 3D-Bild aus Kristall von Jacob anfertigen, welches in unserem Flur steht und in dem Jacob mir immer hinterherschaut, wenn ich vorbeigehe. Wenn ich ihn etwas frage und dann nicke, dann nickt Jacob auch. Es ist ein schönes Gefühl, wenn er mir mit den Augen folgt, immer, wenn ich vorbeigehe.

Jedes Jahr im Dezember gehen wir gemeinsam mit Freunden von Jacob zum Keimzeit Konzert. Keimzeit war seine Lieblingsband, er war bei jedem Konzert, das in Berlin und Umgebung stattfand. Dies verband ihn auch mit seiner Freundin Henni.

Im Juni 2019, also fast acht Jahre nach Jacobs Tod und sieben Jahre nach dem letzten Besuch bei einem Medium hatte ich erneut eine mediale Sitzung. Ich hatte Jacob zuvor in Facebook geschrieben, dass er mir bitte ein eindeutiges Erkennungsmerkmal geben solle. Und so kam es dann auch. Das Medium fragte mich, warum mein Sohn ihr eine Pyramide zeige. Das konnte ich ihr gut beantworten und es war mehr als eindeutig für mich. Als Jacob ein kleiner Junge war und auch später in der Schule interessierte er sich sehr für Ägypten und Pyramiden. Und es gab eine Begebenheit, als ich mit ihm in London war, die mit einer Pyramide zu tun hatte. Ich wusste, dass er da war.

Franzy hatte sich noch vor der Beerdigung ein Tattoo stechen lassen. Jacobs Name mit einem Engelsflügel, dem rechten Flügel. Den linken Flügel hat der Tätowierer auf Papier gezeichnet, dieser Flügel ist bei Jacob in der Urne. Franzy hatte sich an einem Projekt beteiligt, einer Ausstellung von Trauer Tattoos, wozu es auch ein Buch gibt. Hier hat sie auch die Geschichte von ihrem Bruder erzählt.

Anlässlich der jetzigen 8. Gedenktage (29.09. Unfalltag, 30.09. Todestag) habe ich mich entschlossen mir auch ein Tattoo stechen zu lassen. Ich habe es selbst gezeichnet.

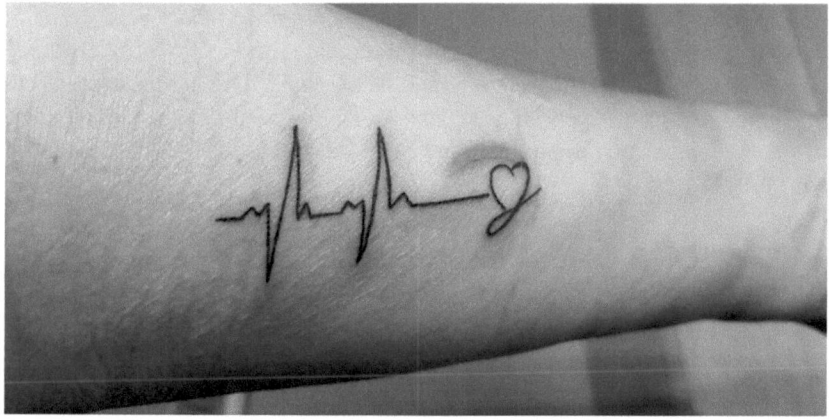

Es stellt zwei Pulsschläge und dann die Nulllinie, also den Tod, und dann die Liebe nach dem Tod, dar.

Es war nicht sehr schmerzhaft, aber als die Nulllinie gemacht wurde, hatte ich es am meisten gespürt und musste doch etwas die Zähne zusammenbeißen. Die rechte Seite des Herzens ist ein ‚J‘ und der angedeutete Regenbogen führt von Jacob zurück zum Leben. Ich habe es auf dem linken Unterarm, weil links die Herzseite ist und weil Jacob Linkshänder war. Micha hatte mich zum Tätowierer begleitet.

Es ist ein langer Weg der Trauer, wenn man sein Kind verloren hat, der nie enden wird, der sich aber verändert. Es gibt immer wieder Höhen und Tiefen. Höhen, wenn wir zum Beispiel ein Foto von Jacob geschenkt bekommen, welches wir noch nicht kannten oder wenn Jacobs Freunde uns besuchen. Die Tiefen sind natürlich die Gedenktage, die anderen Feiertage im Jahr oder die Familientreffen ohne Jacob oder wenn zum Beispiel an der Unfallstelle mal wieder was zerstört wurde.

Zwei Höhen in unserem Leben sind unsere Enkelkinder, sie halten uns am Leben und erinnern uns an die schöne Zeit mit Franzy und Jacob, als sie noch klein waren. Jacob ist nach wie vor Teil unseres Lebens. Es gibt kein Fotobuch und keinen Fotokalender, wo nicht auch mindestens ein Foto von Jacob mit drin ist. Er ist immer präsent und sei es durch einen Regenbogen!

Was bleibt ist die Sehnsucht und die Liebe. Trauer ist Liebe! Und deshalb wird die Trauer nie enden, aber sie verändert sich, und ich habe gelernt mit der Sehnsucht und der Trauer zu leben. Jacob ist immer bei uns, in unseren Gedanken und in unseren Herzen. Er war, ist und bleibt für immer ein Teil unseres Lebens. Und ich bin mir ganz sicher, dass wir uns wiedersehen werden.

Zusammenfassung der Stationen der Trauerarbeit:

- Psychotherapie
- Selbsthilfegruppe
- psychosomatische Reha
- Kleidung mit Jacobs Duft in einer verschlossenen Tüte aufbewahren
- Lesen von Büchern über Tod, Trauer und das Leben nach dem Tod
- Schreiben an Jacob (Facebook)
- Schreiben für Bücher (Kinderschutzengel e.V., dieses Buch)
- viele Gespräche und Interviews von Journalisten zu verschiedenen Themen
- Erstellen der Gedenkseite
- Besuch beim Medium (mehrmals)
- Mitwirkung in den Dokus des RBB
- IADC-Therapie
- Hören von Musik, die Jacob gerne hörte und die uns verbindet
- Konzertbesuche bei Jacobs Lieblingsband
- Treffen mit Freunden von Jacob
- Erstellen verschiedener Erinnerungsfotos (3D-Glasbild, Poster, Bilder in aktuellen Fotobüchern und Kalendern)

- Trauer Tattoo
- und nicht zuletzt, dass Zulassen des Erkennens der Zeichen, die Jacob uns schickt

Astrid B.

Jenny F.

*21.05.2000 +10.03.2013

Am 21.05.2000, einem Sonntag, wurde Jenny geboren. Ich war 26 Jahre und Jenny war, genau wie ihr großer Bruder, der vier Jahre älter war, ein absolutes Wunschkind.

Dass mit Jenny etwas nicht stimmte, merkte ich von Geburt an, aber ich kam nie auf den Gedanken, dass sie ernsthaft krank sein könnte. Nach vielen Arztbesuchen wurde bei ihr mit neun Monaten in der Uni-Klinik Halle Krebs festgestellt – ein Synoviales Sarkom unter dem rechten Schulterblatt. Für mich brach eine Welt zusammen! Mein geliebtes Kind! Wir kämpften. Und immer an ihrer Seite ihr Bruder Frank und ich, ihre Mama. Die kommenden fünf Jahre waren geprägt von vielen Krankenhausaufenthalten, Chemotherapien, Operationen, Bestrahlung und Nebenwirkungen des Ganzen. Jenny kämpfte tapfer und meisterte das ganz gut. Sie war so ein lebenslustiges, freundliches kleines Mädchen.
2005 wurden wir zur Mitbehandlung nach Stuttgart geschickt. Dank des Professors dort und zwei weiteren Operationen, sah es ganz gut aus. Jenny

war die nächsten fünf Jahre nur zu Kontrollen in den Kliniken. In dieser Zeit entwickelte sie sich richtig gut. Jenny liebte das Leben, liebte es, zu Hause zu sein, mit ihrem Bruder zu spielen und Blödsinn zu machen. Sie liebte es mit ihren Freunden zu spielen und sie liebten Jenny, so wie sie ist. Sie durfte endlich Kind sein!

Anfang 2010, bei einem Kontroll-MRT, wurde festgestellt, dass der Tumor zurück ist und dass sie Lungenmetastasen hat. Jenny entschied bewusst, dass sie keine Therapie machen lässt, sondern dass sie leben möchte und nie wieder in eine Klinik muss – und das mit zehn Jahren. Laut Ärzten war sie in der Entwicklung schon so weit, dass sie das selbst entscheiden konnte.

Jenny hatte gute zwei Jahre, in denen sie so intensiv lebte. Sie wurde schnell erwachsen, fotografierte richtig gern, schminkte sich und sie unternahm sehr viel mit ihren Freundinnen. Liebe Josi, liebe Michelle – habt vielen Dank für alles.

Anfang 2013 ging es ihr dann nicht mehr so gut. Sie lag viel und hat geschlafen.

Am Sonntag, den 10.03.2013 ist sie in meinen Armen für immer eingeschlafen!

Die Zeit danach

Es gibt nichts Schlimmeres, als sein Kind sterben zu sehen. Dreizehn Jahre hatte ich vor diesem Moment Angst. Wie soll ich ohne meine Tochter weiterleben? Das Ausmaß kann man sich nicht vorstellen. Meine Kinder sind immer mein Lebensinhalt gewesen und sind es auch noch. Anfangs dachte ich immer, sie kommt gleich zur Tür herein und alles war nur ein schlechter Traum. Aber so war es nicht. Jenny wusste, dass ich ohne sie nicht klarkomme und hat mich ein Jahr vor ihrem Tod mit einem damals guten Freund der Familie zusammengebracht. Es war ihr so wichtig! Thomas war bedingungslos von Anfang an auch immer für meine Kinder da und somit auch eine sehr wichtige Bezugsperson. In Jennys letzten Stunden hat er sich rührend um sie gekümmert. Bei ihm wusste sie, bin ich sicher aufgehoben, genau wie ihr Bruder Frank. Sie wollte bei ihm zuhause sterben und das haben wir ihr auch ermöglicht.

Thomas und Frank sind die wichtigsten Menschen für mich, die mich nach Jennys Tod aufgefangen haben, die für mich da waren. Ich liebe Euch über alles und bin froh und dankbar, dass Ihr immer bei mir seid!

Die ersten Monate waren richtig schlimm. In ihrem Zimmer fand ich ihr Tagebuch, in dem unter anderem stand, wie sehr sie uns alle liebt und dass sie noch so viel vorhatte. Ich bekam Panikattacken, konnte nicht mehr allein hinausgehen, hatte Sehstörungen, habe seitdem ganz starke Verlustängste und körperlich spielt alles verrückt. Glück und Freude konnte ich nicht mehr fühlen. Ich kam mir so einsam vor und habe das alles nicht verstanden. Immer wieder fragte ich mich: „Hast du alles richtig gemacht?" Immer wieder machte ich mir Vorwürfe! Ich habe so viel und so stark geweint, wie noch nie in meinem Leben. Es ist, als ob ein Teil von einem selbst fehlt – so ein starker Schmerz, den man nicht beschreiben kann. Die größte Hilfe war in dieser Zeit Thomas. Er hat mich einfach nur gehalten, ganz fest. Auch meine Familie und eine Handvoll Freunde waren da, aber Thomas ist immer derjenige, der mich „rettet". Und ich kann nun so gut verstehen, warum Jenny damals so drängelte, dass ich mit Thomas zusammenkomme. Sie wusste, dass ich es ohne ihn nicht schaffe. Sehr traurig bin ich darüber, dass sie unsere Hochzeit 2014 nicht miterlebt hat, denn es war ihr größter Wunsch.

Eine große Rolle spielen für mich auch eine ehemalige Mitarbeiterin eines Fußballvereins in Leipzig, deren ehemaliger Torwarttrainer und seine Frau, sowie Jennys Lieblingsspieler Daniel Frahn und seine Familie. 2010 gab es bei uns im Ort ein Benefizspiel für Jenny, wo wir alle kennengelernt haben. Wir haben uns öfter zu Spielen getroffen. Sie haben Jenny so viel gegeben und hatten sie so lieb. Es sind für mich Menschen, die nach Jennys Tod so eine enorm große Rolle spielen, die ein Teil Jenny sind. Mein Herz geht so auf, wenn ich sie um mich habe, als wäre Jenny bei mir. Ihr alle seid mir sehr wichtig, weil Ihr ein Teil Jenny seid. Das gilt auch für ihre zwei Freundinnen Josi und Michelle. Ich danke Euch von Herzen, dass Ihr in meinem Leben seid!

Meine Trauer

Nach langen Gesprächstherapien bei meiner Psychologin habe ich versucht, nach einem Jahr wieder arbeiten zu gehen. Das Ganze habe ich ein Jahr durchgehalten, dann hatte ich keine Kraft mehr. Jede Sekunde hatte ich Jenny im Kopf. Ich habe so viel geweint und meine Panik wurde in dieser Zeit noch schlimmer. Ich wurde krankgeschrieben. Zuhause schöpfte ich Kraft, immer in Gedanken „Jenny möchte mich nicht am Boden sehen". Tag für Tag kämpfte ich mich aus dem Bett, die Sehnsucht nach Jenny raubte mir die Kraft. Aber ich versuchte mir einen strukturierten Tagesablauf zu planen, so wie ich es schaffe. Auch das große Verständnis meines Mannes und seine Liebe geben mir sehr großen Halt.

Von Anfang an haben wir Jennys Geburtstag jedes Jahr gefeiert. Immer ein sehr schwerer Tag für mich, genau wie ihr Todestag, Weihnachten, Ostern und die ganzen Geburtstage familiär. Und jedes Jahr gibt mir mein Mann die Kraft, das alles durchzustehen und der Gedanke, dass sich Jenny über die Feiern doch so freuen würde. An ihrem 18. Geburtstag 2018, es war wundervolles Wetter, haben wir Luftballons steigen lassen und die ganze Zeit über Jenny geredet – mit wundervollen Leuten, die diesen Tag mit uns verbrachten, Herzensmenschen! Das sind wunderschöne und traurige Momente zugleich für mich. Aber ich brauche solche Momente, sie geben mir etwas Kraft.

Verändert hat sich nicht viel. Es sind jetzt sechs Jahre vergangen und es tut noch genauso weh. Ich kann Glück und Freude nach wie vor kaum spüren. Manchmal habe ich das Gefühl, es wird immer schlimmer. Auch gibt es Momente, da ist es okay. Ich kann nicht mehr so oft auf den Friedhof gehen. Das ist ganz schlimm für mich. Ich frage mich jedes Mal, wo sie ist und was sie mit ihr gemacht haben. Hinzu kommt, dass es für mich kein so richtiger Anlaufplatz ist. Der ist bei uns zu Hause, wo ich eine Gedenkecke für Jenny eingerichtet habe. Da kommen jede Woche frische Blumen hin und genau das fühlt sich gut und richtig an. Jenny fehlt mir unheimlich, ich möchte sie so gern in den Arm nehmen, mit ihr reden, wünschte, sie wäre für mich da. Ich kann es immer noch nicht verstehen und es raubt mir immer noch die Kraft. Es fühlt sich an wie lebenslänglich. Ich habe mein Kind verloren und es wird nie mehr gut sein. Da gibt es Jennys Bruder Frank, der sich zu einem großartigen jungen Mann entwickelt hat. Für mich ist es sehr wichtig, dass wir für immer ein gutes Verhältnis haben und wir füreinander da sind. Ich bin so stolz auf ihn, wie er alles meistert.

Ich bin nun Hausfrau und das ist okay. Priorität in meinem Leben haben meine Familie, unsere zwei Hunde und eine Handvoll Freunde. Ich habe große Verlustängste, Stress verkrafte ich überhaupt nicht. Heute noch nehme ich psychologische und neurologische Behandlung in Anspruch. Ich werde nie mehr die sein, die ich mal war, dafür habe ich zu viel erlebt. Aber genau wie Jenny liebe ich das Leben.

Steffi J.

Jenny P.

*17.11.2009 +25.11.2009

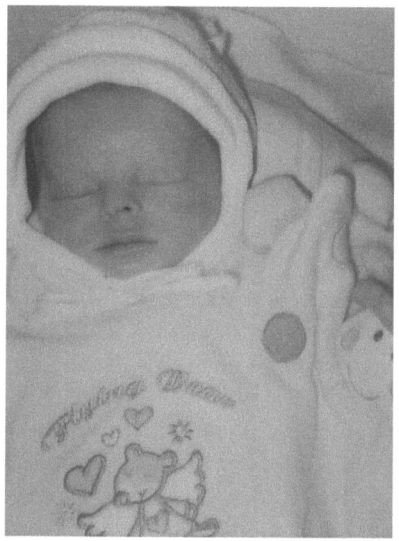

Es war immer mein Wunsch zwei Kinder zu haben, einen Jungen und ein Mädchen. Unser Großer war damals acht. Wir haben uns riesig gefreut, als ich merkte, dass ich schwanger war und es mir auch mein Frauenarzt bestätigte. Mein Mann wusste sofort, dass es ein Mädchen wird. Ich merkte jedoch auch, dass die ersten drei Monate der Schwangerschaft anders waren als bei unserem großen Sohn. Mir war öfters etwas übel, was sich nach den ersten drei Monaten wieder besserte. Es war ansonsten eine Bilderbuch-Schwangerschaft ohne Probleme.

Anfang der 36. Woche hatte ich dann wieder einen Termin bei meinem FA zum CTG. Auch da war alles in Ordnung. (Das war ein Donnerstag). Einen Tag vorher war noch meine Hebamme bei mir und hat mich untersucht. Und auch hier war alles in Ordnung. Am Donnerstagabend spürte ich einen heftigen Tritt, dachte mir aber nichts dabei. Am Freitag (13.11.) spürte ich Jennys Bewegungen, aber sie waren nicht mehr so intensiv wie vorher. Ich rief meine Hebamme an, sie sagte, dass die kleinen Mäuse zum Ende der

Schwangerschaft etwas ruhiger werden, und ich sollte noch mal ganz tief in mich reinhören und wenn etwas ist, mich sofort melden. Am Dienstagnachmittag (17.11.) begannen dann die Wehen. Abends rief ich meine Hebamme an, die dann auch gleich kam, mich untersuchte und ein CTG schrieb.

Da bemerkte sie dann auch, dass etwas nicht stimmte. Immer während der Wehen waren die Herztöne von Jenny weg. Sie reagierte sofort und wir fuhren ins Krankenhaus. Dort angekommen, wurde noch ein CTG geschrieben, und ich wurde noch einmal untersucht. Bei der Untersuchung verlor ich plötzlich Fruchtwasser, das schon braun war. Dann ging alles ganz schnell …

Die Kleine wurde sofort per Notkaiserschnitt auf die Welt geholt. Ich bekam ein Medikament zur Beruhigung, da ich unter Panik schrie. Meine kleine Jenny habe ich nach der Geburt leider nicht gesehen. Als ich wieder zu mir kam und auf meinem Zimmer lag, kam meine Hebamme, brachte mir zwei Fotos von meiner Tochter und sagte mir, dass sie mit einem stark vergrößerten Bauch auf die Welt kam, schwer krank war und beatmet werden musste. Sie ging dann sofort wieder zu Jenny und den Ärzten. Später, gegen 0.00 Uhr, kam dann noch mal eine Schwester zu mir und sagte, dass Jenny noch in der Nacht nach Berlin in die Charité geflogen wird … Mir liefen die Tränen und ich hatte wahnsinnige Angst um meine Kleine. Schlafen konnte ich nicht, war mit den Gedanken nur bei meinem Kind. Nachts gegen 3:00 Uhr flog der Hubschrauber los. Am nächsten Morgen gegen 10:00 Uhr wurde ich mit dem Krankenwagen nach Berlin gefahren. Gegen Mittag kamen wir dort an und ich durfte endlich mein Kind sehen …

Noch am selben Tag wurde sie das erste Mal operiert. Da sahen dann die Ärzte, warum es ihr so schlecht ging. Sie hatte einen Gefäßverschluss am Dünndarm. Ihr gesamter Dünndarm war extrem verdreht und durch den Gefäßverschluss fast komplett abgestorben. Sie mussten ihn, bis auf zwei kleine Enden, komplett entfernen. Ihr gesamter Bauchraum war stark entzündet. Jenny schwebte von Anfang an in großer Lebensgefahr.

Zwei Tage später, am Freitag (20.11.), wurde sie dann ein zweites Mal operiert und der Rest musste auch noch entfernt werden. Ihre Überlebenschancen standen sehr schlecht.

Ich telefonierte jeden Tag mehrmals mit meinem Mann, der sich zu Hause um unseren großen Sohn kümmerte und erzählte ihm, wie es um unsere Tochter stand. Am Wochenende (21./22.11.) kam er dann gemeinsam mit unserem Sohn und dem Opa nach Berlin. Da haben sie Jenny das erste Mal gesehen.

Wir hatten dann noch ein Gespräch mit der Ärztin von Jenny. Sie machte uns ein Stück weit Hoffnung, sagte aber auch, dass Jenny ihr Leben lang gepflegt werden muss. Es konnte uns auch niemand sagen, wie lange sie leben würde mit ihrer schweren Krankheit.

Wir haben NIE die Hoffnung aufgegeben. Aber es kam alles anders …

Jenny ging es von Tag zu Tag schlechter. Sie bekam immer stärkere Schmerzmittel (Morphium). Die Schwestern bezogen mich jedoch täglich in ihre Pflege mit ein. Jenny genoss das auch sehr, sie öffnete immer wieder ihre Augen und sah mich an. Für mich war die Zeit mit ihr sehr intensiv. Ich hab täglich bis in die Nacht bei ihr gesessen, ihr von uns erzählt, sie gestreichelt, ihre Hand gehalten und gebetet, dass sie bei uns bleibt.

Am Dienstag (24.11.) sprachen die Ärzte nochmal mit mir. Sie sagten mir, dass sie für Jenny nichts mehr tun können, und ob ich (wir) die Entscheidung mittragen würde(n), wenn es um das Abschalten der Maschinen ginge. Ich konnte in dem Moment nichts dazu sagen, hab nur noch geweint und wollte zu Jenny. An dem Tag bekam ich sie das erste Mal in meine Arme gelegt. Ich hätte sie am liebsten nie mehr losgelassen. Es war einerseits so schön, sie endlich ganz nah bei mir zu spüren und andererseits so unendlich traurig und schmerzhaft zu wissen, dass ich (wir) sie bald gehen lassen müsse(n). Und wieder hab ich nur geweint …

Am Mittwoch (25.11.) mussten wir uns von Jenny verabschieden. Ihre Werte waren sehr schlecht, und ich spürte, dass sie nicht mehr wollte. Unter Tränen rief ich meinen Mann an, und er holte unseren Sohn aus der Schule. Da er selbst nicht in der Lage war, Auto zu fahren, bat er meinen Bruder um Hilfe. Am späten Nachmittag waren sie dann endlich bei uns. Sie kamen dann auch gleich zu uns aufs Zimmer. Ich saß in einem sehr bequemen Stuhl und hatte Jenny im Arm. Ihre Ärztin begleitete uns. Die Entscheidung, wann die Maschinen abgestellt werden, wurde uns überlassen. So hatten wir noch Zeit, und mein Mann konnte Jenny auch endlich in seinen Armen halten. Gegen 17:00 Uhr lag sie dann wieder in meinem Arm. Es ging ihr zusehends immer schlechter. Gegen 18:00 Uhr gaben wir dann schweren Herzens Jennys Ärztin Bescheid, die Maschinen abzuschalten. Sie sah so friedlich aus in meinem Arm. Uns liefen die Tränen, wir wollten sie nicht hergeben. Und doch spürte ich, wie sie sich immer mehr von uns entfernte. Kurz bevor sie starb, öffnete sie noch einmal ihre Augen, als wollte sie sich von uns verabschieden. Ich sagte dann ganz leise zu ihr, dass es gut ist und sie gehen kann, dass wir sie immer lieben werden … Dann schloss sie für immer ihre Augen.

Sie war so wunderschön, als sie dort auf dem liebevoll gestalteten Tischchen lag, ohne all die Schläuche und Kabel. Dann begann ich sie zu waschen, cremte sie ein und zog sie an.

Meine kleine zauberhafte Prinzessin. Ich nahm sie auf den Arm und trug sie, gemeinsam mit meinem Mann auf mein Zimmer. Dort hatten wir noch Zeit für uns als Familie. Die Ärztin brachte dann noch ein kleines Bettchen für Jenny und es wurden noch Fotos gemacht. Kurz nach 21:00 Uhr verabschiedeten wir uns von unserer Tochter. Ich küsste sie noch ein letztes Mal auf die Stirn. Dann legte ich sie in ihr Bettchen und wir verließen schweren Herzens das Krankenhaus und fuhren nach Hause.

Am 2.12. begleiteten wir unsere Tochter auf ihrem letzten Weg.

Whisper von Soul e.V. Buchprojekt „Trauerveränderung"
Wie geht es dir heute? Wer oder was hat dir geholfen auf deinem Weg nach dem Tag X?

Heute, fast zehn Jahre nach dem Tod meiner Tochter Jenny, geht es mir gut. Ich habe gelernt, mit ihrem Verlust zu leben. Sie ist ein Teil unserer Familie, das wird sie immer sein. Auch wenn sie jeden Tag fehlt und ihre Lücke nie geschlossen wird, ist sie immer bei uns.

Für immer in unseren Herzen, auf ewig geliebt.

Meine Familie, viele ganz liebe und enge Freunde, meine Hebamme, meine (Jennys) Ärztin und die Elternberatung der Charité in Berlin, meine Trauergruppe (die verwaisten Eltern in der Region Spreewald), mein Seelsorger haben mir nach dem Tod von Jenny sehr geholfen.

Die regelmäßigen Treffen meiner Trauergruppe, das Gefühl verstanden zu werden, weil wir alle ein Kind verloren haben. Über unsere Kinder zu sprechen oder aber auch zu schweigen. Das Weinen und auch das Lachen. Das in den Arm genommen werden und einfach nur das Dasein füreinander und miteinander. Das alles hat mir sehr viel Kraft gegeben.

So war es auch bei den wöchentlichen Gesprächen mit meinem Seelsorger. Er war da, hat zugehört, mit mir geweint und gelacht und mich manchmal auch einfach nur in den Arm genommen.

Mein Freundeskreis hat sich geändert. Einige wenige, ganz enge Freunde sind geblieben, und auch ganz viele liebe Freunde sind dazu gekommen.

Und all diesen lieben Menschen danke ich von Herzen, dass sie immer für mich da waren und auch heute noch sind.

Geholfen hat mir auch Yoga, spazieren gehen, Musik hören (von der Band "Unheilig") und viel lesen, aber auch der Austausch mit vielen Mamas, die auch ein oder mehrere Kind(er) verloren haben bei Facebook.

Hat sich deine Trauer, wie hat sich deine Trauer verändert?

Durch die Schwangerschaft und die Geburt unseres Regenbogen-Kindes hat sich meine Trauer sehr verändert.

Schon in der Schwangerschaft war es anders. Ich hatte einerseits Angst, dass auch dieses Kind nicht bei uns bleibt. Andererseits habe ich aber gespürt, dass alles gut geht und dass Jenny ihr kleines Brüderchen beschützt.

Dieses Gefühl wurde immer stärker und gab mir Kraft und die Gewissheit, dass alles gut geht. Heute ist unser kleiner Wirbelwind schon 7 und bringt sehr viel Freude und Glück in unser Leben.

Wurde sie oder wie wurde sie lebbar?

Meine Trauer wurde lebbar, weil ich sehr offen damit umgegangen bin. Ich habe viel von Jenny und über Jenny gesprochen und das tue ich heute noch. Auch wenn es einige gibt, die dann sagen: „Jetzt ist aber mal gut …" Nein ist es nicht.

Sie gehört genauso zu unserer Familie wie auch unsere beiden Jungs. Ich werde sie nie verschweigen, niemals …

Jenny schickt mir immer wieder kleine Zeichen, und ich spüre, dass sie bei mir ist und mich begleitet.

Das alles gibt mir auch weiterhin Kraft, die Gewissheit, dass es ihr gut geht und die Hoffnung auf ein Wiedersehen.

Veränderte sich dieser tödliche Schmerz und wie veränderte er sich? Wie hast du dich verändert?

Anfangs war es sehr schwer. Ich hatte starke Schuldgefühle. Warum hab ich nicht reagiert, als ich Jenny nicht mehr so intensiv spürte? Warum bin ich nicht ins Krankenhaus gefahren? Diese und viele andere Fragen beschäftigten mich sehr.

Es dauerte sehr lange bis dieser tödliche Schmerz sich veränderte. Die Gespräche mit meinem Seelsorger und auch die regelmäßigen Treffen mit den Mädels meiner Trauergruppe trugen dazu bei, dass ich irgendwann meinen Frieden machen konnte mit Jennys Tod. Ich weiß, dass ich nicht schuld daran bin, was passiert ist. Dafür konnte niemand etwas.

Heute bin ich froh und dankbar, dass ich Zeit mit Jenny verbringen konnte, wenn auch nur kurz. Aber es war die schönste Zeit in meinem Leben, und ich habe jeden einzelnen Tag mit ihr genossen. Heute weiß ich, dass diese, für uns unsagbar schwere Entscheidung, für Jenny die richtige war. Sie hat jetzt keine Schmerzen mehr. Es geht ihr gut, wo immer sie jetzt ist.

Der Glaube daran, sie irgendwann wieder zu sehen, gibt mir sehr viel Kraft.

Ich sehe viele Dinge heute mit anderen Augen und genieße jeden Tag. Ich nehme die Natur noch intensiver wahr als vorher, achte auf jedes noch so kleine Zeichen von Jenny. Auch die Zeit mit meinen beiden Jungs, meiner Familie. Ich genieße jeden Augenblick mit ihnen. Und unsere Prinzessin begleitet uns.

Für immer in unseren Herzen und auf ewig geliebt.

Das Leben ist so kostbar und das größte Geschenk überhaupt.

Anke P.

Jonna N.

*26.08.2008 +11.02.2013

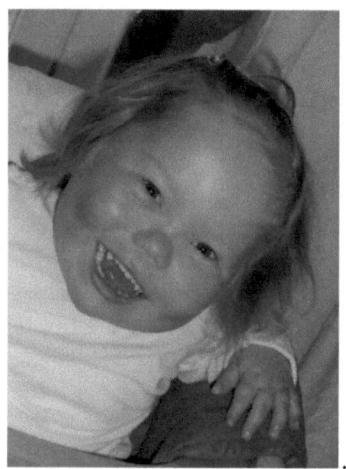

...

Trauerveränderung – ja, das ist das richtige Wort. Trauer verändert sich, wird aber niemals gut. Jonnas Tod war kein unerwarteter Tod, aber er kam plötzlich und ohne Vorwarnung.

Als ich mit unserem Sonnenschein Jonna schwanger war, erfuhren wir in der 22. Woche beim großen Organschall, dass sie an einem schweren Herzfehler leidet, dem Hypoplastischen Linksherzsyndrom (HLHS). Beim HLHS ist die Herzklappe zwischen dem linken Vorhof und der linken Herzkammer verschlossen oder extrem verengt, ebenso die Herzklappe zwischen linker Herzkammer und Körperschlagader, d.h. sie hatte nur ein „halbes" Herz, nur die rechte Herzkammer war komplett da, die linke nicht. Ich wollte es nicht glauben, doch die Realität holte mich schnell wieder ein, denn es blieb uns nicht viel Zeit zu entscheiden, da die Schwangerschaft ja bereits weit fortgeschritten war. Es gab drei Möglichkeiten: die Abtreibung, gebären und sterben lassen oder drei große Herzoperationen am offenen Herzen, bei denen der Kreislauf auf einen passiven Kreislauf umgestellt wird. Die nächsten Tage waren die Hölle. Nichts fühlte sich richtig an. Lea, Jonnas große Schwester (damals vier), war es, die in ihrer kindlichen

Unbedarftheit zu mir sagte: Mama, ich möchte dieses Baby, egal ob krank oder gesund … Und wir entschieden uns tatsächlich für die dritte Option. Jonna wurde am 26.08.2008 weit weg von zu Hause, in Troisdorf geboren, um unmittelbar danach in die Kinderherzklinik nach Sankt Augustin verlegt zu werden. In der Schwangerschaft hoffte ich immer noch auf ein Wunder. Doch es traf leider nicht ein. Unter der Geburt kämpfte ich mit mir, so lange Jonna in meinem Bauch war, ging es ihr gut, nach der Geburt würde es ihr von Tag zu Tag schlechter gehen. Bis dann die erste OP anstand. Wir verbrachten die ersten sieben Wochen nach der OP in Sankt Augustin. Dann durften wir endlich zum ersten Mal heim. Immer versuchte ich Normalität zu leben, doch das war nie möglich. Immer war die Angst da. Nachdem Jonna ihre erste Synagis Impfe bekam (gegen RS-Virus speziell für Herzkinder und Frühchen) verschlechterte sich ihr Zustand unmittelbar danach und sie hatte Sauerstoffbedarf. Kaum erholt, folgte die zweite Impfe (alle vier Wochen in den Wintermonaten) und ich erinnere mich ganz genau, dass ich den Ärzten gesagt habe, wie unwohl ich mich dabei fühle … Und ich sollte recht behalten.

Wieder hatte sie Sauerstoffbedarf. Ihr Zustand verschlechterte sich so schlimm, dass wir nur noch Leas Geburtstag feierten und sofort am nächsten Tag in die Herzklinik fuhren. Noch in derselben Nacht kam sie auf die Intensivstation. Sie hatte durch die Impfe, die ja eigentlich schützen sollte, genau diesen RS Virus bekommen. Die Ärzte bestreiten es noch heute, da es eine Todimpfe ist, aber unsere Lieblingskardiologin hat irgendwann zu mir gesagt: ich glaube, du hast Recht und manchmal gibt es Dinge, die nicht sein können, aber dann doch so sind.

Der Virus ist schon für gesunde Säuglinge gefährlich, aber für Herzkinder kann er tödlich enden. Jonna kämpfte genau 16 Tage an der Ecmo, einer speziellen Lungenmaschine, die das Blut kontinuierlich durch einen Membran-Oxygenator, den Gasaustausch in der Lunge ersetzt, denn Ihre Lunge hatte unter dem Virus versagt. Maximal 14-17 Tage kann ein Körper unter dieser Maschine aushalten, danach stehen die Chancen schlecht. Ich erinnere mich, dass mein Mann nach sieben Tagen bereits gefragt hat, ob das alles Sinn macht. Denn die Blutgerinnung unter dieser Maschine musste weitestgehend ausgestellt werden und somit traten täglich neue Blutungen auf. Doch die Ärzte machten uns Mut: geben Sie ihr fünfzehn Tage, dann sehen wir weiter. Und tatsächlich, Jonna schaffte es. Doch nichts war mehr wie vorher. Ihre Muskeln hatten sich abgebaut, sie musste alles neu lernen und plötzlich reichte der Shunt aus der ersten OP nicht mehr und sie musste erneut am offenen Herzen operiert werden. Nach drei Monaten durften wir erneut heim. Ihre Lunge, die für diesen neuen Kreislauf so enorm wichtig war, denn das Blut wird später nur mit der Schwerkraft und nicht mit der Pumpkraft der linken Kammer in die Lunge gedrückt, hatte bleibende Schäden zurückbehalten und war nun zu starr, zu fest. Wir gaben nicht auf und kämpften jeden Tag mit ihr und versuchten das Leben zu genießen. Nach der letzten Operation flogen wir sogar im Oktober mit Lea und Jonna in die Türkei (Sauerstoff war für den Notfall mit dabei) – ich wünschte mir einfach nur Normalität. Viel Angst und Sorge, doch es war die richtige Entscheidung. Es war ein ganz toller Urlaub, mit neuen Freunden – doch es war leider auch der letzte. Den Abend des Rosenmontags legte ich Jonna in ihr Bett – ich erinnere mich noch genau an diesen Tag. Jonna war kränklich, hatte sich gerade von einer Magen-Darm-Infektion erholt. Sie war den ganzen Tag sehr anhänglich und wollte nur auf den Arm – aber ich konnte nicht mehr. Denn sie war irgendwie viel schwerer, hielt sich nicht mit eigener Kraft. Sie zeigte auf ihren Arm und sagte Aua – ich habe es gehört, doch einfach hingenommen. Ich war am Ende meiner Kräfte und betete immer zu: Lieber Gott, mein Rucksack ist voll, ich möchte, dass es besser wird – ich kann nicht mehr (kurz angemerkt, in einer Zeit, als es Jonna recht gut ging, entwickelte ihre damals sechsjährige Schwester einen Diabetes Typ I).

Eine Stunde nachdem Jonna schlief, hörte ich röchelnde Geräusche im Babyphone, rannte hoch und fand sie leblos in ihrem Bettchen. Ich rief meinen Mann, wir rannten mit ihr runter aufs Sofa. Immer war ich die Aktive und Erfahrene, doch dieses Mal war es mein Mann. Während er versuchte, Jonna wiederzubeleben, rief ich den Notarzt und meine Eltern an, Lea schlief tief und fest in ihrem Bett. Ich stand einfach nur daneben, reichte den Sanitätern alle wichtigen Geräte, aber ich hatte das Gefühl, dass meine Hände hinter dem Rücken festgebunden waren. Ich stellte die Frage: Macht das hier noch Sinn???? Nein, machte es nicht. Und wir entschieden, Jonna in Frieden gehen zu lassen. Sie hatte allen Grund dazu, hatte immer gekämpft wie eine Löwin, hat trotz allen Leides, immer gelacht und war fröhlich und doch hatten wir alle zusammen diesen Kampf verloren. Ich nahm sie in meine Arme und wollte sie nie mehr loslassen. Trotz Tod zu

Hause, brauchten wir keine Autopsie machen lassen, wir tippten alle auf eine Embolie im linken Arm.

Während ich diese Worte schreibe, laufen plötzlich wieder Tränen. Lange habe ich nicht geweint. Jonna ist nun bald sechs Jahre tot, doch es fühlt sich gerade an, als wäre ich mitten in der Situation. Der Schmerz, meine Schreie, Jonna – alles ist wieder da. Aber das ist ok, ich schäme mich meiner Tränen nicht, manchmal vermisse ich sie sogar, denn sie machen mir Luft und ich spüre wieder, dass ich sie doch nicht vergessen habe. Manchmal habe ich Angst, dass ich sie in diesem schnellen Alltag vergesse. Sie gehört zu mir, ich habe zwei tolle Mädchen, auch wenn ich nur noch eins in den Arm nehmen kann. Jonna fehlt überall, zu allen Jahresereignissen, Urlauben, am Esstisch ... plötzlich war es still im Haus, unsagbar still – bis heute. Vor allem an ihrem Geburtstag und Todestag. Ich würde gerne immer etwas Schönes machen, einen Ausflug oder ihn feiern, als wäre sie noch da. Doch mein Mann denkt anders und für Lea dreht sich das Leben Gott sei Dank weiter und sie hat andere Dinge im Kopf.

Und wieder ist nichts, wie es mal war. Bis heute fühle ich mich schuldig, weil ich nicht mehr konnte und um Hilfe gebetet habe. War das die Erlösung? Vielleicht, doch die Wahrheit tut weh.

Jonna starb im Februar 2013 und im Mai 2014 fuhren wir alle zusammen für vier Wochen nach Tannheim in die verwaisten Reha. Das war eine sehr schöne Zeit. Familien mit ähnlichem Schicksal, aber auch Familien, wo die kranken Kinder mit den Eltern zur Reha waren. Im Nachhinein eine tolle und heilsame Kombination. Die offenen Wunden sind zu, doch geheilt ist nichts. Alles ist anders, denn das Leben geht ungefragt weiter. Das erste Jahr war das Schwierigste, da man nicht wusste, wie werden die Tage. Geburtstage, Feiertage, Urlaube ... Natürlich, die Trauer verändert sich, sie wird lebbar. Doch sie ist immer da. Manchmal plötzlich, ohne zu fragen, in Situationen, in denen ich nicht damit rechne. Und ja, sie hat mich verändert. Schon Jonnas Krankheit hat mich verändert. Die Entscheidung für Jonnas Leben hat unsere Familie gespalten, viele hätten lieber die Abtreibung gesehen und hassen uns für unsere Entscheidung. Das Leid, das wir Jonna zugefügt haben, das Leid, was Lea bis heute fühlt, was die Familienmitglieder fühlen ... Aber es hätte doch auch anders kommen können. Wir haben Jonna das Leben geschenkt und von Anfang an gesagt:

so weit, wie du möchtest Jonna. Wir begleiten dich, auf all deinen Wegen. Und das haben wir getan. Wir bereuen keinen einzigen Tag, auch wenn er noch so hart war. Jonna hat unser Leben bereichert und wir haben viel von ihr gelernt. Natürlich hat es uns verändert, Lea war danach nicht mehr das unbekümmerte Kind, was sie vorher war. War plötzlich wieder Einzelkind. Auch da fühle ich mich schuldig. Schuldig zu Jonnas Zeiten nicht genug Zeit für Lea gehabt zu haben, ihr diese Ängste und Sorgen zugemutet zu haben … Aber eine Mama möchte nur das Beste für jedes ihrer Kinder. Und wer weiß schon, was das Beste und vor allem das Richtige ist. Vor allem steht es niemandem zu, darüber zu urteilen.

Ich habe mich natürlich verändert. Auch ich habe meine Leichtigkeit verloren. Manchmal stehe ich in der Runde, halte inne, betrachte die Situation von außen und ziehe mich unbewusst aus dem Gespräch zurück. Mit meinen Augen sehe ich die Themen und Sorgen der anderen manchmal anders und weil ich nicht urteilen möchte, ziehe ich mich zurück und sage mir, jeder hat seinen Rucksack zu tragen. Der eine so, der andere so. Ich wünsche niemandem, das zu erleben, was wir erlebt haben. Und genau deshalb kann es auch niemand so fühlen wie wir. Aber das ist ok für mich und ich kann gut damit leben. Und doch meinen manche Menschen gut gemeinte Sprüche sagen zu müssen: Irgendwann ist doch mal gut, ihr habt es selbst so gewählt oder sie schauen weg und umgehen das Thema. Von Anfang an – bis heute. Ich lebe mittlerweile mit Lea alleine. Aus vier mach zwei. Ich, die immer Familie um mich rum wollte.

Es ist nicht mehr viel davon geblieben. Nicht die Entscheidung für Jonna oder ihr Tod hat unsere Ehe scheitern lassen. Vielmehr, der Blick aufs Leben. Ich bin zudem 17 Jahre jünger als mein Mann, hätte gerne noch ein Kind gehabt, hatte andere Sehnsüchte, Wünsche. Wollte Jonna nicht totschweigen, aber die Kommunikation starb … Lea fragte mich vor einiger Zeit: Mama, wenn Jonna nicht gewesen wäre, wäre Papa dann noch da?

Nein, nicht Jonna ist schuld, auch nicht wir, weil wir uns für sie entschieden haben. Das ist wohl das Leben. Und es ist leider nicht immer rosig, auch wenn es in vielen Familien so aussieht.

Was hat mir geholfen, auf dem Weg nach Jonnas Tod? Auf jeden Fall meine Tochter Lea. Ich musste einfach positiv weitermachen, schon alleine für

Lea. Mein Leben war mir egal, aber Lea nicht. Jetzt gab es viel aufzuholen – bis heute. Ich konnte mir nicht mehr vorstellen, in meinem gelernten Beruf zu arbeiten (Industriekauffrau), wollte Kindern, Familien helfen. Es stand zur Auswahl Kinderhospiz oder Cranio Sacral Therapeutin. Das Letztere wurde es. Parallel dazu habe ich an der hiesigen Grundschule vier Jahre lang drei Diabeteskinder und ein Herzkind betreut und unterstützt. Ich glaube nicht an Zufälle, denn ich war in dem Jahrgang meiner verstorbenen Tochter. Ein weiterer Weg zur Heilung. Ich bin somit Jonnas Schullaufbahn und Schule mitgegangen – ohne dass sie wirklich dabei war. Aber sicher hat sie mir immer von oben zugeschaut.

Wie habe ich mich verändert? Wie schon oben berichtet, aber auch innerlich. In meinem Herzen fehlt ein Stück, die Lücke bleibt und deshalb habe ich sehr häufig das Gefühl, dass ich mich nicht mehr richtig freuen kann, weil ich es nicht fühle. Auch aus diesem Grund starte ich in zwei Tagen eine Etappe des Jakobsweges in Spanien an der Nordküste. Ich wünsche mir so sehr, wieder fühlen und lieben zu können. Wieder richtig JA zum Leben zu sagen. Nicht nur sagen, sondern es auch leben. Ich hoffe, nach der Reise bin ich ein ganzes Stück weiter. Jonna, ich habe Dich lieb von hier bis zu den Sternen und wieder zurück – alle Sterne sollen für Dich blitzen und alle Englein dich beschützen.

Für Immer

Nana (Melanie N.)

Joshua W.

*25.02.1997 +20.06.2013

Trauerveränderung

Josh, über sechs Jahre ist es jetzt her, der schlimmste Tag meines Lebens, der 20.06.2013, ein Donnerstag, an dem Dir Dein Leben genommen und Du um Deine Zukunft beraubt wurdest. Seit diesem Tag ist nichts mehr, wie es war. Das Leben hat sich verändert, in jeder Hinsicht – wir alle, Deine Geschwister, Papa und ich müssen ohne Dich leben, mit Deinem Tod umgehen und versuchen, in Deinem Sinne weiterzumachen. Egal wie, bis zu dem Tag, an dem wir uns wiedersehen.

Was würdest Du jetzt arbeiten, wo würdest Du wohnen und viele andere Fragen, auf die wir keine Antwort mehr bekommen. Eins weiß ich jedoch sicher, Du würdest immer noch fantastisch Trompete spielen. Es ist viel passiert in den sechs Jahren. Deine Schwester und Dein Bruder haben geheiratet, und Onkel bist Du auch zweimal geworden. Alles Ereignisse, die uns das Herz brachen, sie ohne Dich „feiern" zu müssen, doch was haben wir für eine Wahl??? Aufgeben, nein, das wolltest Du nicht. Also mit Dir im Herzen weiterleben.

Anfangs lebten wir alle irgendwie in Trance, das Unfassbare war für uns einfach nicht Realität, wie sollte alles weitergehen ohne Dich. Die Anteilnahme war groß so ungefähr ein Jahr. Jedoch keiner der Außenstehenden wusste mit uns umzugehen. Niemand hat kapiert, dass es viel schlimmer für uns ist, nicht über Dich zu reden – denn in unseren Herzen lebst Du weiter.

Also ging ich drei Monate nach Deinem Tod wieder zur Arbeit, stürzte mich in die Arbeit, an dem Ort, wo ich Dich am 20.06.2013 mittags um 13:00 Uhr das letzte Mal lebend gesehen habe. Ich kämpfte und kämpfte, doch Du kannst gut sein wie Du willst, manchen Arbeitgebern bist Du als verwaiste Mutter einfach zu labil. So wurde mir der Rest unserer gemeinsamen Zeit auch noch genommen. Ich wurde versetzt. Nein nicht mit mir. Keine Sekunde habe ich mehr für diese Firma gearbeitet. Ich kündigte und nahm eine Stelle etwa 30 km von uns entfernt an – da kannte keiner mich und meine Geschichte. So versuchte ich, dort einfach wieder „normal" zu leben und zu arbeiten, wie es die Gesellschaft verlangt, immer mit Dir im Herzen. Wie oft wurde mir zu der Zeit gesagt: „Geh zum Psychiater, lass dir Tabletten verschreiben." NIEMALS. Keine Tablette und kein Psychiater werden Dich wieder zurückbringen. Das wird nie in Frage kommen, zu einem Psychiater zugehen – mich ruhigstellen lassen. Nein, ganz alleine die Liebe und Kraft, die Du mir in den 16 Jahren deines Lebens gegeben hast, wird mir helfen, in Deinem Sinne weiter zu machen. Und ich habe es durchgezogen, ohne Tabletten, die mein Leben scheinbar wieder in Ordnung bringen. Ich habe es geschafft mit der Kraft und Hilfe Deiner Geschwister und Deines Vaters sowie unserer wunderbaren Nichte (Deiner Cousine) und meines Schwagers (Dein Onkel, Du weißt, welchen ich meine) und auch meiner besten Freundin, die immer für mich da sind und auch nicht die Scheu haben, über Dich zu reden, zu lachen und auch zu weinen. Abends auf dem Heimweg, ich nahm den gleichen Weg, den Du immer mit Deinem Roller gefahren bist, wenn Du zur Probe gefahren bist, Gedanken, Erinnerungen. Wie oft schaute ich vom Fenster hinaus auf die Straße und hab Dich kommen sehen, nur noch ein paar Minuten und Du würdest freudig hupen beim Vorbeifahren unseres Hauses hinten rum zum Parkplatz. Nie wieder Dein Hupen, nie wieder ging die Türe hinten auf und Du kamst rein. So versuchte ich in der ersten Zeit jede Erinnerung, jeden Gesichtsausdruck, jede Freude, jeden Spruch von Dir innerlich aufzuzehren, das war das einzige, das mir blieb und bleiben wird, mit Dir im Herzen jeden Tag weiterkämpfen. Ich wusste auch, egal was ich tue oder mir wünschte, Du wirst nie wieder zurückkommen.

Deine kleine Schwester hat sehr zu kämpfen seither, Du warst ihr Wegweiser, ihr Halt, und mit 15 Jahren wurde sie plötzlich aus ihrer bis dahin schönen Kindheit gerissen. Trotzdem hat sie einen tollen Abschluss gemacht und ihre Ausbildung mit Auszeichnung bestanden. Doch Dein Tod „nagt" sehr an ihr. Deine große Schwester ist inzwischen Mama von zwei süßen Kindern, kämpft nach außen und leidet im Verborgenen. Dein Bruder hat lange gebraucht, über Dich reden zu können, doch nun ist das anders, er hat mich gebeten, Deine Musikergläser zu erhalten und hütet diese nun in einer wunderschönen Vitrine.

Langsam wurde es still um Dich, es kamen Aussagen: „Es ist doch schon so lange her" (lange !!! Drei Jahre) oder „Du hast doch noch drei Kinder." Glaub mir, jedem einzelnen hätte ich bei diesen Aussagen eine klatschen können. Zeit heilt absolut keine Wunden. Die Zeit bringt mich nur näher zu Dir. No matter how long it takes I am on my way to you (mein Tattoo am Herzen). Ich habe mich verändert Josh seitdem Du nicht mehr bei mir (uns) bist. Vielleicht bin ich kälter, härter und auch kritischer geworden. Ich sehe vieles total anders. Ich habe keine Angst mehr vor meinem eigenen Tod, denn ich bin mir nun sicher, wenn meine Zeit gekommen ist, wirst Du dort auf mich warten. Ich vertraue nur noch wenigen und konnte so endlich meine wahren Freunde erkennen. Von den vielen sogenannten Freunden ist nur noch eine Handvoll geblieben. Scheint jedoch normal zu sein, denn wenn das Schicksal zugeschlagen hat, gehörst Du nicht mehr zur „normalen Gesellschaft", da kannst du machen was du willst. Es ist so, als ob du einen Stempel mit „Achtung verwaiste Mutter" auf der Stirn hast. Daher ist es besser sich von Leuten zu trennen, die schon bei deinem Anblick über dich tuscheln. Es ist besser neue Wege zu gehen. Außer Deinem besten Freund und meiner besten Freundin sind nicht mehr viele geblieben mit denen ich noch Kontakt habe. Ich weine viel im Verborgenen, und es gibt nur wenige, die mich gut kennen, mich anschauen und wissen, was ich wirklich fühle. Doch trotzdem lasse ich mir nur selten was anmerken und kämpfe. Lange Zeit habe ich versucht, für alle die Starke zu sein, bis mir mein Körper ein Stoppschild vor die Nase hielt. Also musste ich handeln, neu anfangen. Weg aus diesem Land, indem man mit einem forensischen Gutachten die

100-prozentige Unschuld von Dir belegt, bis vor das Landgericht Tübingen geht (und wir alle diesem Mann bei der Gerichtsverhandlung auch noch gegenübersitzen mussten). Doch Dein Mörder hat trotzdem keine Strafe bekommen. Ich kann gar nicht beschreiben, was für Emotionen diese Verhandlung bei mir ausgelöst hat, ja ich gebe zu, es waren sehr böse Gedanken und Wünsche, die ich an diesem Tag hatte.

Das Land verlassen, in dem ich mich nicht mehr wohlfühle, alles aufgeben. Und Du weißt, dass dieser Schritt schon lange geplant war, selbst ohne Deinen Tod und ohne die Ungerechtigkeit hätten wir einen Neuanfang gewagt. Doch nun nach dem 20.06.2013 war alles noch viel klarer. Jetzt war die Zeit gekommen, denn Papa und mir ging es immer schlechter, körperlich und psychisch.

Also sind wir den Schritt gegangen, ein Neuanfang. Es war schlimm für mich Dein Zimmer auszuräumen, die ganzen Erinnerungen kamen hoch, dieses Zimmer, das ich drei Jahre nicht betreten habe. Doch trotzdem mussten wir diesen Schritt gehen, um vielleicht noch etwas Ruhe zu finden. Deine Trompete ist natürlich hier bei mir, sowie alle Deine persönlichen Sachen. Viel habe ich entdeckt in Deinem Zimmer, doch für eines bin ich besonders dankbar, ein Notenblatt von Dir mit einem selbstgeschriebenen Lied von Dir für mich mit dem Titel „Ich brauch Dich".

Deine Liebe zu mir und meine Liebe zu Dir, das war etwas ganz Besonderes. Viele haben bestimmt gedacht oder denken immer noch, dass es eine „Flucht" war. Nein sicherlich nicht.
Ich weiß, dass Du immer bei mir bist, egal an welchem Fleck der Erde ich mich aufhalte, und versuche so gut ich kann in Deinem Sinne weiterzumachen. Dies versucht jeder in unserer Familie. Einmal gelingt es besser, einmal weniger gut, trotzdem ist ein Aufgeben keine Option für jeden von uns.
Wenn es mir mal wieder richtig schlecht geht, muss ich immer daran denken, was Dein geliebter Opa einmal zu mir gesagt hat. „Claudi, ich schätze es so, dass Du kämpfst wie eine Löwin". Und genau das werde ich weiterhin tun, denn es gibt nichts Schlimmeres für eine Mutter ihr Kind zu verlieren, und trotzdem wieder „aufzustehen und weiter zu machen."

Meinen Job gekündigt, (ein neuer Job im anderen Land war schon da) Haus verkauft, wir machten einen totalen Cut. Und glaub mir, es war die bisher beste Entscheidung in unserem Leben. Viele Entscheidungen, die wir trafen, entwickelten sich zu einem Fehler, jedoch diese war richtig. Ich fühl mich wohl und sitze jeden Abend auf der Terrasse, schaue in den Himmel, sehe einen ganz besonders hellen Stern leuchten (in der Hoffnung Du schaust auf mich herab). Deine Geschwister sind in Deutschland geblieben. Glaub mir, manchmal fühlt es sich so an, alle Kinder verloren zu haben. Doch trotzdem weiß ich, dass ich nur Dich verloren habe und Deine Geschwister jederzeit kommen können und ich sie sehen kann. Dich jedoch werde ich nicht mehr sehen, solange ich lebe. Ich vermisse Deine Geschwister und meine Enkel sehr, jedoch stehen diese voll und ganz hinter unserer Entscheidung. Es tut ihnen sehr weh, ich weiß, dass sie uns sehr vermissen, doch alle drei wollen, dass Papa und ich endlich zur Ruhe kommen und versuchen daher, uns so oft wie möglich zu besuchen. Ja mein „Molmi" das also ist alles passiert hier und mit uns, seit dem 20.06.2013. Ich wünschte, die Zeit zurückdrehen zu können auf den 19.06.2013, doch diese Macht habe ich nicht. Also bleibt mir nichts anderes übrig, als in Deinem Sinne weiterzumachen, mit Dir im Herzen.
Ich werde Dich nie vergessen und Dich immer lieben, egal wie lange es noch dauert, bis wir uns wiedersehen.
You are always with me
Mum

Claudia W.

Julien R.

*21.07.1994 + 19.10.2013

Julien kam am 21. Juli 1994 an einem heißen Dienstagabend um 18:58 Uhr in Hohenems zur Welt. Wir waren die stolzesten und glücklichsten Eltern auf dieser Welt. Fünf Jahre später, am 25. Juni 1999, kam sein Bruder Davis auf die Welt. Wir waren wieder die stolzesten und glücklichsten Eltern. Nun war unsere Familie komplett. Julien war ein Junge, der immer gern draußen war, bastelte, spielte, montierte, Hütten baute und mit seinem Papa Autos reparierte. Er wusste mit sieben Jahren schon, welchen Beruf er einmal ausüben wollte. Auto-Mechaniker – wie sein Papa. Seine Freunde waren ihm im Kindergarten, Schule, Lehrzeit und in der Freizeit immer sehr wichtig. Er liebte das Snowboarden, Musik, Partys, Autos, Freunde, seine Katze Lucy, seinen kleinen Bruder, seine Familie und seine Freundin Naomi. Mit fünfzehn Jahren konnte er endlich mit seiner grünen Vespa fahren, die er mit seinem Papa gemeinsam restaurierte. Julien bekam seine Lehrstelle beim Autohaus Pirker und war der glücklichste Junge. Im Jahre

2012 belegte er beim Landeslehrlingswettbewerb den 2. Platz. Die ganze Familie und sein Chef waren sehr stolz auf ihn.

Wir „VIER"… wie wir immer sagten … sind eine tolle Familie. Julien und Davis … ein Herz und eine Seele, obwohl sie fünf Jahre Altersunterschied hatten.

Sein erster Urlaub führte ihn mit 15 Jahren und seine Freunde, mit ihren Mofas, Vespas, Cross und KTM´s rund um den Bodensee, wo sie unter freiem Himmel schliefen. Mit 16 Jahren wiederholten sie dasselbe. Ein Jahr später gingen sie dann eine Woche nach Llorett de Mar und mit 18 Jahren führte es sie dann nach Bulgarien. Es waren alles "Hammer" Urlaube, wie er immer sagte. Er liebte alte Autos, so kaufte er sich einen Opel Ascona. Sein Papa und er verbrachten dann viele Stunden in der Garage, um sein Auto zu restaurieren. Sein Firmpate lackierte sein Auto mit der Farbe Orange. Leider war es ihm nicht vergönnt, sein Auto ganz fertig zu sehen und zu fahren. Ein Jahr später vollendete Juliens Papa sein „Werk". Seine engsten Freunde haben als Andenken an ihren verstorbenen Freund einen Auto Tuning Club gegründet, der seinen Namen trägt. J.R. Racing Team. Das gab uns sehr viel Kraft. Sein Ascona ist immer dabei.

Julien war ein besonderer Mensch, er sah in jedem Menschen etwas Gutes. Er liebte seine Geburtstage so sehr. Als kleiner Bub lud er alle Kinder ein und als Teenager machte er große Partys. Er erlebte vieles und heute glauben wir, er spürte, dass er hier auf Erden nicht lange sein würde. Mit seinen blauen Augen strahlte er, schenkte uns viele Umarmungen und sagte immer wieder … „i han eu liab" … auch drei Stunden vor seinem Tod sagte er zu uns „i han euch alle so liab".

Am 2. Oktober 2013 trat er seinen Wehrdienst in Salzburg an. Am 19. Oktober 2013 an einem warmen Samstagabend um 23:50 Uhr verunglückte Julien im Auto seines Freundes in Altach tödlich. Sie wollten einen tollen Abend verbringen. Das Auto von seinem Freund scherte wegen zu hoher Geschwindigkeit aus. Julien saß hinter dem Fahrersitz. Er hatte keine Chance. Julien hatte so schwere Kopfverletzungen, dass er noch an der Unfallstelle starb. Seine Freunde, die auch im Auto gesessen sind, waren sehr schwer verletzt. Julien wurde nur 19 Jahre alt.

Am 20. Oktober 2013 um 1:00 Uhr früh klingelte es an der Haustüre. Ich glaubte, es wäre seine Freundin Naomi, doch es standen zwei Polizeibeamte vor der Haustür. Ich wusste sofort, Julien wird nie mehr nach Hause kommen. Ich brach zusammen, schrie und weinte. Es drehte sich alles. In dieser einen Sekunde stand für mich meine Welt still ... Mein Mann und ich umarmten uns, weinten und waren füreinander da. Davis schlief in dieser Nacht bei einem Freund. Später unter Schock rief ich alle unsere Liebsten an ... seine Oma, Tanten, Onkel, Taufpaten kamen sofort. Mein Mann und ein guter Freund holten Davis von seinem Freund ab. Es muss für ihn ein schwerer Schock gewesen sein, als er seinen Vater weinend sah, und er ihm sagen musste, dass sein geliebter Bruder nicht mehr nach Hause kommen würde. Zuhause fielen wir uns in die Arme und weinten. Davis war erst vierzehn Jahre alt.

Juliens letzte Worte vor seinem Tod höre ich heute noch in meinen Ohren und spüre noch seine letzte Umarmung. „I han eu liab"... er umarmte mich ... ich wünschte ihm einen schönen Abend. Wir schauten uns ganz lange an. Heute weiß ich, dass er sich mit seinem Blick, mit seiner Umarmung, mit seinen Worten verabschieden wollte. Ich schaute ihm noch nach, als er in das Auto seines Freundes stieg. Er winkte uns zu ... das letzte Mal.

Drei Wochen vor seinem Tod sprach er mit seiner Freundin über den Tod. Er sagte: „Ich habe so ein schönes Leben und habe schon so vieles erreicht. Ich habe keine Angst vor dem Sterben." Seine Freundin stritt mit ihm, er solle nicht so reden ... doch er lächelte nur.

Wir durften Julien im Krankenhaus zwei Tage nach dem Unfall endlich sehen ... er war so friedvoll ... es zerriss mir mein Herz, Julien hier liegen zu sehen. Drei Tage später bei der Verabschiedung in der Kirchenhalle konnten wir ihn aufgebahrt in seiner Lieblingskleidung, mit seiner Mütze wiedersehen. Wir durften noch Dinge, die uns wichtig waren, ... Briefe, Andenken, Kissen, „Erinnerungen" zu ihm in den Sarg legen.

Zur Beerdigung kamen sehr viele Menschen. Es tat uns so gut, dass so viele Menschen Julien das letzte Geleit gaben mit sehr viel Respekt und sehr großer Traurigkeit.

In dieser Zeit haben uns viele Menschen begleitet. Familie, Freunde, Nachbarn, Juliens und Davis Freunde.

Nach der Beerdigung mussten wir lernen, ohne Julien zu leben. Zu überleben, zu akzeptieren … Sinnlosigkeit, Verzweiflung, Angst, Hoffnungslosigkeit, Zerrissenheit, Angst davor, keine guten Eltern mehr für Davis zu sein, Angst vor der Einsamkeit. Das waren jetzt unsere Begleiter. Wir mussten lernen, Leid zu ertragen, Schmerzen zu verbergen und mit Tränen in den Augen zu lachen.

Wir haben Juliens Freund nie die Schuld gegeben. Wir handelten nach Juliens liebevoller Art und seinem Denken, denn mit Hass im Herzen kamen wir nicht weiter.

Seit diesem Tag hat sich unser Leben sehr verändert …
Von Freundinnen bekam ich viele Bücher-Tipps. Von Medien wie Paul Meek, Pascal Voggenhuber, James van Praagh. Ich verschlang diese Bücher und zugleich waren sie meine Helfer. Ich las über Nahtoderfahrungen und spirituelle Bücher. Am Abend erzählte ich den Inhalt meinem Mann und meinem Sohn Davis. Sie hörten mir immer gespannt zu. Wir schauten viele Jenseitskontakte auf Video an und von DA an glaubten wir an das Leben nach dem Tod. Es gab uns sehr viel Kraft.

Vier Wochen nach Juliens Tod ging ich zu einer Frau namens Marlene. Sie arbeitete mit Engelskarten, machte Energiearbeit. Sie gab mir wieder Kraft. Ich konnte weinen, und ihr viel anvertrauen … meine Ängste, meine Sorgen, meine Trauer. Sie half mir, vieles zu verstehen. Ich konnte einfach nur reden, und sie hörte mir zu.

Ich erzählte es Zuhause immer meinem Mann und meinem Sohn. Sie hörten immer aufmerksam zu. Es half ihnen auch, alles besser zu verstehen.

Zwei Monate nach Juliens Tod ließ ich sein Gesicht auf meinem linken Unterarm tätowieren – beide Namen von meinen Söhnen und ein Gedicht für Julien auf den linken Oberarm. Mein Mann ließ sich einen Engel auf die linke Brust tätowieren … einen Engel, der Julien im Arm trägt.
Davis wartet noch mit einer Tätowierung von Julien. Er macht sich viele Gedanken … es muss etwas Besonderes sein.

Auch die engsten Freunde und Juliens Freundin haben sich etwas tätowieren lassen, einen Spruch für ihn, seinen Namen, einen Engel, eine Rose. Sein bester Freund hat sich auf seine Brust zwei Fäuste, die sich berühren, mit der Aufschrift „Immer in meinem Herzen" tätowieren lassen. Diese Geste war für uns sehr schön.

Juliens Freunde haben ein großes Kreuz aus Bremsscheiben konstruiert. Wir haben einen Gedenkplatz mit dem Kreuz, Fotos und Blumen an seinem Unfallort gestalten dürfen ... für uns ist dieser Ort sehr wichtig.

Juliens Geburtstage „feiern" wir jedes Jahr mit unserer Familie und Freunden. Wir lassen Luftballons steigen, gehen dann zu ihm ans Grab, bringen ihm Kerzen, Blumen und Geschenke. Am offenen Feuer bei uns Zuhause lassen wir dann den Abend ausklingen mit Tränen, guten Gesprächen und schweifen in Erinnerungen. Am ersten Todestag durften wir für Julien eine Erinnerungsmesse halten. Es kamen viele Menschen. Es tat so gut zu sehen, dass viele Menschen Julien in ihren Herzen haben. Die letzten Jahre an seinem Todestag ... sind wir DREI, sein bester Freund, der auch beim Unfall dabei war und dessen Eltern bei uns. Obwohl die Tage davor so schwer sind ... Angst, was dieser Tag wieder in uns auslöst, tut es uns immer wieder gut, nicht alleine zu sein und über Julien zu sprechen.

Im Jahr 2014 kam das Medium Paul Meek nach Lauterach. Meine Freundin begleitete mich. Er bekam Kontakt zu Julien. Ich bekam sehr schöne Informationen. Alles stimmte und Paul wusste Dinge, die er nicht wissen konnte. Das gab mir die Bestätigung, dass Julien an einem guten Ort ist und es dort weiter geht. Auch eine rote Rose, die Julien wollte, dass ich sie bekam, hat einen besonderen Platz im Wohnzimmer. Die Tränen flossen, doch dieser Abend hat vieles bewirkt und hat meinem Herzen und meiner Seele gutgetan.

Davis hat für seinen Bruder eine Gedenkseite angelegt. Diese Seite bedeutet uns sehr viel. Ich zünde jeden Tag eine virtuelle Kerze für ihn an und schreibe ein Gedicht dazu. Ich schreibe auch anderen Müttern und Vätern, die ihr Kind verloren haben. Es gibt mir Kraft. Es ist ein Gefühl, nicht alleine zu sein. Für mich ist das ein Teil von meiner Trauerarbeit. www.gedenkseiten.de/julien-reis.

Wir haben eine Gedenkecke bei uns im Wohnzimmer für ihn eingerichtet. Ich zünde jeden Tag eine Kerze an. Nach dem Frühstück schreibe ich ihm auf seine Gedenkseite und dann gehe ich zum Friedhof. Das ist meine Zeit mit Julien.

Juliens T-Shirts hat Davis viele Monate getragen. Es tat ihm gut. Später nähte meine Freundin aus seinen T-Shirts zwei Patch Work Decken, Kissen-Überzüge und aus Juliens Hosen nähte sie mir Schlüsselanhänger. Die Schlüsselanhänger schenkten wir Juliens Freunden, unserer Familie ... Kissen bekamen seine engsten Freunde.

Juliens Schuhe stehen heute noch an ihrem Platz, seine Jacke hängt in der Garderobe. Sein Zimmer ist bis heute unverändert.
Zwei Monate nach Juliens Tod wollte ich mit Eltern und Geschwistern sprechen, die das gleiche erlebt haben. Ich recherchierte im Internet. So rief ich in Dornbirn an und bekam Nikolas Burtscher von der Selbsthilfegruppe Dornbirn ans Telefon. Dieses Telefonat veränderte vieles in meinem Leben. Mit Hilfe von Nikolas gründeten Heidi, die im Jahr 2011 ihre Tochter durch einen Unfall verloren hatte, und ich die Gruppe „Verwaiste Eltern" im Jahr 2014. Mein Mann und mein Sohn bestärkten mich bei dieser Aufgabe.

Seit 2015 ist unsere Gruppe gewachsen. Durch diese lieben Frauen, Männer und Geschwister von verstorbenen Kindern, Brüdern und Schwestern, habe ich viel lernen dürfen, bin gewachsen durch die Gespräche, durch ihre Schicksale, durch ihre Stärken, durch die Geschichten, durch ihr Denken, durch ihr Handeln. Sie sind für mich sehr wichtig geworden. Es sind auch kleine Freundschaften entstanden, die etwas Besonderes sind. Wir sind wie eine kleine Familie.

Juliens Papa ging immer in die Garage, wenn es ihm nicht gut ging. Dort war Julien ihm nah. Sie verbrachten viele Stunden in der Garage. Als Julien und Davis klein waren, halfen sie immer ihrem Papa ... Autos reparieren, etwas basteln, Ideen austauschen. Als Julien ein Erwachsener war, hielten sie immer gute Gespräche in der Garage mit einem Bier und so hatte/hat Juliens Vater einen Rückziehort. Er redet mit Julien, weint, betet, alles, was ihm guttut. Ein Jahr nach Juliens Tod gestaltete mein Mann unseren Garten um. Wir machten einen Rosengarten und Steingarten für Julien ... er hat dort seinen eigenen Platz ... er ist wunderschön.

Ich, Juliens Mama fing an zu wandern, spazieren ... in die Wälder ... in die Natur. Diese Stille tat mir sehr gut. Ich ging und ging und spürte ... in der Natur bekam ich wieder neue Kraft. Wenn ich alleine war, weinte ich, schrie, betete und hatte Zwiegespräche mit Julien. Heute begleitet mich mein Mann und er merkt, dass es ihm auch guttut. Heute wandern wir auf Berge, machen Höhenwanderungen. Wir können abschalten, die Seele baumeln lassen und vor allem neue Kraft sammeln.

Wir mussten lernen ... einen Weg zu finden, mit unserer Trauer, mit unserer Sehnsucht und dem Vermissen. Lernen ... weiterzumachen, wieder in den Alltag zu kommen. Wir haben vieles angenommen, denn wir wollten nach vorne schauen.

Wir haben uns verändert ... unser Denken, unser Fühlen, ... wir sind sensibler, nachdenklicher, stiller, ruhiger geworden. Ängste, die ich vorher nicht kannte, ... waren plötzlich DA.

Diese Sehnsucht, das Vermissen ... wird immer bleiben ... jede Sekunde ...

Die ersten zwei Jahre hielten wir uns von Veranstaltungen, Geburtstagen und von Festen fern ... nach dieser Zeit lernten wir wieder ins Leben langsam zu kommen. Viele Menschen halfen uns dabei.

In dieser Zeit haben uns viele Menschen begleitet. Unsere wahren Freunde sind heute noch an unserer Seite. Es haben sich auch einige abgewandt. Viele neue Freunde haben wir kennenlernen dürfen. Umso wertvoller sind diese Menschen für uns. VIELEN DANK ...

Wir haben es als Familie geschafft. Unser Zusammenhalt, unsere Offenheit, unser Verständnis . Und vor allem ... unsere Liebe zueinander. Davis, mit seinen vielen Umarmungen, mit seinen guten Gesprächen, mit seiner ruhigen Art. Ich mache mir oft Sorgen um Davis. Haben wir ALLES richtig gemacht ... waren wir die Eltern, die wir vorher waren?

Ich hoffe sehr, dass wir für Davis die Eltern blieben ... die er sich gewünscht hat ...

Wir sind sehr stolz auf unseren Davis. Wie er seinen Weg macht und er seine Ziele vor Augen hat. Er vermisst seinen Bruder, Freund und Wegbegleiter sehr.

Für uns ist Davis unser Held, unser Sonnenschein ... unser Lebensretter ... unser Leben ...

Voller Stolz erzähle ich von meinen zwei Kinder. Davis bei uns an der Hand und Julien im Himmel. Unsere zwei Söhne sind das Beste, was wir je bekommen haben.
Wir Menschen sind unterschiedlich und jeder trauert verschieden. Die Trauer bleibt, doch mit den Jahren verändert sich die Trauer. Wir spüren immer mehr Energie, sind voller Hoffnung und dankbar, dass wir Julien neunzehn Jahre haben durften. Obwohl Julien nicht lange hier auf Erden war, hat er tiefe Spuren in unseren Herzen und in vielen Menschen hinterlassen. Mit Juliens Tod sind wir reifer, stärker geworden ... haben viel über uns lernen dürfen. Der Tod eines Kindes erfordert viel Kraft und jeder hat seine eigene Kraftquelle. Wir haben gelernt, mit der liebevollen Erinnerung an unser Kind und unseren Bruder zu leben, doch wir wissen, es wird nie mehr so sein, wie es einmal war.

Sechs Jahre ohne Julien ... die Trauer lebt fort. Jeden Tag sprechen wir von Julien ... jeden Tag begleitet er uns ... jeder Tag ist ein Tag ohne ihn ... doch immer in unseren Herzen. Ein Teil von uns DREI ist mit Julien mitgegangen ... doch wir wissen...er ist immer bei uns ... er begleitet uns ... ist uns immer nah ... und eines Tages werden wir uns wiedersehen ... und dann lassen wir uns nie mehr los ...

Wir danken Julien für seine Liebe, die uns jeden Tag aufs Neue umschließt und durch unsere Sehnsucht trägt.

Ich möchte auf diesem Weg meinem Davis und meinem Mann von Herzen danken. Für ihr Auffangen, ihre Umarmungen, für ihr Verständnis und vor allem für ihre Liebe.

Ich, Juliens Mama Belinda, möchte mich bedanken, dass ich diese Zeilen schreiben durfte.

Belinda R.

Kawe F.
*17.11.1997 +29.01.2011

Gibt es Trost in der Untröstlichkeit?

Unser drittes Kind Kawe starb dreizehnjährig an der systemischen Erkrankung Leukämie. Er litt zeit seines Lebens an unseren Systemen – an unserem Familiensystem, am Schulsystem, am Gesellschaftssystem. Er war ein hochsensibles Kind und hochbegabt im mathematischen Denken. Er war – wie jedes Kind – ein besonderes Kind. Ich fürchte, er erkrankte und ging, weil er sein Leben nicht mehr aushalten konnte und wir unfähig waren, eine Lösung für ihn in diesem Leben zu finden. Ich empfinde, dass die Krankheit „seine" Lösung war. Er war allerdings auch ein weises Kind. Vielleicht hatte er seine Lebensaufgabe einfach schon erfüllt.

Albtraum

Ich sitze im Kerker meines Schmerzes,
will meine Situation analysieren:
Gedankenkreisen.

Ich sitze im Kerker meines Schmerzes,
habe meine Gedankenfreiheit verloren.
Es gibt nur noch den:
Mein Kind ist tot.

Ich sitze im Kerker meines Schmerzes.
Der Wärter bringt das Essen:
Es ist mein Kind.

Ich sitze im Kerker meines Schmerzes
und sinne auf Ausbruch:
Die Mauern bin ich.

Ich sitze im Kerker meines Schmerzes,
reiße mich nieder,
gehe durch mich hindurch –
erwache.

© Martina Steinberg

Kawe ist jetzt achteinhalb Jahre tot.
Allein, dass ich das sagen und schreiben kann, ohne in Schreien und Klagen
zu fallen, ohne dass mein Körper aufheult vor Schmerz und mich bis zur
Handlungsunfähigkeit erstarren lässt, ohne, dass mich meine Schuldgefühle
zerfleischen, zeigt, dass sich Leben verändert hat. Heute treibt mir der
seelische Schmerz als körperliche Reaktion nur noch die Tränen in die
Augen und meinen Körper durchfährt eine Lähmung, macht mich aber
nicht handlungsunfähig. Leben ist lebbar.

Am Anfang war der Schmerz und der Schmerz war allumfassend und
alldurchdringend – grenzenlos, seelisch, körperlich und geistig. Am Anfang

war alles, aber wirklich alles unaushaltbar – das ganze Leben war durchtränkt von unentrinnbarer Hilf- und Sinnlosigkeit. Am Anfang trug die Liebe derer, die um mich waren und mir halfen nicht. Am Anfang war das Leben eine Folterkammer, ein Gefängnis der Unversöhntheit, zu dessen Gefängnistür ich nicht den Schlüssel besaß. Meine ach so gepriesene Gedankenfreiheit hatte sich in Luft aufgelöst. Es gab nur einen Gedanken: Mein Kind ist tot und es gab nur ein Gefühl: zerreißender Schmerz. Am Anfang war Chaos – wie bei der Geburt eines Planeten. Ich musste mir neue Bezüge, neue Anziehungskräfte schaffen, um nicht im Chaos zu bleiben. Wie war das möglich?

Alkohol und Selbstmitleid – mit Alkohol jedenfalls nicht.
Ich war gewohnt mit Hilfe von Wein oder Sekt abzuschalten und Gefühle zu betäuben. Und ich habe nach Kawes Tod Alkohol in immer höheren Maßen konsumiert. Das einzige, was der Alkohol bewirkte, war, dass die Gefühle sich intensivierten, also der Schmerz und dass mein Leben immer mehr außer Kontrolle geriet. Wer wie ich dazu neigt, seine Gefühle ertränken zu wollen, dem kann ich getrost abraten. Es funktioniert nicht.

Während eines Entzuges und einer Entwöhnungstherapie habe ich verstanden, welche meiner Persönlichkeitsmerkmale dazu geführt haben, dass ich Alkohol in einem solch exzessiven Ausmaß konsumieren konnte: geringes Selbstbewusstsein, Nicht-Streiten-Können, den Weg des geringen Widerstandes gehen und einige andere. Ich lernte, dauerhaft ein Auge auf die Situationen in meinem Leben zu legen, die mich trinken ließen und ich lernte, sie anders zu händeln.

Der Alkohol hat auch mein Selbstmitleid verstärkt. Keiner hatte ein so schreckliches Schicksal wie ich. Warum musste „mein" Kind sterben? Warum hat mein Kind so leiden müssen? Warum konnte ich ihm nicht helfen? Was war ich für eine unfähige Mutter. Mein Leben war ein Stück Scheiß wert, wenn ich nicht in der Lage war, mein Kind zu retten, usw. Das Selbstmitleid ließ mich in der Opferrolle und in Passivität verharren. Ich war handlungsunfähig.

Was aber half?

Bewegung – Im ersten halben Jahr funktionierte ich für meine drei anderen Kinder. Sie waren der Grund, warum ich überleben wollte. Aber in jeder freien Minute blieb ich erstarrt im Bett und überließ mich dem Schmerz. Ich wusste, dass körperliche Bewegung auch Bewegung in meine Gedanken bringen würde und als ich an den Punkt kam, wo ich vor der Frage stand: Selbstmord oder Wandel, übernahm ich – was ich als Studentin schon gemacht hatte – etwa ein halbes Jahr nach Kawes Tod einen Job als Zeitungsausträgerin. Das war für mich lebensrettend. Denn, so war ich gezwungen, morgens aufzustehen und konnte und musste zwei Stunden laufen. An manchen Tagen habe ich während der Zeitungstour immer wieder das gleiche Mantra vor mich hingesagt, um den Schmerz zu betäuben. An anderen Tagen habe ich beim Laufen meinen Schmerz laut in den Himmel geweint. An manchen Tagen habe ich aber auch die liebende Erde unter meinen Füßen gespürt und das Rascheln der Bäume und das Singen der Vögel am Morgen als tröstend empfunden. Ich erkor mir ein Sternbild als Kawe-Sternbild, auf dem ich ihn fand. Beim Laufen kamen andere Gedanken als im Bett. Im Bett gab es nur Verzweiflung und Stillstand, beim Laufen kam mir die Idee, Hilfe zu suchen.

Leidensgenossen – Hilfe suchte und fand ich im Internet. Dort lernte ich auf der Seite veid.de (Verwaiste Eltern in Deutschland) und später auf Facebook andere Eltern kennen, die ebenfalls ein Kind verloren hatten. Der Austausch mit ihnen war heilsam. Ich fühlte mich verstanden, mehr als von allen anderen Menschen um mich herum, die mir meine Schuldgefühle ausreden wollten und mich bewegen wollten zur Tagesordnung überzugehen. Das Schreiben in der FB-Gruppe hat mir auch die Augen geöffnet dafür, dass es so viele Trauerwege wie Menschen gibt. Dass die Menschen unterschiedlich trauern und dass alles erlaubt ist, was hilft.

Mir half es, das Erlebte immer und immer wieder beschreiben zu können, es praktisch aus mir herauszuholen und nicht im Inneren zu lassen, mit Schreibpartnern, die einfach nur zuhörten, ohne großartige Tipps geben zu wollen, die wussten, dass ohnehin nichts half. Aus diesen virtuellen Freunden wurden später „echte", als ein Vater die Idee verwirklichte, sich zu treffen. Die spätere Gründung des Vereins „Whisper von Soul" zwecks

Veröffentlichung unserer Geschichten, das Schreiben war ein Meilenstein auf meinem Trauerweg.

Trauergruppe – Auch der Besuch einer Trauergruppe hat mein Leid verändert. Der Verein „Verwaiste Eltern in Hattingen" bot ein Jahr nach Kawes Tod eine geschlossene Trauergruppe für frisch verwaiste Eltern an. Zehn Mal trafen wir uns und sprachen bei jedem Treffen über einen neuen Aspekt des Lebens und Sterbens unserer Kinder. Diese starre Form war von Vorteil, weil sie das Chaos, das in uns herrschte und nur darauf lauerte, ans Licht zu dürfen, in einem Rahmen hielt. Auch diese Treffen haben in mir Veränderung bewirkt.

Sie waren der erste Schritt, den Schlüssel für mein inneres Gefängnis zu formen. Während ich beim Schreiben auch im Inneren gefangen blieb, ermöglichte mir der Besuch, meine innere schmerzliche Wahrheit verlautbaren zu lassen. Indem ich laut aussprach, was ich sonst nur dachte und schrieb, nämlich „Kawe ist tot", kamen als Schall dieser Laute Schwingungen und Reaktionen, die mich im Inneren und Äußeren bewegten – wie beim Laufen. Es stellte sich mehr Balance zwischen innerem und äußerem Erleben ein. Ich begann im Laufe der Treffen in der Trauergruppe, meinen Sarg in der Brust, noch einmal aufzuschrauben.

Grabpflege – Leben ist ja zutiefst paradox. Obwohl wir wussten, dass Kawe sterben wird und wir ihn zum Sterben mit nach Hause genommen haben, habe ich bis zu seinem letzten Atemzug gehofft, dass ein Wunder vom Himmel fällt, und er leben wird. Die Tatsache anzunehmen, dass er tot war, dabei hat mir unter anderem die Gestaltung und Pflege seines Grabes geholfen. Die Erde zu berühren, in der er lag, war für mich, als könnte ich ihn noch einmal streicheln. Wenn ich die Erde seines Grabes in meinen Fingern hielt, war ich ihm nahe, konnte ich ihn spüren. Gleichzeitig stellte mir das Grab aber seinen Tod deutlich vor Augen.

Wir haben auf sein Grab zunächst Kräuter gepflanzt, weil Kawe sie so geliebt hat: Lavendel, aber auch Oregano. Wenn man diese Pflanzen bewegte, roch es wunderbar nach Kawes Kräutergarten. Wir pflanzten auch Erdbeeren und einen Pfirsichbaum auf sein Grab und haben die Früchte, die sie gaben, gegessen in dem Bewusstsein und mit dem Gefühl, dass sie aus ihm gewachsen waren. Viele halten das für befremdlich. Aber für mich war es tröstlich.

Auch dass Kawes Freunde manchmal mitkamen und mir beim Pflanzen halfen, war tröstlich, denn wenn sie da waren, war auch Kawe da.

Ich machte mir zur Gewohnheit ein Lied zu singen, wenn ich an seinem Grab war, ein paar Zeilen aus dem Lied von Kalle Waldinger „Guanahani", in dem es heißt, dass wir keinen Frieden mehr finden werden. (Zitate sind in diesem Buch leider verboten, deshalb die Umschreibung ;-))

Rituale – Ob man das Singen am Grab schon Ritual nennen kann, weiß ich nicht, aber mir Gewohnheiten zu schaffen, war sicher hilfreich, z.B. morgens nach dem Aufstehen eine Kerze vor Kawes Bild anzuzünden und ihn zu begrüßen. Später war es eine schöne Lampe, die seinen Namenszug trug, die ich anmachte.

Das für mich schönste wiederkehrende Ereignis im Jahr aber ist Kawes Geburtstag. Bereits im ersten Todesjahr hatte ich die Idee, seine Freunde einzuladen und mit ihnen kegeln zu gehen. Das war es, was Kawe noch einmal so gerne gemacht hätte, als er im Krankenhaus lag. Bis heute feiere ich mit Kawes Freunden seinen Geburtstag. Jedes Jahr lade ich sie ein und sie kommen. Das ist für mich einfach wundervoll, Kawe mit Menschen zu erinnern, die ihn kannten und liebten. Sie waren dreizehn Jahre alt, als er starb – Kinder – und sind jetzt junge Erwachsene. Wenn ich sie anschaue, sehe ich auch mein Kind. In ihnen ist Kawe lebendig.

Meditation – Im ersten Jahr lebte ich nur in der Vergangenheit, vor allem in der Zeit, in der Kawe erkrankt war: in dem Tag der Diagnose, den Monaten der Chemogaben, den schrecklichen Nebenwirkungen der Chemos, dem Wenigerwerden, dem Leiden meines Kindes. Es gelang mir in keiner Sekunde, diesen Gedanken zu entfliehen. Selbst wenn ich mit meinen anderen Kindern zusammen war und wir lachten, schwang Kawes Leid in mir und war präsent.

Dann gab mir eine verwaiste Mutter auf veid.de den Tipp, mich ein paar Minuten am Tag zu zwingen an schöne Tage mit Kawe zu denken. Das versuchte ich und es brachte Veränderung. Zudem lernte ich die Meditationstechnik des vietnamesischen Mönches Thich Nhat Hanh kennen. Er benutzt die Meditation als Mittel achtsam zu sein, d.h. er strebt an und lehrt, in jedem Moment geistig präsent zu sein und somit voll und ganz in der Gegenwart zu leben. Dies versucht er zu erreichen, indem er seine gedankliche Aufmerksamkeit auf seinen Atem lenkt und andere Gedanken und Gefühle zwar ansieht, sie dann aber loslässt. Mit seinen Übungen hatte ich ein Mittel in der Hand, aus dem eigenen Gedankenkarussell auszusteigen und geistig Ruhe zu finden. Das klappt nicht immer, aber immer öfter ;-). Wenn mir die Konzentration auf meinen Atem schwerfällt, konzentriere ich mich manchmal auch auf Geräusche, die ich höre oder Dinge, die ich sehe. Ich habe tatsächlich gelernt, meine Gedanken zu steuern. Am Anfang waren es nur Sekunden, dann ein oder zwei Minuten, aber heute gelingt es mir zu bemerken, wenn meine Gedanken zu schwarz werden. Dann kann ich ihnen Einhalt gebieten mit Hilfe von Konzentration auf das, was jetzt um mich herum ist. Leiden in Achtsamkeit, Mitgefühl und Befreiung zu verwandeln, ist Thich Nhat Hanhs Lehre.

Schuld macht Sinn - Lektüre Konzentration – auch Konzentration aufs Lesen war im ersten Jahr nicht möglich. Im Laufe der Jahre aber erreichten mich zwei Autoren.

Der eine war Roland Kachler mit seinem Werk: „Meine Trauer wird dich finden", in dem er einen neuen Weg der Trauerbewältigung darstellte.

Mich hatten die Leute immer genervt, die sagten: „Du musst Kawe loslassen. Er ist jetzt nicht mehr da." Wie aber kann ich als Mutter mein dreizehnjähriges Kind loslassen? Wie kann ich ein Teil von mir loslassen? Noch grausamer empfand ich die Leute, die sagten: „Du musst ihn loslassen, sonst kann er nicht in die Geistige Welt gelangen." „Super", dachte ich, „wenn ich traure, bin ich auch nach dem Tod meines Kindes noch schuld daran, dass es auf der anderen Seite nicht glücklich wird".

Roland Kachler, der selbst ein Kind verloren hat, entwickelte eine Methode, die darauf zielt, die Liebe zu dem Verstorbenen so zu erhalten, dass eine lebendige Beziehung zu ihm und damit auch Glück erlebt werden kann. Diesen Blick fand ich sehr gewinnbringend und er war ein erster Schritt auf meinem Weg, Kawe bei mir zu wissen.

Die andere Autorin, die den Blick auf mein Leiden weitete, war Chris Paul mit ihrem Werk: „Schuld Macht Sinn".

Ich habe mich lange – und tue es auch heute noch – schuldig gefühlt. Schuldig, dass Kawe die Leukämie ausbildete, dass ich ihm in seinem Leben sein Leid nicht abnehmen oder wenigstens erleichtern konnte. Schuldig, dass ich selbst nach der Diagnose nicht stark genug war, ihn aus den Systemen zu nehmen, unter denen er litt. Schuldig, dass ich ihn erneut in eines zwängte, nämlich das der Medizin, dass ich erlaubte, dass er Chemo bekam, die ihn zwang, die meiste Zeit im Krankenhaus zu verbringen, das er als Gefängnis empfand. Schuldig, dass ich ging, wenn er mich anflehte zu bleiben, weil er nicht mit seinem Vater oder anderen Menschen sein wollte. Ich ließ ihn nicht oft alleine im Krankenhaus und wenn dann fuhr ich zu unseren anderen drei Kindern. Aber ich fühlte mich schuldig. Ich fühlte mich schuldig, dass ich ihn nicht früher aus der Behandlung genommen habe und schuldig, weil ich ihm zwei Tage vor seinem Tod ins Ohr flüsterte, dass er ruhig gehen dürfe. Ich fühlte mich aus tausenderlei Gründen schuldig und ich hätte mich vermutlich auch schuldig gefühlt, wenn ich in allen Belangen genau gegenteilig gehandelt hätte. Kawe starb mit weit aufgerissenen Augen und wir ließen ihn nach seinem Tod noch ca. 30 Stunden zu Hause und in meiner Vorstellung ist sein Blick vorwurfsvoll auf mich gerichtet und fragt:

Warum hast du mich nicht retten können?

Ich wusste, auch andere Eltern ließen ihren Kindern Chemo geben. Ich wusste, dass meine Gefühle einer Realitätsprüfung nicht standhielten. Aber das spielte keine Rolle. Sie waren einfach da. Und nachdem ich Chris Pauls Werk gelesen hatte, verstand ich auch warum. Sie erfüllten Zwecke, sie hatten Sinn: Sie gaben Ordnung und stellten Verbindung zu Kawe her.

Chris Paul sagt: Schuld stellt Zusammenhänge her.

Nach Kawes Tod war meine ganze Welt zersplittert, sinnlos. Mein Schuldgefühl, ihm trotz besseren Wissens nicht hatte helfen zu können, stellte einen Zusammenhang her, war ein Versuch die in Scherben liegende Welt wieder zu kitten. Indem ich meine Schuld als Ursache für Kawes Tod setzte, glaubte ich Kausalzusammenhänge herzustellen, die Ordnung und Struktur in mein Chaos brachten.

Chris Paul sagt auch: Schuld bindet Menschen aneinander. Und diese These half mir am meisten, zu erkennen, welchen Zweck meine Schuldgefühle hatten.

Sie stellten eine innere Verbindung und Beziehung zu Kawe her. Niemand hatte ihn verstanden wie ich. Niemand hatte verstanden, dass seine Leukämie ein Ausdruck seines Leidens am Schulsystem war. Niemand hatte ihn verstanden wie ich und weil das so war, wäre auch nur ich in der Lage gewesen, ihm zu helfen. Meine Schuldgefühle zeigten meine Nähe zu meinem Kind. Wer mir die Schuldgefühle ausreden wollte, der wollte mir meine Verbundenheit mit meinem Kind nehmen.

Ich habe nach der Lektüre von Chris Paul verstanden, dass meine Schuldgefühle bleiben, solange ich keine andere Form des Verbundenseins oder der Erinnerung finde und ich habe noch einmal begonnen ein Kawe-Erinnerungsbuch herzustellen.

Selbstannahme – Selbstmitgefühl – Auch wenn ich verstanden hatte, dass es Schuldgefühle gibt, die Funktionen des Ordnens oder Verbindens haben, bleiben doch auch welche, die ich meiner Schwäche oder meinem Ungenügen zuordne. Wie sollte ich mit ihnen umgehen? In meiner Entwöhnungskur und im Umgang mit Alkohol habe ich eine Erkenntnis gewonnen, die mir auch half, mit den Schuldgefühlen besser klar zu kommen: Was wir nicht bekämpfen, kann uns nicht verfolgen. Indem ich akzeptierte, dass ich Alkoholikerin bin, brauchte ich nicht mehr einen täglichen Kampf gegen den Alkohol zu führen. Und so war es auch mit den Schwächen. Indem ich sie annahm, musste ich nicht mehr gegen sie kämpfen. Ich arbeite an einer Perspektive, dass ich auch mit Fehlern liebenswert bin. Das ist eine für mich sehr ungewohnte Sichtweise.

Selbstmitgefühl zu entwickeln – dabei haben mir Meditationen mit Christine Longaker geholfen. Über sie habe ich auch begriffen, dass ich nur Gutes für andere tun kann, wenn ich zu mir selbst gut sein kann.

Die schönste Erkenntnis aber, die ich über die Beschäftigung mit ihrem Werk: „Dem Tod begegnen und Hoffnung finden" wiedergewann, ist, dass alles mit allem und alle Menschen mit allen verbunden sind auch über den Tod hinaus.

Die andere Art des Umgangs mit Schuldgefühlen, die mir sehr geläufig ist, heißt, aus den Fehlern lernen. Ich habe verstanden, dass ich unfähig war, Grenzen zu setzen und Nein zu sagen, dass ich zu wenig für meine Rechte und meine Überzeugungen eintrat und ich habe begonnen, daran zu arbeiten. Vielleicht wäre Kawes Erkrankung anders verlaufen, wenn ich ihn aus der Schule genommen hätte. Denn das war unser beider Überzeugung, dass sein Leid zum größten Teil aus der dort empfundenen Langeweile und der dort praktizierten Brutalität herrührte. Aber zum damaligen Zeitpunkt war ich dafür nicht stark genug. Als dann mein jüngster Sohn Jahre später mit einem Blinddarmdurchbruch im Krankenhaus lag und sie ihn liegen ließen und stundenlang nicht behandelten, habe ich den Schwestern und Ärzten solange auf den Füßen gestanden, bis sie ihn in letzter Sekunde operierten, und ich habe ihm damit das Leben gerettet. Vor acht Jahren hätte ich vermutlich gedacht: Die sind die Profis, die wissen besser als ich, was zu tun ist. Und hätte untätig danebengestanden. Sechs Jahre später hatte ich aus meinen Fehlern Konsequenzen gezogen und verändertes Verhalten gezeigt.

Das Sterben meines Bruders und meiner Eltern – Für seine Belange einstehen, das konnte mein Bruder stets viel, viel besser als ich und er konnte – zumindest in meinen Augen – wundervoll sterben. Vielleicht klingt das für manchen merkwürdig, aber ich meine damit, dass er sein Sterben akzeptiert hatte und mit uns offen und auch humorvoll über seinen bevorstehenden Tod sprach. Das machte es für uns Zurückbleibenden viel einfacher, mit seinem Sterben umzugehen. Mein Bruder starb ein Jahr nach Kawe an Lungenkrebs. Ein weiteres Jahr später starb mein Vater an Darmkrebs und drei weitere Jahre später starb meine Mutter an Brustkrebs. Die Begleitungen in ihren Tod haben mich – so paradox es sich anhören mag – ein Stück weit versöhnt. Besonders das Sterben meiner Mutter hat in mir Heilung bewirkt. Sie erkrankte 2015 zum dritten Mal an Brustkrebs und hat alle Chemogaben verweigert. Sie hat einfach mit ihrem Leben im Guten abgeschlossen. Sie war trotz allen Leids, das sie erfahren hatte, im Einklang mit sich und wir hatten ein wundervolles letztes gemeinsames Jahr, mit vielen tiefen und heilenden Gesprächen und viel Liebe füreinander. Das Sterben meines Bruders und meiner Eltern hat mir gezeigt, dass Sterben nicht nur Qual sein muss, wie es bei Kawe war und dass Sterbebegleitung lernbar ist.

Ausbildungen zum Sterbe- und Trauerbegleiter – Aus dieser Erfahrung und aus dem Wunsch heraus, anderen Menschen im Sterbeprozess zu begegnen, mit ihnen ins Gespräch zu kommen und aus ihren Erfahrungen zu lernen, ließ ich mich 2017 im Hospizverein „Lebenszeiten" zum Sterbebegleiter ausbilden. Die Begleitungen, die ich seither gemacht habe, bestätigen mich in meinem Glauben, dass jeder Mensch ein Universum ist.

2018 schloss ich – von meinem Hospizverein gewünscht – auch die Ausbildung zur Trauerbegleiterin ab. Im Laufe dieser Ausbildung gewann ich Überzeugungen, die mich hoffentlich leiten, wenn ich Trauerbegleitungen leiste, nämlich, dass Ratschläge Schläge sind und dass Vertröstungen erklären wollen und der eigentlichen Trauer Raum nehmen. Ich wünsche mir, dass ich als Begleiter wirklich begleite, d.h. an der Seite des Trauernden bleibe, während er seinen Weg sucht, den ich nicht vorgebe. Ich denke, dass Trauer dazu dient, einen Weg zu finden, den Verstorbenen in einem veränderten Zustand wahrzunehmen. Die Fähigkeit, Kawe in jedem Vogel zu sehen, hat meine verwundete Seele heiler werden lassen. Mit Blick auf diese Perspektive würde ich Trauerbegleitungen gerne anbieten.

Resümee – Ich hoffe, dass meine Ausführungen einen kleinen Ausschnitt aus meinem Trauerweg zeigen und dass vielleicht erahnbar wird, wie meine Trauer sich verändert hat?

Ich versuche noch einmal zusammenzufassen:
Am Anfang war ich von Kopf bis Fuß eine offene Wunde. Ein Mensch mit Verbrennungen dieses Grades stirbt. Aber eine Mutter, die ihr Kind verliert, hat ebensolche Verbrennungen und lebt. Allein das Dasein schmerzte, eine Berührung brachte mich in Todesgefahr. Es gab keine Hauttransplantation. Ich verschorfte einfach. Es bildete sich ein klebriger Film auf mir, keine Fliege durfte sich auf mich setzen, niemand durfte mich anfassen. Aber der Film schützte mich auch und gab meinem Immunsystem Zeit, neue Haut zu bilden. Diese Haut ist dünner und weniger strapazierfähig als meine alte und an manchen Stellen wie am Herzen hat sich nie Haut gebildet, da ist der Schorf geblieben und manchmal knibbele ich ihn auf und blute.

Ein gutes Stück Versöhnung hat stattgefunden und sicher drückt sich die Veränderung meiner Trauer auch in dem Lied aus, dass ich heute meistens an Kawes Grab singe. Es ist der Text von Joseph von Eichendorff, in dem der Verstorbene seine Flügel ausspannt und nach Hause fliegt. (Zitieren verboten)

Ich habe akzeptiert, dass der Schmerz um mein Kind zu meinem Leben gehört. Ich muss nicht mehr gegen ihn kämpfen.

Ich habe gelernt anzunehmen, dass nichts bleibt wie es ist – im Guten nicht und im Schlechten nicht, dass es schlechte und gute Tage gibt, solche voller Tränen und solche ohne Tränen. Diese Erkenntnis gibt mir Hoffnung, wenn ich am Boden bin.

Das Schwerste für mich ist und damit ringe ich jeden Tag: Ich weiß, dass ich für mein Leben verantwortlich bin und dass es in meiner Macht steht, wie ich auf Leben schaue.

Ich empfinde und habe erfahren, dass es keinen Trost gibt, wenn wir ein Kind verlieren. Aber es gibt Hilfe, Lebenshilfe oder besser Überlebenshilfe in der schlimmsten Zeit. Eine große Hilfe in der Trauer kann eine Klagemauer sein. Ein Ort, wo ich meinen Schmerz äußern darf, ein Ort, der beharrlich und fest dasteht und stoisch zuhört, ein Ort, der mir als Schallmauer meine Klage zurückwirft, so dass ich sie noch einmal in mir bewegen kann. Meistens sind solche Klagemauern Menschen. Ich habe erfahren, dass gute Zuhörer mir durch die Möglichkeit der Selbstreflektion halfen, meinen Schmerz anzunehmen, was Versöhnung bewirkte.

Martina S.

Kevin P.

*06.09.1994 +23.03.2015

Mein Kind, als du gingst, hast du mich in Milliarden von Scherben liegend zurückgelassen.

Kevin war unser Strahlekind. Von klein auf neugierig auf die Welt, voller Fantasie und voller Leben. Von Beginn an wissend, was er später einmal werden wollte. Aufgewachsen gemeinsam mit seiner älteren Schwester in einem kleinen Dorf. Fußball war seine Leidenschaft. Während seiner Kindheit zählte vor allem, draußen mit seinen Kumpels unterwegs sein zu können. Mit nicht ganz 17 Jahren begann er seine Ausbildung bei der Polizei, 150 km entfernt von seinem Zuhause. Dort blieb er auch nach Abschluss seiner Ausbildung. Schon immer hat er alles hinterfragt und sich viele Gedanken gemacht. Auch seinen Job führte er so aus. Nicht einfach nur Dienst schieben, sondern sich mit dem, was man tut, auch auseinandersetzen. Er versprühte auch da noch seinen Charme und liebte das Leben. Gleichzeitig begannen jedoch düstere Gedanken bei ihm einzuziehen, die er nur wenigen offenbarte. Immer wieder legte sich eine

Schwere über ihn, der er nicht zu entkommen schien. Weder seine Jugendliebe noch seine Familie oder die ganz wenigen eingeweihten Freunde schafften es, ihn dazu zu bringen, sich Hilfe zu holen. Seine Depression, die ihn irgendwann so fest im Griff hatte, schien sich immer tiefer in ihm auszubreiten. Tiefe Schwärze in einem dunklen Tunnel umfing ihn und sein wunderbares Lachen wurde immer seltener. Als wir dachten, er wäre dabei, einen Weg heraus zu finden, da er den Anfang machte und einer medikamentösen Behandlung zustimmte, machte sich etwas Hoffnung in uns breit. Kevins innere Stimme schien ihm etwas anderes zuzuflüstern. Er sah kein Licht mehr. Keine Hoffnung. Keinen Platz auf der Welt für sich selbst. „Mama, sie hat mich besiegt. Ich hab verloren …" dies hatte er mir vier Wochen vor seinem Tod geschrieben. Er kam dann zwei Wochen zurück in seine Heimat, um in Ruhe die Behandlung mit den Antidepressiva zu beginnen. Ich sah ihn nur eine Woche lang davon, da meine Reha anstand. Während meiner Zeit in der Reha wollte er kein einziges Mal mit mir telefonieren, er schrieb höchstens mit mir. Mal ganz kurz angebunden, manchmal lange und voller Selbstzweifel. „Ich bin schon groß, Mom. Alles gut…" Ich kam nicht mehr an ihn heran. Fünf Tage vor seinem Tod schrieb er mir, dass er seine Krankheit in den Griff bekommen wolle und gegen sie kämpfen würde. War voller Energie, voller Spannung auf den bevorstehenden Diensteinsatz bei der Eröffnung der EZB und fiel nach diesem Adrenalinschub wieder in seine tiefe Schwärze. In der Nacht vom 22. auf den 23. März 2015 hatte seine Depression und die dadurch ausgelöste Todessehnsucht endgültig gesiegt… und unsere Welt lag in Milliarden von Scherben.

Jahre der Sehnsucht und des Kämpfens

Als Kevin uns zurückließ, herrschte monatelang eine Mischung aus Nicht-wahr-haben-wollen, Schmerz und den vielen Fragen: Warum konnten wir ihn nicht halten? Wie hätten wir es verhindern können? Was hatten wir übersehen? Was ging in ihm vor? Wie sollten wir das, den Schmerz und die Sehnsucht nach ihm, aushalten können? Gebeutelt von dem inneren Chaos und dem Wunsch, ihm folgen zu dürfen war jeder Tag eine einzige Herausforderung für mich. Zuerst hangelte ich mich von einer Stunde des Aushaltens zur nächsten. Ausgeliefert sein ist nicht wirklich mein Ding. Und plötzlich hat dich dieses Meer von Tränen im Griff und mit all den

Gefühlen erkennt man sich selbst nicht wieder. Man hat sich verloren. Um überhaupt begreifen zu können, was da mit uns geschah, zu rekonstruieren, was in den Stunden, Tagen und Wochen nach Kevins Tod überhaupt passierte, begann ich nach 40 Tagen zu schreiben. Alle wirren Gedanken zu Papier zu bringen. Fakten, Gefühle und Erlebtes. Es wurden „Briefe an Dich", ein Austausch mit meinem verstorbenen Kind. All meine Liebe, all mein Schmerz, all meine Sehnsucht fanden Platz in diesen Zeilen. Es war eine Art der Therapie für mich. Beim Schreiben konnte ich ebenso Tränen fließen wie auch ein zartes Lächeln über mein Gesicht huschen lassen. Die Gedanken schienen sich dabei manchmal zu ordnen, mein Schmerz wurde greifbarer für mich. Alles in mir drängte danach, zu verstehen was in meinem Kind vorgegangen war. Gleichzeitig schien die Sehnsucht immer intensiver zu werden. Was mich zuerst im Hier und Jetzt hielt, war meine Familie. Mein Mann und meine Tochter litten ebenso. Und gleichzeitig hatten wir alle Angst umeinander. Was uns sicherlich von Anfang an half, war das instinktive Spüren, wie es jeweils dem anderen ging und wortlos jedem seinen eigenen Raum und die Freiheit der Trauer zuzugestehen, denn selten findet man sich am selben Punkt stehend. Sie kommt in Wellen, ohne Vorankündigung und muss von jedem selbst durchlebt werden. Man kann nichts davon abnehmen. Aber Verstehen und Tolerieren ist in meinen Augen ganz wichtig. Plötzlich gab es nur noch dieses eine „MUSS": Für die zwei wichtigsten Menschen, die noch um mich waren, auszuhalten. Es war so schwer. Einen weiteren Tag, eine weitere Woche. Alles andere überstieg meine Kräfte und ich lernte, ohne es darauf anzulegen, was ein gesunder Egoismus ist. Nein sagen, wenn etwas nicht für mich machbar war, andere jedoch meinten, das sei nun sicherlich gut für mich. Oft konnte ich gar nicht anders, weil manche Situationen plötzlich Panikattacken bei mir hervorriefen. Ich ging die erste Zeit weiter entfernt zum Einkaufen, wenn überhaupt. Den Friseur wechselte ich vor lauter Angst, nicht schnell genug fliehen zu können, wenn Blicke auf mir haften würden. Alles raubte mir die Luft. Alles verletzte mich. Ich war der Schmerz pur. Und fühlte mich so unverstanden, so allein mit meinem Schicksal. Und alle um mich fühlten sich so hilflos. Eher durch Zufall stolperte ich einige Zeit nach Kevins Tod über eine Gruppe verwaister Eltern in Facebook. Dort waren auch Menschen vertreten, deren Kinder schon vor längerer Zeit, manche also seit Jahren, verstorben waren. Was mir zuerst noch unvorstellbar erschien, das lebten diese mir vor. Anscheinend war es möglich, länger als Tage oder Wochen „auszuhalten". Wie, das fragte ich mich zuerst nicht. Aber es ging wohl. Das war das Wichtigste. Da andere dies schafften, wäre es mir vielleicht auch möglich, zumindest die nächste Woche zu überstehen, oder vielleicht sogar einen weiteren Monat. Wenn es mir schlecht ging, konnte ich dort schreiben. Egal zu welcher Uhrzeit in meinen vielen schlaflosen Nächten – irgendjemand war da und hat geantwortet. Dies war so immens wichtig und hilfreich, denn ich wurde verstanden. Angenommen, so gebrochen wie ich auch war. Keiner scheute sich zu antworten, seine Gedanken zu äußern.

Die nächste Herausforderung bestand darin, zurück in das Berufsleben zu kommen. Schon zu Beginn meiner Reha war klar, dass eine innerbetriebliche Umsetzung angestrebt werden musste, da ich ansonsten auf Grund meiner körperlichen Gesundheit erwerbsunfähig sein würde. Nun kam noch meine seelische Verfassung dazu. Um überhaupt den Schritt zur Arbeit wagen zu können, regte meine Tochter eine Psychotherapie für mich an, auf die ich mich dann auch einließ. So konnte ich im Vorfeld schon diese „was ist, wenn"-Szenarien durchspielen und üben, da ich inzwischen extrem unter den Panikattacken und auch Tinnitus in Stresssituationen litt. Dreieinhalb Monate nach dem Tod meines Kindes begab ich mich also wieder zur Arbeit. Die ersten Tage und Wochen glaubte ich fast nicht daran, es zu packen. Aber irgendwie überstand ich den Einstieg.

Dass es AGUS e. V. gibt, erfuhr ich durch Zufall, weil meine Tochter eines Tages am PC saß und nach etwas suchte. Sie hatte deren Webseite offen und ich fragte sie, was das sei. Ich rang etwas mit mir. Doch ich entschied mich zuerst dagegen, da der Weg für den monatlichen, abendlichen Besuch in der 50 km entfernten Stadt zu lang war. Ich muss immer sehr früh raus und traute mir das nicht zu. Vielleicht werde ich eines Tages an den Treffen teilnehmen, auch wenn Kevins Tod nun schon über vier Jahre zurück liegt. Es ist zumindest gut zu wissen, dass es sie gibt. Irgendwann wurde in Facebook eine Gruppe gegründet nur für Eltern, deren Kinder durch Suizid starben. Auch dort meldete ich mich an. Kurz darauf fand ich auch noch eine Gruppe für Angehörige nach Suizid. Ich bin in beiden dabei und finde den Austausch untereinander wertvoll, auch wenn ich inzwischen seltener dort auch etwas schreibe. Vieles in der Trauer unterscheidet sich, wenn es um Suizid geht. Wenn das eigene Kind durch eine körperliche, tödliche Krankheit stirbt, hat man vielleicht die Chance, es im Sterben zu begleiten. Es tut sicherlich nicht weniger weh, aber man weiß, die Krankheit ist verantwortlich. Stirbt ein Kind durch einen Unfall, so kann man diesen Schmerz vielleicht in eine Richtung lenken, indem das Wetter, die Unerfahrenheit als Ursache zugrunde liegt. Verdammt hartes Schicksal, und man könnte dies verfluchen. Oder man gibt dem Unfallfahrer (sofern man nicht selbst gefahren ist) die Schuld, die Wut, den Zorn, den Hass, den Schmerz kann man ihm entgegenwerfen. Bei Suizid jedoch kommt noch einmal eine geballte Ladung an Schuld und Fragen nach der eigenen Verantwortung zu Tage. Hat mein Kind mich nicht wirklich geliebt? Wo habe ich versagt? Warum war ich so blind? Warum konnte ich es nicht halten? Zusätzlich kommen neben den mitleidigen Blicken deiner Umgebung auch die vorwurfsvollen. Was lief da falsch bei denen? Und nur ganz wenige trauen sich wirklich, auf die Eltern zuzugehen. Viele denken sich lieber Geschichten aus, verbreiten diese, und ein Meer von Getratsche bildet sich um den Tod dieses Kindes, womit viele Familien zusätzlich zu kämpfen haben. Sich über die eigenen Gefühle, Vorwürfe und die Stigmatisierung, die bei Suizid dazukommt, austauschen zu können, ganz offen schreiben und verstanden zu werden, das empfinde ich als sehr wertvoll.

Zielsetzung

Um überhaupt mit dem Verlust meines Kindes irgendwie halbwegs weiterleben zu können, war es für mich irgendwann wichtig, mir Ziele zu setzen. Zuerst ganz banale Dinge wie Einkaufen gehen, gelegentlich doch auch einmal einem Café-Besuch mit Freundinnen zuzustimmen. Es war jedes Mal eine Herausforderung. Und irgendwann dachte ich an etwas, was mir monatelang die Kraft zum Weitermachen gab. Ein Erinnerungs-Tattoo für Kevin. Ich entwarf es selbst und sparte einige Zeit darauf hin. Als Schwabe hätte ich es bereut, das Geld aus dem Fenster zu werfen und aufzugeben, bevor es sich gerechnet hätte. Also mindestens noch ein paar Monate weiterleben, sonst bräuchte ich das Tattoo gar nicht stechen lassen. Wir haben uns die ersten Monate und auch Jahre von einem Ziel zum nächsten gehangelt. Wir brauchten das als Perspektive. Ob Holzofen einbauen, irgendwas renovieren, auf ein paar Tage Auszeit hin sparen. Alles schien danach „Okay", die wahre Begeisterung brachten wir schlichtweg nicht mehr auf und brauchten das nächste Ziel vor Augen. Rastlos und suchend, umherirrend und nie mehr erfüllt.

Mein Tattoo mag ich heute noch sehr, denn ich trage Kevin dadurch nicht nur ganz fest in meinem Herzen und meinen Gedanken, sondern auch unter meiner Haut. Ein Bildnis aus Fragmenten, die auch auf seinem Grabstein verewigt sind, sowie bildlich dargestellten Auszügen eines Songs von Casper, den er so gerne hörte und sang, und dessen Lied XOXO schlicht und einfach Kevins Seele beschrieb.

Als die Sitzungen bei meinem Therapeuten beendet waren und er darauf in den Ruhestand ging, wollte ich zuerst keine weitere Therapie mehr. Schnell merkte ich jedoch, dass ich ohne Hilfe nicht weit kommen würde und bemühte mich darum, zeitnah eine Therapeutin zu finden. Es lagen zwar sechs Monate ohne therapeutische Begleitung dazwischen, das konnte aber durch eine Auszeit mit Urlaub in Australien aufgefangen werden. Dort spürte ich zum ersten Mal, dass ich noch lebte. Die fremden Tiergeräusche, die andere Pflanzenwelt und die Sonnenuntergänge machten mir zum ersten Mal nach zweieinhalb Jahren deutlich, dass ich meine Umgebung noch wahrnehmen konnte und Lebenswillen verspürte. Es war wie eine Therapie, und Kevin schien so unendlich nah zu sein. Er war einfach mit da und erlebte all diese Wunder mit mir. Diese Erfahrung wurde nur möglich, weil ich einen großartigen Patenonkel habe mit einer unheimlich liebenswerten Frau, die uns in ihr Zuhause dort einluden, wofür ich für immer dankbar sein werde, denn ich weiß nicht, wie lange ich es ansonsten noch geschafft hätte, dem Wunsch, einfach wieder bei meinem Sohn zu sein, nicht zu folgen. Zurück aus dem Urlaub konnten wir noch einige Zeit von dem Erlebten zehren. So gerne hätten wir auch unsere Tochter dabeigehabt, denn sie hat wirklich jeden Moment des Glücks und des Lebens verdient. Ich möchte hier einmal erwähnen, dass wir so unsagbar stolz auf sie sind und sie unendlich lieben. Wir sehen, wie sie ihren Weg geht, tapfer, mutig und kämpfend. Ohne sie wären wir NICHTS! Und so gerne hätten wir ihr die Leichtigkeit des Lebens gegönnt und Eltern, wie wir sie zuvor waren. Aber alles hat sich geändert, und noch immer ist es dabei, sich neu zusammen zu fügen. Für sie würden wir unser Leben geben. Sie weiß das und würde es dennoch niemals ausnutzen.

Eineinhalb Jahre nach Kevins Tod begann ich also die Gespräche bei meiner Therapeutin. Nun, ein paar Sitzungen vor dem Ende dieser Therapie, wage ich zu behaupten, dass sie mich durch ihre Art und ihre Arbeit mit mir wirklich weitergebracht hat. Mir wurde dabei vor Augen geführt, was ich innerlich wusste: Egal, wie oft ich es versuche, ich kann nicht davonlaufen. Was wichtig ist, ist an den Punkt zu kommen, den Verlust meines Sohnes zu akzeptieren und meiner Trauer zu erlauben, Teil von mir zu sein. Sie lässt sich nicht abstreifen. Aber lernen, den Frieden mit ihr zu schließen, ist ein guter Vorsatz. Aber es ist auch verdammt harte Arbeit. Die Balance finden zwischen sich von der Trauer überrollen zu lassen und sie immer wieder mal beiseiteschieben zu können. Zu spüren, dass ich mein Kind nicht weniger liebe und vermisse, wenn ich auch mal gute Tage erwische und manchmal auch schöne Momente erleben kann. Mir selbst immer wieder wichtige Pausen zu gönnen, nicht immer pausenlos über meine Kräfte gehen zu dürfen. Es mir selbst wert zu werden, achtsam mit mir umzugehen. Achtsamkeit … damit habe ich wirklich ein Problem. Nachdem ich etwa ein Jahr lang schon gemeinsam mit meiner Therapeutin an mir gearbeitet hatte, kam zum ersten Mal das Gespräch auf eine psychosomatische Reha. Ich drehte mich trotz aller Mühen immer wieder im Kreis, alles war so oft einfach zu viel. Der Druck in der Brust ließ nicht nach, die Panikattacken bekam ich noch nicht in den Griff, der Tinnitus brachte mich in manchen Situationen fast um den Verstand. Vom beruflichen und privaten Alltag schlichtweg oft überfordert hatte ich keine Kraft mehr, um wirklich an mir selbst zu arbeiten. Ich wehrte mich allerdings noch mehrere Monate dagegen, in diese Rehaklinik zu gehen.

Chancen

Eher per Zufall las ich dann in Facebook etwas über einen Mann, der vorhatte, Bäume für Hinterbliebene nach Verlust durch Suizid zu pflanzen. So richtig verstand ich zuerst den Sinn dahinter nicht. Als ich einige Wochen später erneut davon las, habe ich mich intensiver damit auseinandergesetzt. Er wollte das tatsächlich machen. Und dabei zu Fuß um die Welt laufen. Das klang verrückt. Aber auch interessant. Da ich Bäume liebe und erst einige Wochen zuvor einige einsame Wanderungen in den Wäldern unternommen hatte, wobei ich mich geerdet fühlte und auch seit langem wieder mich selbst ganz bewusst wahrnahm, vor mich hin philosophierend, welcher Baum im Wald ich wohl wäre, sprach mich diese Idee an. Ein Baum für mein Kind. Etwas Lebendiges, Wachsendes. So nahm ich Kontakt zu ihm auf und nach einigen Überlegungen, wie er das wohl allein alles organisieren wolle, machte ich ihm das Angebot, ihn ein bisschen dabei unterstützen zu können. Diese Idee hatten noch ein paar mehr Leute. Und so entstand ein Verein, der zuerst nur dazu gedacht war, ihm für sein Projekt den Rücken freihalten zu können. Als dann der erste Baum der Erinnerung gepflanzt wurde und damit sein Lauf um die Welt begann, war dies noch immer das vorherrschende Ziel von TREES of MEMORY e. V. So nach und nach wuchsen die Ideen: Nicht nur diese Erinnerungsbäume, sondern Hilfe für Hinterbliebene nach Verlust durch Suizid auf verschiedene Weise anbieten können. Gleichzeitig auch Aufklärungsarbeit und Entstigmatisierung anstreben.

Zu dieser Zeit setzte ich mich immer mehr mit dem Gedanken einer psychosomatischen Reha auseinander. Noch immer schien ich mich im Kreis zu drehen, schien nichts leichter, sondern eher schwerer zu werden. Zwei Dinge hielten mich jedoch noch davon ab. Zum einen mein Unwohlsein unter mehreren mir unbekannten Menschen ohne die Möglichkeit des Rückzugs in meine kleine, geborgene Höhle meiner Familie und meine eigenen vier Wände. Zum anderen, weil Kevin an meinem eigentlich vorletzten Tag in der Reha 2015 starb. Zwar hatte ich durch die Mitgründung des Vereins zusätzlich noch ganz andere Möglichkeiten, mich mit meinem eigenen Schicksal und den Gründen der Suizidalität und eines Suizids auseinanderzusetzen. Dennoch hatte ich noch immer nicht gelernt, mir selbst den Druck zu nehmen, und alles war immer noch einfach oft zu viel. Und ich merkte, dass ich dringend diese Auszeit von allem benötigte, um im geschützten Raum intensiver an mir arbeiten zu können. So begab ich mich also knapp drei Jahre nach dem Tod meines Sohnes in diese Rehaklinik. Es gab dort keine Trauergruppen. Mich über meine Trauer mit anderen Trauernden auszutauschen, das hatte ich ja in den Facebook-Gruppen. Hier konzentrierte ich mich auf mich selbst, auf den Punkt, an dem ich stand und konnte verschiedene Wege ausprobieren, um zu merken, welche mir guttaten oder für welche ich noch nicht bereit war. Achtsamkeit mit mir selbst war es noch immer nicht (zumindest nicht, solange es hieß „schenken Sie sich selbst ein Lächeln"), kilometerweit wandern für mich allein oder mit ein paar Leuten zusammen half mir mehr. Auch die Kunsttherapie öffnete viele Schleusen. Überhaupt wieder etwas für mich selbst zu tun, die anfängliche Scheu vor den Menschen zu verlieren und wahrzunehmen, welche Probleme andere auf ihren Schultern tragen. Zuhören, reden, lachen, weinen. All dies war in diesen vier Wochen möglich. So kam ich doch etwas gestärkter nach Hause zurück. Auch nun, ein Jahr später, ist trotzdem manchmal alles zu viel, noch oft fühle ich mich einfach unheimlich müde. Noch immer mag ich keine größeren Menschenmengen. Mich dennoch immer wieder unter sie zu trauen, es doch zu wagen, um zu sehen, ob es eben an einem Tag besser funktioniert, das ist die einzige Möglichkeit, mich den Panikattacken zu stellen.

Die Arbeit im Verein gibt mir einen Sinn in meinem Leben. Dadurch ist es nicht nur mehr dieses „Aushalten-müssen" für meine Tochter und meinen Mann, sondern trotz aller Kraft, die diese Arbeit oft abverlangt, etwas, was Sinn macht. Was anderen vielleicht helfen kann. Für die ansprechbar sein, die gerade erst am Anfang dieses so grauenvoll schweren Trauerweges sind. Den Menschen die Angst nehmen, die nicht wissen, wie sie mit Trauernden nach Suizid umgehen sollen. Denjenigen verschiedene Wege der Hilfen aufzeigen, die selbst mit Depressionen zu kämpfen haben. Außenstehende zu sensibilisieren. All dies wird meinen Sohn nicht zurückbringen. Aber es hilft mir dabei, nicht nur auszuharren, bis ich ihn eines Tages in der Ewigkeit wiedersehe. Ich glaube es ist wirklich wichtig für trauernde Eltern, dass sie irgendetwas finden, was ihrem Leben wieder einen Sinn gibt. Ob das nun Engagement in irgendeinem Verein ist oder im kirchlichen Bereich, bei etwas Sozialem oder mit Tieren. Für sich selbst das Gefühl zu bekommen was einem guttut, darauf kommt es an. Wenn einem Schreiben, Malen oder Basteln hilft, dann ist auch das etwas sehr Wertvolles. Sich immer wieder auch etwas stellen, obwohl man vielleicht gerade keine Lust darauf hat, es darauf ankommen zu lassen, wenn das, was einen daran hindert, z.B. die Müdigkeit ist. Wer weiß, vielleicht hat gerade dieser Spaziergang draußen wieder neue Energie gebracht, oder das Eis im Eiscafé war das leckerste seit langem?

Die Angst vor bestimmten Tagen

Weihnachten ist noch immer etwas, womit ich noch ganz furchtbare Schwierigkeiten habe. Dies war immer Kevins Zeit. Er liebte Weihnachten und die ganzen Traditionen drumherum. Wir haben seitdem keinen Christbaum mehr aufgestellt. Das erste Weihnachten ohne ihn war der blanke Horror. Ich war dem Schmerz so hilflos ausgeliefert, lag apathisch oder weinend auf dem Sofa. Und dachte, ich würde es nicht überleben. Das zweite Weihnachten ohne ihn, beschloss ich schlichtweg zu ignorieren. Ich hatte solche Angst davor, dass ich mir vornahm, strategisch dagegen anzugehen. Und so überlegte ich mir schon Wochen vorher, wie das möglich sein könnte. Ich kaufte Holzbretter, Holzlack und alles, was ich sonst noch benötigte. Über die ganzen Feiertage vergrub ich mich im Keller, raspelte, feilte und schliff Holz. Lackierte und schliff, lackierte und schliff. Als die Feiertage vorüber waren, hatte ich mein Werk vollbracht und meine selbstgebaute Garderobe war fertig. Seither zeigt sie mir jeden Tag, dass ich es überlebt habe, dieses Weihnachten. Wir sind so vielem ausgeliefert, wogegen wir machtlos sind. Und wenn es sich vermeiden lässt, möchte ich nicht noch mehr dazukommen lassen.

Wir machen uns jedes Jahr aufs Neue Gedanken, was geht und was nicht. Das dritte Weihnachten ohne unseren Sohn verbrachten wir bei meiner Tochter, die zum ersten Mal in ihrer eigenen Wohnung ein Bäumchen, ein wirklich wunderschönes, aufgestellt hatte. Der Gang zur Kirche überforderte mich, meine Tränen liefen dort die ganze Messe über. Das gemeinsame Abendessen haben wir einigermaßen gemeistert. Den geplanten Spieleabend konnten wir ihr leider kräftemäßig nicht mehr ermöglichen, was uns in unseren Herzen furchtbar weh tat. Zuhause brach dann das Wissen, dass jemand ganz Wichtiges fehlte, aus uns heraus und wir weinten, uns haltend, als Mama und Papa um unser totes Kind. Das letzte Weihnachten war kein Gottesdienst. Aber das gemeinsame Essen und der Spieleabend waren schon machbar, und wir haben es zu dritt ganz gut gemeistert. Die großen Familienbesuche zu den Festtagen möchte ich mir noch nicht zumuten. Wer weiß, vielleicht geht auch das irgendwann einmal wieder.

Meinen eigenen Geburtstag habe ich seither nicht mehr gefeiert. Wir gehen dann zu dritt essen, können dies als annehmbar empfinden. Aber auch hier gilt: Wer weiß, vielleicht geht ja auch mal wieder eine Feier mit der weiteren Familienrunde…

An Kevins Todestag wie auch an seinem Geburtstag nehme ich mir grundsätzlich Urlaub. Als Schutz für mich selbst. Ich möchte dem nicht ausgeliefert sein, stark sein zu müssen. Wenn alles, was ich spüre, das Vermissen meines Kindes und der unsagbare Schmerz ist, die Tränen laufen wollen, dann möchte ich diesen Freiraum haben und mich zurückziehen können. Und nicht mit mir selbst kämpfend auf der Arbeit sein. Diese Tage gibt es auch so schon oft genug. Und wenn es eben so ist, dass ich mich eher nur apathisch fühle, weil schon Tage davor die Tränen flossen, meist in der Nacht, dann kann ich eben apathisch daliegen. Sollte es eines Tages so sein, dass ich schlichtweg eben wandern gehe oder was auch immer, dann ist das ebenso in Ordnung. Aber diesen Freiraum, das zuzulassen, was meine Seele an diesen schweren Tagen braucht, dieses Recht werde ich mir wohl weiterhin nehmen. Auch das bedeutet für mich, auf dem Weg zu sein, die Trauer anzunehmen, mich aber nicht von ihr versklaven zu lassen. Eltern können ihre Trauer nie mehr los werden. Es fehlt ein Teil von einem selbst, nichts wird diesen Teil jemals zurückbringen. Man hat sich auch selbst verloren und es dauert sehr, sehr lange bis man sich findet, wie man dadurch geworden ist, bereit ist, sein nun anderes Selbst kennenzulernen. Die Trauer um sein Kind zwingt einen zu so vielem. Aber sie darf sich wandeln, diese Trauer. Seine eigenen kleinen Schritte erlernen in dieser so anderen Welt, dazu zwingt sie einen. Wenn sie mich trotz allen Wehrens wieder lähmt, dann gebe ich mich ihr erst einmal hin, um dann erschöpft und ermattet etwas für mich zu suchen, wo ich mich selbst und meine Umwelt wieder bewusst wahrnehmen kann. Dies sind meine eigenen Achtsamkeitsübungen. Zurzeit ist es das Fotografieren. Solange es wirkt, werde ich es weiterhin nutzen und ansonsten auf die Suche nach etwas Neuem machen, was dabei helfen könnte.

Für immer anders

Nach über vier Jahren ohne unseren Sohn kann ich manches aus einer anderen Perspektive sehen. Kann differenzieren zwischen dem, wie sich unsere Welt dreht und die der anderen. Ich brauche viel mehr Stille, weil mich der Lärm der Welt und oft auch belangloses Plaudern überfordert. Während der Zeit auf der Arbeit bin ich so gut wie möglich angepasst, aber das raubt mir Kraft und macht müde. In den ersten Jahren nach Kevins Tod liefen oft die Tränen, kaum dass ich nach Arbeitsende im Auto saß. Weil dieser Alltag mir alles abverlangte und diese Tränen wohl ein Ventil waren. Ich habe Schwierigkeiten, mich zu konzentrieren, vergesse vieles von dem, was mein Kopf schnell als Unwichtiges aussortiert. Ich bin dünnhäutiger, verletzlicher, schneller aus dem Konzept zu bringen. Meine sozialen Kontakte im direkten Umfeld sind dadurch zurückgegangen. Zum einen liegt es wohl daran, dass ich selbst oft nicht die Kraft habe, mich bei meinen Freundinnen zu melden und manchmal denke, sie empfinden mich vielleicht als zu schwierig. Zum anderen mag es vielleicht andere daran hindern bei uns vorbeizukommen, weil Kevin und unser „Ihn-vermissen" hier für die anderen noch immer sehr spürbar ist. Unser nun Anderssein wird da wohl sichtbarer für die anderen. Damit kommt vielleicht nicht jeder klar. Und nicht jeder kann verstehen, dass der Tod eines Kindes unwiderruflich vieles verändert, man nie wieder so sein wird wie früher. Das ist, wenn es aus der nahen Familie kommt, verletzend. Mir selbst hat das sehr weh getan, weil ich sah, dass manch einer die Trauer um unser Kind für sich abgeschlossen empfand, aber um das trauerte, was war. Die „guten, alten Zeiten", dem „Früher". Und mir dadurch noch mehr Schuldgefühle auflud, weil ich diesem „Früher" nicht mehr gerecht werden kann, vieles für mich noch nicht geht. Man muss ja selbst erst damit klarkommen, seinen eigenen Weg finden, um mit diesem Schicksal ein einigermaßen erträgliches Leben für sich erarbeiten. Sich immer wieder erklären müssen macht müde, also zieht man sich lieber zurück. Wenn andere uns so akzeptieren könnten wie wir nun geworden sind, ohne es zwingend zu verstehen, das würde vieles für uns erleichtern. Wir mussten uns von so vielem verabschieden. Unserem Kind, das wir aber immer in unseren Herzen tragen werden, unserem Leben wie es vor seinem Tod war, von manchen Menschen, die unser Leben begleiteten. Und von unserem alten Selbst. Wir leiden noch immer unter Verlustängsten. Aber da wir um sie wissen, haben wir uns von Anfang an darum bemüht, sie bei dem jeweils anderen zu dämpfen. In dem man kurz Bescheid gibt, wenn man nach einer längeren Fahrt angekommen ist zum Beispiel. Ganz bekommen wir sie wohl nie mehr weg, aber wir versuchen sie zu minimieren soweit es geht. Mein Engagement bei TREES of MEMORY e. V. hilft mir jedoch dabei, mich manch anderen Ängsten zu stellen. Das Zugehen auf mir fremde Menschen zum Beispiel kann ich dort immer wieder üben, wenn ich Termine wahrnehmen muss. Die Arbeit dort ist für mich eine Herzenssache geworden, wohl von Anfang an. Weil ich dadurch etwas gefunden habe was mir selbst eine Berechtigung und einen Sinn gibt, warum ich jeden Tag auf ein Neues angehe. Nicht nur für mich, sondern auch für alle anderen, die einen geliebten Menschen durch Suizid verloren haben, versuche ich dabei mutig zu sein. Ich wünsche allen Eltern, die um ihr Kind trauern müssen, dass sie irgendwann etwas finden was sie erfüllen kann, sie motivieren kann und ihnen das Gefühl gibt, dieses so andere Leben annehmen zu können. Was auch immer es für einen sein wird: solange es dabei hilft, die oft so schweren Schritte in diesem Leben, ohne dieses geliebte Kind zu gehen, ist es wertvoll. Auf der Suche bleiben und die Augen dafür offen zu halten, ist ganz hilfreich dabei, und oft ist es der Zufall, der einen über das Hilfreiche stolpern lässt.

Hoffnungen

Kevins TREE of MEMORY sein Erinnerungsbaum, wurde am Karsamstag 2019 als Gemeinschaftsbaum für drei junge Menschen aus unseren Gemeinden gepflanzt. Mit den Familien der anderen besteht ein guter und wertvoller Kontakt, denn uns ist es möglich, unsere Gedanken und Gefühle zu äußern ohne Angst zu haben, nicht verstanden zu werden. Zu sehen, wie dieser Baum sich mit der Erde fest verwurzelt, zu sehen wie er wächst und nun beginnt die ersten Blätter und Äste zu bilden, schenkt mir jedes Mal ein Lächeln. Er steht an einem Radweg, für jeden zugänglich. Dieser Walnussbaum ist für mich das Sinnbild für unsere Hoffnung, dass die so wertvollen und guten Erinnerungen an mein Kind eines Tages wieder mehr in unsere Herzen einkehren mögen. Und dass wir lernen können, dieses Leben eines Tages anzunehmen, wie es nun geworden ist. Und ich habe die Hoffnung, dass ich meinen Sohn irgendwann wiedersehen darf, irgendwo, auf der anderen Seite. Bis zu diesem Tag hoffe ich immer, wieder die Motivation zu finden, um weiterzumachen und das Leben immer öfters nicht nur als ein ewiges Aushalten-müssen zu empfinden. Denn wenn ich mit offenen Augen meinen Weg gehe, offenbart mir die Welt immer wieder, meist in Kleinigkeiten, auch das Schöne und lässt mich lächeln. Selbst wenn es noch oft zaghaft ist, denn diese Melancholie der Trauer lässt sich wohl nie ganz abschütteln. Aber immerhin, ein Lächeln ist es.

Iris P.

Lea M.

* 17.5.1989 + 7.9.2007

Lea – Mein Leben „danach"

Am 8. September 2007 ist meine Welt zerbrochen. Auch wenn es vielleicht mit Ansage war, das, was geschah, war das Ende, so dachte ich damals.

Morgens um 7:30 Uhr kam der Anruf aus dem Krankenhaus: Lea, die in der Nacht zuvor nach dem Sprung von der Brücke mit schwersten Verletzungen eingeliefert worden war, würde sterben, sagte die Ärztin. Ich fuhr mit dem Taxi zu ihr. Da lag sie, an Geräte angeschlossen, mit Tampons im Mund, und hat geatmet. Sie lebte! Die Ärzte mussten sich geirrt haben. Alles wird wieder gut. Etwas anderes konnte ich nicht denken. Doch die Wirklichkeit sah anders aus: Man hatte Lea bis zu meinem Eintreffen beatmet, und erst in meiner Gegenwart wurden die Geräte abgeschaltet. Auch, wenn sie da so warm vor mir lag: Sie war tot.

Ich bin nicht zusammengebrochen an ihrem Bett. Ich habe stattdessen auf sie eingeredet, sie solle doch aufwachen, wir hätten noch so viel vor. Ich brauchte sie doch. Ich wollte sie noch kennenlernen. Aber sie hörte nicht, sie war gestorben, um 8:25 Uhr am 8. September 2007. Die medizinischen Details erfuhr ich erst Jahre später. Damals hörte ich nur, was man mir sagte: Mein Kind ist tot. Um mich herum standen Ärzte und Schwestern, aber davon bekam ich nicht viel mit. Ich nahm Leas Hand in meine, sie hatte so kleine Hände. Ihre Hand war noch warm. Die Nägel waren lackiert: unten weiß, oben rot. Ich habe sie aufgedeckt, ihre Beine mit den leichten Stoppeln gestreichelt, ihren Körper. Dann ging ich.

Wenn es stimmt, dass die Seele den Körper erst später verlässt, dann war ich schon nicht mehr da, als Leas Seele ging. Wie in Trance lief ich nach Hause. Ein großes Stück zu Fuß. Unterwegs rief ich so ziemlich alle an, deren Nummern ich in meinem Telefon gespeichert hatte: Lea ist tot.

Nachmittags kam ein Freund, später meine Mutter. Zusammengebrochen war ich immer noch nicht. Und auch meine Mutter nicht, meinetwegen. Wie wir das Wochenende überstanden haben, weiß ich nicht. Ich lag auf dem Sofa, in Leas Jogginghose und einer ihrer Lieblingsjacken. Meine Mutter kümmerte sich um die Beerdigung. Und um Lea, die in der kalten Gerichtsmedizin lag.

Ich ließ mich krankschreiben. Ist Leid eine Krankheit, oder Trauer? An Arbeit war nicht zu denken. So trottete ich meiner Mutter hinterher: Zu Bestattern, über den Friedhof. Was hätte ich bloß ohne sie gemacht?

Wie lebt man weiter, wenn man sein Kind beerdigt hat? Ich: erst einmal wie ferngesteuert einerseits, wie nach einem Leitfaden für Trauernde andererseits. Schon wenige Tage nach Leas Tod hatte ich einen Termin bei einer Trauerbegleiterin. Zwei Wochen später saß ich erstmals in einer Gruppe der „Verwaisten Eltern". Da fing es schon an: Was für ein Todesfall war es, Drogentod oder Selbstmord?

Macht das einen Unterschied? Bei den „Verwaisten Eltern" schon, denn die Gesprächskreise wurden gewissermaßen nach Themen zusammengesetzt:

Eltern von Sternenkindern, Eltern, deren Kinder Suizid begangen haben, deren Kinder an Krebs gestorben sind.

Ich traf also auf Eltern, deren Kinder sich das Leben genommen haben. Und habe da das erste Mal gemerkt, dass das Trauern ewig dauern wird. Eine Mutter erzählte von ihrer Tochter, die sich vor sechs Monaten erhängt hatte, ein anderer junger Mann hatte sich vor zwei Jahren von den Klippen gestürzt. „Vor zwei Jahren" – das erschien mir so unendlich lang.

Nun ist Lea schon über zwölf Jahre nicht mehr bei mir. Nie hätte ich gedacht, solch eine lange Zeit, ohne sie zu überstehen. Anfangs war da immer der Gedanke, selbst sterben zu wollen. Ich hatte mir eine Frist gesetzt – bis zu Leas erstem Todestag. Aber die hätte ich nie einhalten können. Denn da war ja meine Mutter, die binnen zwei Jahren ihren Mann und ihr Enkelkind verloren hat. Noch so einen Verlust könne sie nicht verkraften, hat sie mir kurz nach Leas Tod gesagt. So sind wir praktisch einen Überlebenspakt eingegangen.

So habe ich kurz nach Leas Tod meine Krankschreibung nicht verlängern lassen. Ich dachte, Arbeit würde mir helfen, ins Leben zurückzufinden. Jede Art der Regelmäßigkeit. Am ersten Tag in der Redaktion habe ich alle Kollegen versammelt und das Gleichnis mit dem Elefanten benutzt, der dick und fett im Raum sitzt und alle tun, als sähen sie ihn nicht. Ich wollte nicht, dass Lea dieser Elefant ist und habe drum gebeten, mich anzusprechen, mich zu fragen. Das fanden alle mutig, waren aber sicher in der Folgezeit froh, dass ich so beherrscht war.

Ich habe mich entschieden, fürs Weiterleben.

Dafür habe ich immer mehr versucht, die Anfälle von Trauer zu verdrängen. Mich nicht in den Strudel abwärts ziehen zu lassen. Lange Zeit habe ich den Gedanken, dass Lea tot ist, nicht richtig an mich herankommen lassen, nicht weit vorausgeplant. Tag für Tag. Das Beste aus dem Leben zu machen, darum geht es letztendlich.

Denn auch unendliche Trauer, Leid und Selbstzerfleischung holen Lea nicht zurück.

Vor einigen Jahren habe ich angefangen zu joggen, bin sogar mal Volksläufe mitgelaufen. Yoga und Laufen, jeden Tag Sport: Das war lange Zeit das Gerüst, das mich aufrecht hielt. Krücken, bis ich sie nicht mehr brauchte. Ich laufe immer noch, habe aber inzwischen auch einen kleinen Garten. Auch in der Erde buddeln heilt.

Und doch fehlt Lea, wird sie immer fehlen.

Nach Leas Tod schlugen mir Freunde und Bekannte vor, das, was ihr passiert ist, aufzuschreiben. Keine schlechte Idee, dachte ich, dann schreib' ich mal ein Buch. Tage, Wochen, Monate und Jahre vergingen, und ich brachte keine Zeile zu Papier. Gelesen habe ich viel, von Eltern, denen Ähnliches widerfahren ist, Romane, Blogs, Gedenkseiten. Mit meinen Notizen hätte ich Bände füllen können, aber es wurde eben kein Buch, denn dazu hätte ich mich erinnern müssen und nicht nur den Schmerz aushalten, sondern auch die Schuld. Meine tatsächlichen Fehler eingestehen und eben auch mit dem abstrakten Schuldgefühl umgehen. Nach dem Verlust des Kindes fühlt man sich schon einfach deshalb schuldig, weil man den Tod nicht verhindern konnte.

Dann, nach fast zehn Jahren ohne Lea, erzählte ich jemandem, der uns nicht kannte, ihre Geschichte. Und plötzlich konnte ich Türen, die ich zuvor verschlossen hielt, wieder öffnen. Nicht nur einen Spalt, nein, ich konnte ertragen, was ich sah. Natürlich habe ich immer, jeden Tag, immer wieder, an Lea gedacht, von ihr erzählt; die Wohnung ist voller Bilder, aber ich habe alles, was zu sehr weh tat, einfach wieder weggeschoben. Hinter die Tür.

Ich habe mich an den Verlust geklammert, wollte mein altes Leben zurückhaben, wollte Lea zurückhaben, egal wie: Versehrt, abhängig – Hauptsache, mit ihr weiterleben. Sinnbildlich gesprochen: Ich habe immer auf die Tür gestarrt, die für immer verschlossen bleiben wird.

Erst viele Jahre nach Leas Tod hatte ich wieder ein „Es-geht-mir-gut-Gefühl". Mehr noch – ich stand in meinem Garten und sagte zu einem Freund: „Eigentlich geht es mir jetzt viel besser als in den letzten Jahren mit Lea." Ich habe mich damals sehr geschämt für diesen Satz. Dabei ist er in Ordnung, das wird jeder wissen, der in einer ähnlichen Situation ist: Ich musste mir keine Sorgen mehr machen, nicht mehr permanent in Angst leben. Ich war erlöst, und Lea auch. Das stand ja auch auf den Briefen, die ihre Freundinnen ihr mit ins Grab gaben: „Wir hoffen, dass es dir jetzt besser geht." Man kann unglaublich traurig sein und gleichzeitig auch erleichtert.

Das Buch („Tagebuch einer Sehnsucht: Wie ich meine Tochter an die Drogen verlor; Verlag hansanord)) habe ich schließlich doch geschrieben. Danach wurde ich immer wieder gefragt, ob es mir geholfen hätte, Leas Tod zu verarbeiten. Nein. Man kann den Tod seines Kindes nicht verarbeiten. Lea wird immer fehlen, Lea ist immer da. Doch die Trauer hat sich verändert. Aber auch sie ist immer da – mal mehr, mal weniger spürbar.

Ina M.

Lena St.

*23.01.1997 +13.01.2013

Lena wäre heute 22 Jahre alt – Wir befinden uns im siebten Jahr, an dem sie uns so unendlich fehlt, eine Zeit, die so vieles verändert hat in unserem Leben. Es ist nicht leichter, aber „anders" geworden.

Ich lebe seit 2002 vom Vater der Kinder getrennt und wir wurden 2005 geschieden, zum Zeitpunkt der Trennung waren die Kinder fünf und drei Jahre alt. Trotz anfänglicher Schwierigkeiten verstehen mein Ex-Mann und ich uns bis heute gut und haben uns immer unterstützt. Seit 2009 lebe ich in einer neuen Beziehung und wir haben Ende 2012 geheiratet. Anfang 2012 beschloss Lena zu ihrem Papa zu ziehen, da wir beide in der pubertären Phase etwas mehr Abstand voneinander brauchten, was uns beiden auch echt gutgetan hat. Ihr Bruder Tom, zu dem Zeitpunkt 13 Jahre alt, blieb bei mir und meinem jetzigen Mann.
Lena lernte Mitte August 2012 ihre erste große Liebe kennen, daraufhin rückte das Thema Verhütung ziemlich schnell in den Vordergrund. Wie das dann so ist, habe ich Lena zum ersten Termin bei der Frauenärztin begleitet,

da sie doch recht ängstlich vor diesem war. Es fand keine Untersuchung statt, sondern nur ein „Gespräch" indem mehr auf die guten Eigenschaften der Antibaby-Pille, jedoch weniger bis gar nicht auf die Risiken hingewiesen wurde. Ich war etwas irritiert und sagte auch, dass es zu meiner Zeit üblich war, erst untersucht zu werden. Daraufhin erklärte man uns, dass es heute etwas sensibler angegangen wird und man nicht unbedingt beim ersten Termin untersucht und die Mädels verschreckt. Lena bekam an diesem ersten Termin im Oktober 2012 die Pille verschrieben und begann mit der Einnahme im November 2012.

Meine Tochter Lena verstarb am 13. Januar 2013 im Alter von fünfzehn Jahren – zehn Tage vor Ihrem 16. Geburtstag. Sie erlitt eine beidseitige fulminante Lungenembolie, vermutlich durch die Einnahme der Antibaby-Pille der neuen Generation, die sie seit zwei Monaten nahm. Wir können nur vermuten, weil die Ermittlungen nach einem Jahr durch die Staatsanwaltschaft eingestellt wurden. Begründet wurde dies, dass kein eindeutiger Zusammenhang festgestellt werden konnte. Es wurde gegen zwei Ärzte ermittelt – die Frauenärztin, die die Pille verschrieben hat und den Hausarzt, der die Symptome der Lungenembolie nicht erkannt und Lena vermeintlich mit Schmerzmitteln und dem Verdacht auf Rückenbeschwerden nach Hause geschickt hat. Vom ersten Anzeichen bis zum Tod verging eine Woche, Lena war in der Zeit zweimal beim Arzt. Sie kollabierte im Beisein ihres Papas und ihres zu dem Zeitpunkt dreizehnjährigen Bruders Tom. Ich und mein Mann kamen dazu, als Lena von den Notärzten bereits reanimiert wurde. Da dachte man noch, alles wird gut … Die ganze Fahrt ins Krankenhaus wurde Lena reanimiert. Den Blick der Notärztin konnte ich damals noch nicht deuten, heute weiß ich, er sprach tausend Bände. Der Kampf dauerte mehrere Stunden – sie hat ihn im Krankenhaus verloren. Ab da begann Tag X und die absolute Schockstarre.

Das erste Jahr

Noch vor Lenas Beerdigung stand ihr Geburtstag an, sie wäre 16 Jahre alt geworden. Lena war der absolute Justin Bieber Fan – ein Belieber! Für das anstehende Konzert im Sommer haben wir ihr eine Eintrittskarte im Golden Circle der Köln Arena als Geschenk besorgt. Sie wusste schon ein paar Wochen im Voraus davon und ist regelrecht ausgeflippt vor Freude. Sie konnte ihren Geburtstag kaum abwarten. Binnen Sekunden änderte sich alles und nichts ist mehr so, wie es mal war. Anstatt ihre Geburtstagsfeier zu planen, mussten wir eine Beerdigung organisieren. Um Lenas Urne befand sich ein Schmuckring aus Plexiglas, hier waren Bilder von uns hinterlegt und was ganz wichtig war – ihre Eintrittskarte für das Konzert! Unmittelbar vor ihrem Geburtstag habe ich von ihr geträumt, sie lag im Krankenbett und ich war so erleichtert, dass sie lebt. Ich habe ihr gesagt: „Dann kann ich Dir ja doch zum Geburtstag gratulieren!", ich habe sie ganz fest umarmt. Der Traum war so realistisch. Ich wollte danach nur noch schlafen, leider tauchte Lena in meinen Träumen nicht mehr auf. Der Verstand sucht ständig das Kind, weil man es einfach nicht begreift. Der erste Geburtstag ohne sie – unbegreiflich, der Verstand dreht völlig durch.

Ich habe die Zeit ganz bewusst und ohne Einnahme von Medikamenten / Beruhigungsmitteln erlebt, ich wollte nichts unterdrücken, sondern den Schmerz leben und ertragen. Aus heutiger Sicht war es eine hilfreiche Entscheidung, die ich getroffen habe. Das erste Jahr befand ich mich in dieser Schockstarre, man macht Dinge, die man sich hinterher nicht erklären kann, warum man so gehandelt hat. Vielleicht um für andere „normal" zu funktionieren.

Nach dem Tod von Lena war ich erstmal drei Wochen krankgeschrieben, ich wollte recht schnell zurück in den Alltag und bin danach auch wieder ins Büro gefahren. Ich glaube knapp eine Woche habe ich das durchgehalten, dann ging nix mehr. In meinem Team bin ich gut aufgefangen worden, aber manch anderer Kollege ist regelrecht vor mir geflüchtet. Ich war auf dem Weg Richtung Küche und der Flur dahin ist recht lang – heißt, dass man sich schon recht früh aus einer gewissen Entfernung sieht. Ein Kollege kam mir im Flur entgegen, sah mich und suchte panikartig ein anderes Büro auf, um mir ja nicht entgegenzutreten. Sowas passierte nicht nur einmal, das ganze Verhalten mir gegenüber bereitete mir unheimliche Schwierigkeiten, dass ich erstmal drei weitere Wochen ausfiel. Ich kam mir vor wie eine Aussätzige, ich traute mich kaum mehr vor die Tür ins Dorf zum Einkaufen oder andere Dinge erledigen, ständig fühlte ich mich beobachtet. Ich hatte das Gefühl, jeder wusste, was passiert ist. Ich hatte und habe bis heute mit Schuldgefühlen zu kämpfen, dieses ewige „hätte, wäre, Wenn und Aber", macht einen fast verrückt und die Gewissheit, dass es nicht zu ändern ist. Was sich in meinen Gedanken festgebrannt hat: Ich konnte mein Kind nicht beschützen!

Recht früh habe ich mich einer Trauergruppe für verwaiste Eltern angeschlossen. Das erwies sich als absolute Berg- und Talfahrt. So viele verschiedene Schicksalsschläge, die die Eltern erleben mussten, mit jedem habe ich mitgelitten und konnte nicht begreifen, warum das alles passiert. Wir trafen uns alle vier Wochen, in der Zeit dazwischen versuchte ich mich irgendwie wiederaufzubauen. Die meisten haben ähnliche Erfahrungen mit dem Umgang bzw. Verhalten anderer Leute gemacht. Ich war nach diesen Treffen immer fix und alle. Es hat unheimlich viel Kraft gekostet, aus diesem Loch hochzukommen. Ich hatte das Gefühl, dass das Loch jedes Mal tiefer wurde, aus dem man sich rausschaufeln musste. Ich traf für mich die Entscheidung, die Trauergruppe zu verlassen, da es mir persönlich nicht gut dabei ging.

Ich stürzte mich in die Arbeit und versuchte somit, das ganze Elend in meinem Kopf auszublenden. Das funktionierte auch ganz gut, weil sich ein neuer Arbeitsbereich für mich eröffnete und ganz neue Aufgaben warteten. Eigentlich unterdrückte man alles, was mit dem Tod des Kindes zu tun hatte – rein äußerlich war man für viele schon fast wieder ganz die „Alte". Ich habe schnell gemerkt, dass es ruhig um mich herum wurde, sobald ich angefangen habe von Lena zu erzählen. Es gibt nur wenige, mit denen ich ganz offen und „normal" über meine Tochter Lena reden konnte und heute noch kann. Viele haben Lena für mich ein zweites Mal sterben lassen, indem man nicht mehr über sie spricht. Jeder wollte irgendwie Normalität in den Alltag bringen und jeder machte es mit sich aus. Mein Sohn Tom wollte mich nicht belasten, indem er vor mir traurig war und umgekehrt auch. Mein Mann war und ist immer der Fels in der Brandung und hat viel aufgefangen, was hinten herabgefallen ist.

Ich kann mich entsinnen, als ich das erste Mal über irgendetwas lachen musste – mein Gott, ich habe mich so geschämt und schäbig gefühlt – wie kann ich nur lachen?! Man kann kaum in Worte fassen, wie sich das anfühlt. Ich kam mir vor, als hätte ich mein Kind verraten. Heute weiß ich, dass Lena sich genau darüber riesig gefreut hätte, über dieses erste Lachen.

Lena fehlt an allen Ecken und Enden – die Stille, kein Lachen hallte mehr durchs Haus, wenn die Kinder albern waren. Gedanken, die tief schwarz waren, ein Albtraum, aus dem man nicht mehr aufwacht. Alles durchlebt man in dem ersten Jahr, Geburtstage, die man nicht feiert, sondern betrauert, weil sie fehlt. Weihnachtszeit, Urlaube etc. Doch ganz schlimm ist die Zeit, die sich jährt, als Lenas letzten Wochen begannen. Oktober – Januar lief für mich wie ein Film ab und ist auch heute noch eine Zeit, auf die ich mich immer besonders vorbereite.

- Der erste Termin beim Frauenarzt, als das Schicksal seinen Lauf nahm.
- Unsere Hochzeit, wo alles so fröhlich war und niemand ahnte, was uns allen bevorsteht.
- Der 70. Geburtstag meines Vaters, wo die Kids so viele schöne Fotos geschossen haben.
- Das letzte Weihnachten …

Das Neue Jahr fängt im wahrsten Sinne des Wortes immer „bes*******" für uns an.

Nun drehte sich alles nur noch um den Jahrestag – immer die neue Frage: Wie werden wir ihn überstehen? Meinem Ex-Mann war es wichtig, dass sie eine Anzeige in der Zeitung bekommt. Also übernahm ich die Gestaltung und Umsetzung dafür, ich wollte mich unbedingt damit auseinandersetzen. Ein Bild für die Anzeige aussuchen – was einem nochmal bewusstmacht, dass nie wieder neue Bilder dazu kommen werden. Ich hatte den Entwurf gefertigt und diesen an die lokale Zeitung gesendet – hier hat sich eine sehr nette Mitarbeiterin um uns gekümmert und per Mail alles so umgesetzt, wie wir es uns gewünscht hatten. Auch für die Mitarbeiterin war diese Anzeige nicht alltäglich und war berührt und uns gegenüber sehr emphatisch. Pünktlich zum Jahrestag und Geburtstag wurde auch das Urnengrab fertiggestellt. Lena mochte die Farbe Lila – zur Beerdigung haben alle bunte Ballons in den Himmel steigen lassen und am Grab haben wir zwei große, lila Sternenballons befestigt. Zum Jahrestag war die Anzeige in der Zeitung, ich ging ganz früh zum Grab, um ja niemandem zu begegnen. Von uns bekam sie ein besonders schönes Blumengesteck, ich zündete eine Kerze an und verkroch mich schnell nach Hause. Sobald man auf die Uhr schaute, war der Tag wieder voll präsent – man erinnert sich an jede einzelne Minute. Man hofft, der Tag geht schnell zu Ende, aber – wenn wir ehrlich sind – ist uns klar, dass dieser Tag nie zu Ende gehen wird.

Die Zeit des Schmetterlings

Unmittelbar nach dem Jahresgedächtnis stand auch schon der zweite Geburtstag ohne sie vor der Tür. Ich wollte was ganz Besonderes machen, brauchte was für meine Seele. Lenas Tod verbinde ich immer mit einem Schmetterling, die Vorstellung, dass diese Phase des Lebens einfach eine weitere Metamorphose ist, ist für mich ein schöner Gedanke. Somit beschloss ich für sie einen besonderen Kuchen zu backen, der auf jeden Fall den Bezug zum Schmetterling hat. Ich habe diese Zeit der Vorbereitung sehr bewusst und intensiv gelebt, in Gedanken sehr viel mit Lena gesprochen. Ich empfand alles als ungerecht und unfair, man wollte einfach nicht verstehen, dass es jetzt immer so sein soll. Ich war so wütend.

An Lenas Geburtstag brachte ich ein Blumengesteck und einen großen, lila Sternenluftballon zum Grab. Es fällt mir immer schwerer, an ihr Grab zu gehen, da ich Lena da einfach nicht sehe und ich keinen Bezug dazu bekomme. Sie gehört für mich nicht dahin. Ich kann mich nicht öffnen und meinen Gefühlen freien Lauf lassen. Begegnet man anderen auf dem Friedhof, erntet man mitleidige Blicke – dies kann ich am allerwenigsten gebrauchen.

Am Nachmittag kam die Familie zum Kaffeetrinken, sie waren alle begeistert von Lenas Kuchen. Wir alle haben Lena gefeiert, auch wenn sie körperlich nicht bei uns war, war sie an diesem Tag besonders nah bei uns.

Eigentlich sollte nach diesen Tagen eine große Last abfallen, dass man die schlimmen Tage überstanden hat. Dem ist aber nicht so, ich fiel nun wieder in ein ganz tiefes Loch. Es war immer noch Winter, kaum Tageslicht geschweige Sonne am Start. Dieses grau in grau und die Kälte machten mich depressiv. Man hofft, auf die schönen Tage im Jahr, dass es einem dann besser geht. Und dann sind sie da, die ersten Frühlingstage – Sonne, Vogelgezwitscher, Wärme und die ersten Schmetterlinge … – und dann ist sie wieder da, die unendliche Traurigkeit, dass sie diesen Frühling nicht erleben darf. Ich musste feststellen, die Trauer ist wetterunabhängig.

Man kämpfte sich so durch die Zeit – ich stürzte mich in die Arbeit, die mich ganz gut ablenkte. Der Sommer ging vorüber, die Tage wurden wieder kürzer und mir graute es vor den dunklen Tagen und der Oktober rückte wieder näher. Ich dachte eigentlich, dass ich alles ganz gut hinbekomme und wieder den Alltag meistere. Bis der Tag kam im November, als ich mich körperlich nicht gut fühlte. Ich war im Büro und mir war total komisch – an dem Tag war bei uns in der Firma zufällig auch noch der Gesundheitstag und der Betriebsarzt vor Ort. Hier werden ein Sehtest und Blutdruckmessung angeboten und dementsprechende Beratung. Eine Kollegin sagte, ich soll mal den Blutdruck messen lassen. Dies tat ich dann auch – 190/120 mmHG, die Betriebsärztin hat mich sofort aus dem Verkehr gezogen und mich zu meiner Hausärztin geschickt. Diese wiederum hat mich dann am selben Tag noch ins Krankenhaus überwiesen. Fünf Tage haben die mich dort auf den Kopf gestellt und nichts gefunden. Ich wurde nach Hause entlassen und hatte noch eine Woche Erholung daheim. Ich fühlte mich allein zu Hause überhaupt nicht wohl, ich wusste nichts mit mir anzufangen – ich versuchte, mich so gut es ging abzulenken. Es war Freitag und das Wochenende stand vor der Tür – ich stand morgens im Bad und machte mich gerade fertig. Ich dachte an total banale Dinge, wie ich z. B. am besten den Abfluss freibekomme, als ich von jetzt auf gleich totales Herzrasen bekam. Ich habe versucht mich zu beruhigen, es funktionierte nicht – es hörte nicht auf, ich dachte mein Herz explodiert gleich und ich falle tot um. Ich wusste nicht, was ich machen sollte und rief meine Schwester an, die dann mit ihrem Mann vorbeikam. Sie riefen einen Krankenwagen. Ich hatte Angst – ich wusste einfach nicht, was mit mir los war. Da war ich wieder, im selben Krankenhaus in der Notaufnahme – diesmal hatte ich einen Blutdruck von 210/160 mmHG. Ich kam auf dieselbe Station, wo ich vorher schon war. Ich hatte einen Abend danach im Krankenzimmer nochmal eine Entgleisung und hier wurde dann direkt ein EKG angeschlossen, sowie Blut abgenommen, um einen Herzinfarkt auszuschließen. Ich konnte mir das alles nicht erklären – ich war wieder fünf Tage im Krankenhaus. Körperlich war alles ok – bei der Visite fragte mich der Arzt dann, ob ich Stress hätte. Ich erklärte ihm, dass ich z. Zt. viel arbeite und ich mein Kind vor eineinhalb Jahren verloren hätte, ich das aber ganz gut im Griff habe. Tja … und dann wurde ich erst mal aufgeklärt.

Diese Entgleisungen sind psychosomatisch und waren sowas wie Panikattacken, die aus dem Nichts kommen. Seelische Belastungen, die körperliche Beschwerden hervorrufen – man sagte mir auch, dies sei wie eine verspätete Rechnung. Ich hatte vorher überhaupt keine Ahnung von sowas und es war für mich auch völlig unverständlich, dass die Psyche zu sowas fähig ist. Man riet mir dringend psychologische Hilfe in Anspruch zu nehmen, was ich dann auch tat. Um es kurz zu fassen – ich war ca. ein ¾ Jahr in psychologischer Behandlung, was mir persönlich aber nicht weitergeholfen hat und nicht ganz glücklich verlief. Ich entschied mich, eine Reha zu beantragen und diese wurde nach Begutachtung durch den Leistungsträger auch bewilligt. Ich bin im Jahr 2016 für fünf Wochen in Reha gegangen – das tat mir ganz gut, zumindest fing ich an wieder nach vorne zu schauen. Ich wollte bewusst was ändern an meiner Situation, weil es so nicht weitergehen konnte. Ich wollte nicht von Angstzuständen den Rest meines Lebens geplagt werden und ständig Angst vor dem Tod haben – Lena hätte dafür auch keinerlei Verständnis gehabt.

Zusammengefasst kann ich nur sagen, ich habe den Kampf aufgenommen. Man muss es natürlich auch wollen und sich darauf einlassen. Es wird immer schwer bleiben, gar keine Frage.

Alles in allem hat es sich so entwickelt, dass die Dinge aus dem ersten Jahr zu einem jährlichen Ritual geworden sind. Zum Jahresanfang plane ich die Zeitungsanzeige – woraus sich aus den jährlichen Anzeigen ein echt netter Kontakt zur Mitarbeiterin entwickelt hat. Die Blumengestecke zum Jahrestag und Geburtstag werden bestellt – auch hier wissen sie alle schon, was ansteht und haben Lena nicht vergessen. Der Ballon zum Jahrestag wird bestellt und ihr Schmetterlingskuchen zum Geburtstag wird von mir geplant und gebacken.

Im Herbst 2014 habe ich mir mein selbstentworfenes Tattoo auf den Unterarm tätowieren lassen – ein Auge von Lena und wegfliegende Schmetterlinge – für mich gelten die Augen als Tor zur Seele und als

Verbindung zu Lena. Das war für mich auch nochmal ein kleiner Befreiungsschlag, weil man nicht so einfach darüber hinwegsehen kann und ich es denjenigen, die Lena bewusst verleugnen, unter die Nase reibe – obwohl, das kommt nicht mehr oft vor, da ich die Menschen aus meinem Leben aussortiert habe. Ich muss sagen, es lebt sich gut damit – ich habe mal gelesen, dass man alles Toxische in seinem Umfeld vermeiden sollte und dazu zählen auch Menschen, die einen vergiften.

Ich versuche, meine Gedanken in Verbindung mit Lena, auf alles Schöne zu lenken. Der Gedanke, dass Lena noch so viele Wünsche gehabt hat und keine Chance hatte diese zu verwirklichen, hat mich immer besonders traurig gemacht. Mein Mann und ich haben den Fokus auf die wichtigen Dinge im Leben verlagert – wir regen uns nicht mehr über Kleinigkeiten auf, versuchen unsere Wünsche zu erfüllen und das Leben anders anzugehen, weil wir wissen, dass es endlich ist. 2017 haben wir uns einen lang gehegten Traum erfüllt und unsere Hochzeitsreise nachgeholt, da Lena unmittelbar nach unserer Hochzeit verstarb und an sowas damals gar nicht zu denken war. Wir sind zwei Wochen auf Kreuzfahrt gegangen – von New York bis in die Dominikanische Republik. Auf dieser Route sollten wir unter anderem auch die karibische Insel St. Maarten anlaufen – doch kurz vor unserer Reise wütete der Wirbelsturm Irma über den karibischen Inseln und zerstörte St. Maarten immens. Wir waren ganz traurig, weil wir uns gerade auf diese Insel besonders gefreut hatten. Unser Reisebüro informierte uns, dass wir umgeroutet werden – drei neue Ziele in der Karibik wurden uns genannt, unter anderem sollte es nun nach Guadeloupe gehen. Da ich mich im Vorfeld immer gerne über Land, Leute und Kultur informiere, habe ich erst mal gelesen, was diese Insel besonders macht – was soll ich sagen, wer sich die Karibikinsel Guadeloupe auf der Weltkarte anschaut, wird feststellen, dass die Insel die Form eines Schmetterlings hat und auch von den Einheimischen Schmetterlingsinsel genannt wird. Nicht nur die Form macht sie besonders, unzählige Schmetterlingsarten sind auf dieser Insel beheimatet.

Wenn das mal nicht das OK von Lena war. Wir haben Lena auf dieser Reise im Herzen mitgenommen und mit ihr zusammen diese großartigen Erlebnisse erfahren. Rückblickend haben wir ganz viele Zeichen von ihr erhalten und erhalten sie immer noch.

Ich lebe meine Trauer nach wie vor bewusst aus, wenn mir danach ist. Ich rede weiterhin von Lena, auch wenn manche es nicht aushalten können. Es war ein langer Weg bis hierhin und der Weg geht weiter, aber ich werde von Jahr zu Jahr wieder stärker. Wir genießen das Leben und machen es uns so schön wie möglich immer mit Lena in unseren Herzen. Ich bin unendlich dankbar für die Zeit, die ich mit ihr verbringen durfte. Ich weiß, wir sehen uns wieder – wahrscheinlich auf einer schönen Schmetterlingsinsel.

Es ist nicht leichter, aber „anders" geworden.

Sonja Z.

Lennard J.

*06.06.2012 +14.08.2015

Lennard kam damals ungeplant in unser Leben, aber er war die beste Veränderung, die uns hätte treffen können. Zumindest kann ich das von meinem Standpunkt als Mama sagen. Ein Kind verändert seine Eltern enorm und mir wurde durch Lennard bewusst, was mir im Leben wichtig ist – bis zu seiner Diagnose mit rund anderthalb Jahren – ab dann veränderte sich alles nochmal ein ganzes Stück. Seine Krebsdiagnose - Neuroblastom Stadium IV - warf alle Pläne und Vorstellungen, die wir für unsere kleine Familie hatten, gänzlich über den Haufen. Ich war rund um die Uhr für ihn da – viele lange Tage in Kliniken, die ein zweites Zuhause wurden. Und mittendrin dieser bewundernswerte, kleine, starke Junge, der allen zeigte, wie viel Leben in so einer schweren Erkrankung stecken kann.

Der mit zwei Jahren die Namen von Baufahrzeugen beherrschte; der richtig auflebte, wenn er Shaun das Schaf in Endlosschleife und Elvis bis zum Abwinken schauen durfte. So hat er seinen bleibenden Eindruck hinterlassen – bei allen, die ihn kennenlernen duften. Ein so feinfühliges Kind, ganz sensibel und vorsichtig – aber dennoch so mutig und stark gegen diesen schweren Gegner. Nach über einem Jahr intensivster Therapie und einem guten Verlauf, kam der Tumor pünktlich zu seinem dritten Geburtstag wieder. Gewaltig und nicht mehr aufzuhalten. Sieben Wochen durften wir noch bis zu seinem Tod mit ihm verbringen, daheim in unserer Höhle, die wir für schöne Aktivitäten mal verließen. Er starb schmerzfrei und selig in meinen Armen. Ich durfte Lennard das Leben schenken. Nein … mein Sohn schenkte mir Leben.

Anfänglich spürte ich, wie unsagbar traurig und einsam ich mich fühlte. Von einem Tag auf den anderen war ich praktisch „arbeitslos". Lennard war mein Lebensinhalt, rund um die Uhr. Deswegen bestand ich auch darauf, als er eingeschlafen war, ihn noch einmal zu waschen und so anzuziehen, wie ich es immer tat. Intuitiv habe ich dabei für meine Trauerarbeit richtig gehandelt. Die Vorbereitungen für die Beerdigung hielten mich noch über Wasser, das „Funktionieren" hielt meine Trauer noch in Schach. Selbst auf seiner Beerdigung konnte ich meine Fassung behalten – vermutlich auch, weil wir seine Trauerfeier und Beisetzung so gestalten konnten, wie wir es für ihn am schönsten empfanden. Während unserer Trauerrede spürte ich auch sehr viel Stolz. Stolz über diesen wundervollen, starken Jungen, den wir drei Jahre begleiten durften. Mir war vor allem wichtig, deutlich zu machen, dass da ganz viel Leben war, auch wenn es nur kurz dauerte.

Nach dem „Funktionieren" kam die Trauer dann in all ihren Facetten zum Vorschein. Lennards Vater und ich schätzten uns glücklich, die Psychologin der Kinderonkologie für Gespräche aufsuchen zu dürfen. Zu Beginn ging ich allein zu ihr und redete mir in rund drei Stunden alles von der Seele. Schön war hierbei, dass sie uns bereits während der Therapiezeit kennengelernt hatte und bei aller Professionalität eine sehr angenehme persönliche Ebene im Gespräch entstand. Nach anfänglichen Zweifeln kam später Lennards Vater auch mit zu den Gesprächen und konnte sich dort mehr öffnen, als er es vor mir tat. Ich habe schon während Lennards Therapie offen über alles gesprochen, unserem Umfeld viel erklärt, um diese Ausnahmesituation verständlich zu machen. Damit die Berührungsängste mit dem Thema „Krebs bei Kindern" besänftigt werden konnten. Auch mit seinem Tod bin ich recht offen umgegangen. Denn ich dachte mir: Wenn ich nicht darüber spreche, wird es keiner für mich tun. Niemand wollte unnötig Tränen auslösen. Vielen war es unangenehm, darüber zu sprechen oder Fragen zu stellen. Klar, der Tod wurde ja meistens tabuisiert. Man kennt ihn, hat schon mal davon gehört – aber darüber sprechen mag niemand so gern. Und so „tastete" ich mein Gegenüber immer ab, versuchte zu spüren, wie viel ich erzählen konnte. Eigentlich kurios und in so einer akuten und schwierigen Situation auch enorm kräftezehrend. Später habe ich herausgefunden, warum ich das immer tat (und noch tue) ...

Im ersten Trauerjahr ließ ich mich durch meine sehr verständnisvolle Hausärztin krankschreiben, um vor jeglichen Instanzen Ruhe zu haben. Ich brauchte den Raum und wollte mich voll auf die Trauerarbeit konzentrieren. Denn mir war bewusst: Wenn ich es aufschiebe und mich nur davon ablenke, wird es mich irgendwann wieder einholen, unverhofft und mit voller Wucht. Ich habe in dieser Zeit immer in mich hineingespürt, jeden Tag neu bewertet. Tage, an denen ich nicht aufstehen wollte, weil ich keinen Sinn darin sah. Tage, an denen ich kaum essen und trinken wollte. Tage, an denen ich in meinem Leben keinen Sinn mehr sah. Das Haus zu verlassen war furchtbar. Andere Familien zu sehen, bewegte mich enorm. Freunde mit Kindern wollte ich nicht zurückweisen – es tat mir sogar gut, mich mit ihnen zu umgeben – mal mehr, mal weniger. Letztlich habe ich viele Verabredungen auch kurzfristig abgesagt, da ich oft doch keine Kraft dazu hatte. Es war so eine verletzliche Phase im ersten Jahr – alles bewegte mich. Allein schon Werbung: „Was wäre Weihnachten ohne Kinder?".

Jeder „Zufall" fiel mir auf – die Sonnenstrahlen, die hervorkamen, sobald ich weinte. Die Elvis-Lieder, die zufällig im Radio liefen, wenn ich meine Mutter besuchte. Mein Mann gab mir das Gefühl, ich sei daneben oder ich suche nur danach – er habe solche Zufälle nicht erlebt. Ich hatte Verständnis für ihn und seine Art der Trauer. Leider hatte ich andersherum nicht das Gefühl. Mir verschafften die Zeichen hingegen Linderung – so empfand ich, dass Lennard noch irgendwie da ist.

Um die sehr „dunklen" Tage zu überstehen, verschrieb mir meine Hausärztin Lichttherapie. Zwei Mal in der Woche durfte ich für 30 Minuten Licht tanken. Es tat mir gut, denn so hatte ich auch einen Grund, die Wohnung zu verlassen. Irgendwann, nach rund vier Monaten in meiner Trauerhöhle, spürte ich einen Impuls, etwas tun zu müssen. Körperlich war ich durch das viele Liegen von Rücken- und Kopfschmerzen geplagt. Ich meldete mich beim Krafttraining an und spürte schnell, wie die Endorphine sprudelten und mir ein positives Körpergefühl und Frische im Kopf bereiteten. Das habe ich rückblickend nicht bereut!

In diesem Zeitraum ging ich auch der Empfehlung meiner Hausärztin nach, eine Trauerhilfe in Anspruch zu nehmen. Diese liebe Frau wurde über ein Jahr zu meiner Begleiterin und hat mir sehr viel gegeben – vor allem wertvolle Tipps und immer wieder Mut, all die Emotionen und Gedanken zuzulassen und anzunehmen, wie sie kommen. Beispielsweise riet sie mir, Tagebuch zu schreiben, um den vielen Gedanken Ausdruck zu verleihen.

Rund drei Jahre später habe ich dies in meinem Blog weitergeführt. Durch sie habe ich gelernt, dass Trauer Leistungssport ist, Schwerstarbeit. Der Kopf und auch der Körper laufen den ganzen Tag auf Hochtouren, von außen nicht sichtbar. Deswegen war ich so enorm erschöpft, obwohl ich das Gefühl hatte, nicht viel zu schaffen.

Ein Kind zu verlieren – man sagt, da stirbt auch die Zukunft. So fühlte es sich für mich in meiner Ehe auch immer mehr an. Wir versuchten, den Weg gemeinsam zu gehen, sprachen über ein weiteres Kind, Umzug in eine andere Stadt. Doch ich hatte das Gefühl, die Trauer hat uns voneinander entfernt. Ich spürte, dass ich wegmusste. Lennards Vater hat mich zunehmend unschön getriggert. Ohne ihn ging es mir recht gut. War er in meiner Nähe, spürte ich die Schwere und ich hatte sofort die Bilder vor Augen, wie Lennard in meinen Armen starb. Es war furchtbar und tat mir so leid – weil ich nichts dagegen tun konnte, so sehr ich wollte. Letztlich habe ich ihn, knapp ein Jahr nach Lennards Tod und mit einigen Wochen Bedenkzeit, verlassen. Es war kein leichter Schritt und die Vernunft sagte mir immer wieder, dass es eine so hochemotionale Situation ist und ich das nicht so schnell entscheiden sollte. Aber rückblickend war es für mich, meine Trauer und auch mein Glück, das Beste, was ich tun konnte. Ich konnte durchatmen und schöpfte neue Energie. Ich konnte meine Trauer so ausleben, wie ich sie für richtig hielt, ohne mich rechtfertigen zu müssen oder das Gefühl zu bekommen, es sei nicht richtig. Lennards ersten Geburtstag nach seinem Tod verbrachten wir noch zusammen. Es war erdrückend. Mein Mann konnte kaum sprechen, ich hatte das Bedürfnis zu sprechen. Aber ich nahm mich zurück, um ihn nicht zu sehr zu belasten.

Wir besuchten Lennard, aßen seine Lieblingsspeisen, hörten Elvis, schauten Shaun das Schaf. Und schwiegen.

Lennards ersten Todestag habe ich dann schon allein verbracht. Und ich konnte mein kleines Ritual unbefangen ausleben. Es tat so gut, auch wenn es schwer war... denn den Todestag wollte ich nicht „feiern". Aber dennoch half es, mir selbst noch einmal zu zeigen, wie viel Leben da war. Und mit diesem Ritual fühlte sich Lennard näher für mich an.

Kurz darauf begann ich eine neue Arbeitsstelle an einem anderen Wohnort. Das tat gut. Ich ging offen mit Lennards Tod um, bereits in der Bewerbung und dem Vorstellungsgespräch. Wie soll man es auch sonst machen? Elternzeit genommen, aber Kind nicht im Lebenslauf erwähnen? Es war schwierig. Ich konnte ihn nicht verschweigen und wollte es auch nicht. Mein Arbeitgeber und mein Team konnten dadurch recht normal mit mir umgehen. Sie wussten, dass ich auch schwere Tage haben werde und im schlimmsten Fall auch nochmal in ein tiefes Loch fallen könnte. So war es dann auch. Nach einem halben Jahr überrollte mich erneut die Trauer. Vier Wochen war ich krankgeschrieben. Es ging nichts. Von heute auf morgen. Ich musste es so annehmen, so schwer es mir fiel – ich fühlte mich dennoch meiner Arbeitsstelle gegenüber furchtbar. Da ich bereits vor diesem Einbruch entschloss, noch einmal eine intensive Psychotherapie zur Trauerbewältigung zu beginnen, hatte ich auch professionelle Unterstützung. Meine damalige Therapeutin hat mich so liebevoll begleitet und mir wieder suggeriert, dass alles so normal ist und ich einen guten Weg mit meiner Trauer gehe.

Die größte Stütze hatte ich dann aber rund anderthalb Jahre nach Lennards Tod an meiner Seite: mein Freund, jetzt Ehemann. Ich hatte das große Glück, ohne zu suchen, diesen wunderbaren Mann kennenzulernen: Mein Seelenverwandter. Ich schätze ja, es war kein Zufall – da hatte jemand seine kleinen Fingerchen im Spiel. Er nahm mein schweres Päckchen liebevoll an und blieb an meiner Seite. Akzeptierte meinen Trauerweg und bestärkte mich an Tagen von Selbstzweifeln sogar darin, dass alles gut so ist. Auch sein familiäres Umfeld und die Freunde nahmen mich mit diesem Päckchen an. Nach einiger Zeit planten wir unser gemeinsames Leben. Gemeinsame Wohnung. Für mich hieß es: meine Heimat verlassen. Rund 350 km bin ich seither von Familie und Freunden entfernt. Die wenigen Freunde, die über

Lennards Tod hinaus geblieben sind und – ganz wichtig – mir guttun, werden regelmäßig besucht. Ebenso meine Familie. Ich bin froh, dass diese Menschen mich weiterhin begleiten und mir in der schweren Zeit so zur Seite standen – jeder auf seine Art.

Was ich nie angenommen hätte: Der Abstand zu all den Orten und Erinnerungen tat und tut gut. Ich hatte mal ein Zitat gelesen, in dem es heißt, man könne nicht an dem Ort heilen, wo man verletzt wurde. Das kann ich unterstreichen. Sobald ich wieder zu Besuch in der Heimat bin, spüre ich eine Art Engegefühl und Anspannung in mir. Bilder flackern auf und fühlen sich manchmal sehr gegenwärtig an. Besonders an Lennards Grab wird es dann wieder greifbar und real. Im Alltag schwirren die Gedanken und Gefühle umher. Doch sein Grab ist der sichtbare *Beweis*. Allerdings hatte ich bei der Gestaltung einen tollen Steinmetz mit im Boot, der die Ideen für einen ganz individuellen Grabstein wundervoll umgesetzt hat. Dadurch kommen bei mir überwiegend positive Erinnerungen auf, wenn ich Lennard besuche und in seinem Stein seine ganz persönliche Art erkenne. Das war mir wichtig. Er ist tot und ich werde deswegen immer traurig sein. Aber mir war wichtig, dass mich sein Grab nicht noch trauriger macht ... ein grauer Stein vom „Fließband" wäre ihm einfach nicht gerecht geworden.

Welcher Gedanke mir immer Hoffnung gab: Ich bin noch jung, ich kann noch einmal Mutter werden. Vielleicht auch zwei Mal, drei Mal. Im Austausch mit anderen verwaisten Eltern kam oft heraus, dass ein weiteres Kind Linderung verschaffen und die Trauer verändern kann. Mein neuer Partner und ich waren uns sicher, dass wir eine Familie gründen wollen.

Eine frühe Fehlgeburt warf mich dann, über zwei Jahre nach Lennards Tod, nochmal in ein sehr tiefes Trauerloch. So viel wurde freigesetzt, was ich glaubte, schon bearbeitet und im Griff zu haben. Ich nahm mir wieder eine Auszeit und beantragte eine Reha, die ich nach drei Monaten bereits antreten durfte. Dort habe ich besonders in der Natur, in der Malerei und im Schreiben wieder sehr viel Kraft schöpfen können. Die Trauergruppen waren eine Herausforderung, da ich für mich herausfand, eine hochsensible Persönlichkeit zu haben. Alle Emotionen der anderen prasselten auf mich ein und meine größte Aufgabe war es, sie nicht zu meinen zu machen. Rückblickend habe ich mit der Erkenntnis, dass ich hochsensibel bin, mein bisheriges Leben und das Scheitern meiner ersten Ehe plötzlich in einem ganz anderen Licht gesehen. Mir war am Ende der Reha klar: Ich muss auch in meiner neuen Wahlheimat eine Therapie beginnen. Ich hatte großes Glück, wie schon bei meiner ersten Therapeutin, schnell einen Termin bei der netten Therapeutin vor Ort zu bekommen. Auch eine Heilpraktikerin habe ich mit ins Boot geholt, die erst einmal Ordnung in meinem Körper geschaffen hat. Wunderbare Damen habe ich da in meinem Leben, die mich nun seit über einem Jahr begleiten und mit denen sich meine Trauerarbeit wieder verändert hat. Immer zum Positiven. Ich merke nun, dass Körper und Seele stark zusammenhängen – ein gesunder Körper kann auch die schwere Trauerarbeit besser „verdauen". Ich habe Techniken erfahren, wie EMDR und das „Tapping", um Spannungszustände aufzulösen. Denn Panikmomente habe ich nach fast vier Jahren, in denen Lennard nicht mehr auf der Welt ist, immer noch ab und an. Dann überrollt mich mal für einen Moment der Gedanke: Er ist wirklich tot. Mittlerweile sind es nur noch Momente bzw. kurze Zeiträume, in denen sich die Trauer bemerkbar macht. Die sind dann schmerzhaft und anstrengend, aber ich versuche sie so anzunehmen, weine mich frei und lasse die Traurigkeit zu. Er fehlt mir immer, jeden Tag. Aber mein Kopf ist wieder freier für andere Dinge im Leben und ich fühle mich damit gut.

Jetzt, nach fast vier Jahren seit Lennards Tod, halte ich seinen kleinen Bruder in den Armen. Er kam eine knappe Woche vor Lennards siebten Geburtstag auf die Welt. Ähnlichkeit ist natürlich an einigen Stellen vorhanden – immerhin sind meine Gene ja auch vertreten. Auch habe ich ihn schon mal mit Lennard angesprochen und war erschrocken, dass ich es nicht so locker nehmen konnte. Ängste flackern auf, auch dieses neue kleine Leben zu verlieren und wecken einen noch größeren Beschützerinstinkt in mir. Mein Mann geht dabei so verständnisvoll auf mich ein und besänftigt meine Verlustängste. Lennards siebter Geburtstag erhielt dadurch in diesem Jahr einen anderen Stellenwert. Keine Zeit für ein umfangreiches Ritual. Ein bisschen Elvis und Fotos schauen, in Erinnerungen schwelgen. Und es war okay für mich. Denn Lennard spielt immer eine Rolle, die Erinnerungen kommen zwischendurch auf - nicht nur an den Jahrestagen. So wird es auch sein Bruder kennenlernen, denn auch ihm möchte ich einen offenen und ehrlichen Umgang mit meiner Trauer ermöglichen.

Meine Trauer wird weniger und leichter, ist nicht mehr ständig präsent, aber sie wird nie ganz weg sein. Ich lebe bewusster und achtsamer seit Lennards Tod, versuche mich mehr auf das Schöne im Leben zu konzentrieren – die kindliche Leichtigkeit zu erhalten, die ich durch Lennard erfahren durfte.

Bianka T.

Leon P.

*26.12.2014 +27.12.2017

Mein Kind,
mein Sohn,
mein zutiefst geliebter Sohn,
mein Leon,

ich soll dir eine Geschichte schreiben! Ich soll aufschreiben, wo du jetzt bist! Allein der Gedanke daran, dass du nicht bei mir bist, zerreißt mir mein Herz. Allein der Gedanke daran, dass du nie wieder bei mir bist, lässt mich vor Schmerz in tausend und abertausende Stücke zerspringen. Aber ich zerspringe leider nicht und dabei wäre das doch so ein befreiendes Gefühl. Denn könnte ich zerspringen, dann wäre ich jetzt bei dir. Denn dann wären wir wieder zusammen, zusammen als Mutter und Sohn.

Nun will ich in meiner kurzen Geschichte versuchen, einen Ort, eine Stelle, einen Platz, eine Welt zu erschaffen, wo du nun bist. Denn nur so ist der

Gedanke, dass du nicht mehr hier bist, vielleicht irgendwann, irgendwie leichter zu ertragen. Auch wenn das noch nicht vorstellbar ist.

Lass mich versuchen, uns einen Ort, eine Stelle, einen Platz, eine Welt zu erschaffen, wohin du jetzt schon vorgehen kannst – wo du jetzt schon glücklich sein kannst.

Lass mich versuchen, uns einen Ort, eine Stelle, einen Platz, eine Welt zu erschaffen, an dem wir uns eines Tages wiedersehen werden.

Lass mich versuchen, uns einen Ort, eine Stelle, einen Platz, eine Welt zu erschaffen, wo du mein Bärchen, jetzt schon glücklich sein kannst.

Einen Ort, eine Stelle, einen Platz, eine Welt zu erschaffen, die nur für uns existiert. Einen Ort, eine Stelle, einen Platz, eine Welt die keinen Beweis für eine Existenz braucht. Es ist unser Ort, unsere Stelle, unser Platz, unsere Welt. Ganz ohne Beweis… Der Gedanke daran hilft mir hoffentlich irgendwann wieder mein Herz lachen und lieben zu hören. Ganz ohne Beweis… Und ich gebe dir meine Geschichte mit auf deine letzte Reise auf dieser Erde. Als Wegweiser zu unserem Ort, unserer Stelle, unserem Platz unserer Welt. Und wenn du möchtest und es dir dort gefällt, dann zieh dort ein, mein kleiner Schatz. Und wenn du willst, dass wir uns wiedersehen, dann treffen wir uns eines Tages dort. Ganz ohne Beweis …

Einen Ort, eine Stelle, ein Platz, eine Welt: Du fühlst dich beim Betreten geliebt und beschützt. Das Licht ist immer warm und umarmt dich sanft. So wie die Geste eines geliebten Menschen. Stell´ dir vor, es wäre ich. Aber wie sieht unser Ort, unsere Stelle, unser Platz, unsere Welt aus? Stell dich aufrecht hin und schau dir alles an. Schau zunächst geradeaus. Eine saftige, grüne Wiese, bunte Blumen – alles umgeben vom warmen Sonnenschein. Siehst du das kleine Holzhaus? Rechts zwei Bäume, links ein Baum. Ist das nicht fein? Schau es dir an. Geh hin und trete ein. Es ist gemütlich, nicht groß, dafür mit meiner Liebe gefüllt. Wenn es dir gefällt, dann kann dies dein neues Zuhause sein. Schau dich um, nimm dieses Haus in dir auf. Nun geh wieder hinaus. Tritt auf die sonnige Veranda. Siehst du die grüne Holzschaukel? Irgendwann werden wir hier wieder zusammen sein. Nun blick in die entgegengesetzte Richtung. Was wäre unser Ort, unsere Stelle, unser Platz unsere Welt ohne Wasser? Ich sehe die Leidenschaft in deinen wunderschönen Augen für dieses Element. Und diese haben wir so geteilt. Das gemeinsame Schwimmen im Indischen Ozean, das Plantschen im Mittelmeer und deine Freude in jedem Schwimmbad. Deine fliegenden Arme und Beine, wenn du dich mit Inbrunst in jedes Wasser und gleichzeitig in unsere Arme geworfen hast. Die Sicherheit für dich, wir fangen dich immer wieder auf. Und immer sagtest du „nochmal" und warst schon auf dem Weg zum nächsten Sprung. Nur jetzt – wir haben dich nicht mehr auffangen können. Ich habe nicht geahnt, dass du gleich in die andere Welt springen wirst. Ich hätte dich doch sonst in meinen Armen festgehalten.

Doch zurück: Schau in die entgegengesetzte Richtung. Dort erblickst du ein sanftes Meer. Schön warm, so dass deine Lippen vor Kälte nie wieder blau werden müssen. Und etwas weiter rechts steht ein kleiner Felsen. Glatt und von der Sonne erwärmt. Und irgendwann stehe ich unten im Wasser und fange dich wieder auf. Nochmal, und nochmal, und nochmal …
Jetzt habe ich die Hälfte unseres Ortes, unserer Stelle, unseres Platzes, unserer Welt beschrieben. Vor dir das Häuschen, hinter dir ein sanftes Meer. Und nun mein kleiner Schatz, erschaffe du links und rechts. Erschaffe uns die restlichen Himmelsrichtungen. Jeder von uns gestaltet so die Hälfte. Ich bin sehr gespannt, wie du den Rest erschaffst. Wenn du willst, zeige Papa und mir deinen Teil in unseren Träumen und lade uns zu dir ein. Und irgendwann komme ich zu dir.

Vergiss nie, ich liebe dich bedingungslos und bin dir so dankbar, dass wir diese wundervolle gemeinsame Zeit zusammen hatten.

Ich liebe dich, mein Bärchen! Für immer, deine Mama

Dieser Text entstand einige Tage nach dem plötzlichen und unvorhersehbaren Tod unseres dreijährigen Sohnes. Meine Trauerbegleiterin riet mir, einen Ort für mich zu erschaffen, an dem mein Sohn nun sein könnte. Den Originaltext legte ich meinem Kind mit in den Sarg. Auch war er Bestandteil der Trauerrede der Sternenkinderbestatterin. Nun tippe ich die Kopie ab. Ein Jahr, acht Monate und vier Tage später habe ich diese Zeilen nun wieder vor mir. Ein langer Zeitraum. Eine so anstrengende und harte Zeit. Und ja, meine Trauer hat sich verändert. Sie ist so wandelbar, so veränderlich, manchmal sprunghaft und so oft so unberechenbar. Auch jetzt noch. Nach bald zwei Jahren. Doch im Rückblick kann ich tatsächlich sagen, dass es auf irgendeine Weise besser wird. Auch wenn ich mich noch so gut zurück erinnern kann, dass es eine dunkle Zeit gab, in der das einfach unvorstellbar war. Es wird aushaltbarer – glaube daran. Sowohl die Trauer und als auch das Leben werden aushaltbarer. Nach einer so langen dunklen Phase, in der kein Sinn im Weiterleben erkennbar war, in der Körper, Seele und Herz so sehr schmerzten, dass ich glaubte, es nicht aushalten zu können, kamen ganz unvorhergesehen die ersten Momente, in denen die Schönheit der Welt, die Farben der Liebe und das Gefühl eines kurzen Glücks aufblitzten. Wenn auch ungefragt. Erschrocken über das eigene Staunen über ein wunderschönes Feuerwerk, erstarrt beim Bemerken eines spontanen, fröhlichen Mitsingens im Auto und Bestürzung beim lauten Lachen in der Öffentlichkeit... mit mehreren solcher Momente meldete sich mein Leben ungebeten zurück. Noch genau spüre ich die Scham über diese schönen Gefühle. Wie kann ich nur etwas wunderschön finden? Wie kann ich nur ein fröhliches Lied laut singen? Wie kann ich nur in der Öffentlichkeit laut lachen? Das darf ich doch nicht! Ich habe mein Kind verloren. Und heute weiß ich, ich darf es. Ich darf auch gute Gefühle zulassen. Doch dafür brauchte ich die Bestätigung von außen. Und ich holte sie mir. Ich holte mir Hilfe auf vielen Ebenen. Heute weiß ich, dass ich dadurch mein Leben wieder erleben darf und es immer öfter schaffe. Ich kann dir nur raten, suche dir Hilfe von außen. Ich habe mir professionelle Hilfen geholt: Ich habe zwei großartige Trauerbegleiterinnen gefunden. Zwei ganz unterschiedliche Frauen, die mir ganz unterschiedlich halfen und helfen. Die eine Trauerbegleiterin war zeitgleich die Bestatterin meines Sohnes und direkt und sofort am Tag X für uns da. Allein diese Zeit überstanden zu haben, verdanke ich ihr. Zum Glück blieb der Kontakt auch nach der akuten Zeit bestehen. Wochenendseminare, eine monatliche Trauergruppe und auch der ein oder andere persönliche, ganz besondere Kontakt waren und sind für mich eine der größten Hilfen. Ich fand noch eine weitere Trauerbegleiterin, bei der ich in kürzeren Abständen Einzeltermine hatte und habe. Auch dies war für mich existenziell. Ich durchlebte eine lange Phase, der völligen Passivität, der Unfähigkeit, in meinem Leben agieren und reagieren zu können. Viele durchlebte und bevorstehende Situationen sprachen und spielten wir durch. Ich erlernte neu, handeln zu können. Denn das hatte ich verlernt. Professionelle Hilfe von außen war mein Fundament. Noch heute bin ich manchmal stolz auf mich, dass ich mich so in die Hände von zwei damals noch völlig fremden Frauen geben konnte. Dass ich langsam wieder gelernt habe, mich zu öffnen. Von mir und meinem Inneren ehrlich zu sprechen, mich zu zeigen und meine versteinerten Fassaden abzubauen.

In dieses zart wachsende Fundament bette ich dann irgendwann einen ganz besonderen Stein: Achte auf dich selbst. Tue, was dir guttut. Umgib dich mit Menschen, die dir guttun. Dieser Stein wird immer fester und größer. Ich begann, meine Freundschaften zu sortieren und es entstanden ganz wundervolle, tiefe und enge Beziehungen. Mehr Tiefgang und mehr Vertrauen. Schon bestehende Freundschaften verwandelten sich und auch ganz neue Freundschaften entstanden. Tiefe Freundschaften wurden bestätigt und noch weiter verstärkt. Ganz egal ob am anderen Ende der Welt, in Berlin oder ganz in meiner Nähe. Räumliche Distanz muss nicht zur seelischen Distanz werden. Aus flüchtigen Freundschaften wurden enge Freundinnen. Heute kann ich dieses Geschenk sehen. Unglaublich, wie schwer es ist, auf sich selbst und die ureigenen Bedürfnisse zu achten. Doch auch das habe ich gelernt. Doch der Weg bis heute war und ist immer wieder hart. Das Vertrauen in das Leben habe ich bis heute noch nicht gänzlich zurück. Ich warte immer wieder auf den nächsten Schlag des Schicksals. Es fällt mir noch immer schwer zu vertrauen, dass es auch im Leben wieder gut weiter geht. Ohne eine weitere Hiobs-Botschaft. Es darf etwas gut sein und werden. Daran muss ich mich gewöhnen. Mein Nervenkostüm ist natürlich auch nicht mehr das, was es vor zwei Jahren noch war. Doch es ist heute auch nicht mehr wie in der ersten Zeit nach dem Tod meines Kindes. Noch immer labil und instabil, doch ein deutlicher Zuwachs ist erkennbar.

Ich habe das Glück, dass ich mich vor fast 20 Jahren in einen großartigen Mann verliebt habe und ihn vor zehn Jahren heiraten durfte. Ein für mich sehr bedeutsamer Satz meiner Trauerbegleiterin war: Akzeptiert und respektiert, dass jeder von euch einen anderen Weg der Trauer beschreiten wird. Und ja, das taten und tun wir tatsächlich. Wir trauern sehr unterschiedlich und gehen auch die Trauerarbeit ganz anders an. Aber das ist ok, das ist gut so. Es darf so sein. Und dann wird es gut.

Besonders schwierig war es für mich, die entstandene Lücke zu füllen. Die viele Zeit, die auf einmal keinen Inhalt mehr hatte. Die langen Tage und

Stunden ohne Bedeutung. Nach Monaten fing ich wieder an zu arbeiten. Auch dies hat mir geholfen, meinen Alltag wieder strukturieren zu können. Doch auch dann blieben viele ungenutzte Stunden übrig. Stunden, die aber auch von mir nicht gefüllt werden wollten. Zu anstrengend war es Einsatz oder Aktivitäten aufzubauen. Ganz langsam gelang es mir, kleine Aufgaben wieder zu übernehmen. Ich fing an, ein „Erinnerungs-Buch" zu schreiben. Erinnerungen an die gemeinsame Zeit mit unserem Sohn, schöne und wertvolle Erinnerungen. Denn die Angst wuchs, etwas vergessen zu können. Die schönen Erinnerungen schrieb ich auf die linke Seite des Buches. Die rechten Seiten füllte ich mit Trauergedanken, schweren Zeilen und sehnsüchtigen Texten. Das Schreiben war jedes Mal intensiv, doch tat es gut. Um meine Gedanken zu beruhigen fing ich an zu nähen oder „Malen-nach-Zahlen" für Erwachsene auszufüllen.

Blicke ich zurück auf die Veränderung meiner Trauer, so kann ich heute sagen, sie wurde aushaltbar. Blicke ich zurück auf die Veränderung meines Lebens, so kann ich heute sagen, es wurde wieder lebbar. Ich hätte nie gedacht, dass ich an diesen Punkt gelangen werde. Aushaltbar und lebbar, das sind eigentlich keine positiven Adjektive, zumindest nicht für mich vor zwei Jahren. Mein Leben sollte nicht lebbar sein, es sollte schön, erfüllend und glücklich sein. Aber ich sehe nun, dass es aus dem Zustand „unerträglich" herauskam und zu „lebbar" wurde. Das ist doch schon gut. Und die Blitze, die es schön, erfüllend und glücklich werden lassen, kommen immer häufiger. In der Hoffnung, dass es irgendwann einen wahren Gewitterzustand erreicht. Heute bin ich fest überzeugt, dass mein Leben wieder gut wird und ich alle Gefühle wieder zulassen und erleben darf. Die schönen und auch die traurigen. Sie werden immer beide in mir wohnen, ich werde Gastgeberin für das Glücklichsein und die Trauer sein. Zwei unterschiedliche Mitbewohner, die sich aber durchaus gegenseitig viel geben können und auch nebeneinander leben können. In einem Leben, in dem die Augen nicht immer voll von Tränen sind, in dem sich der Bauch nicht immer vor Schmerz zusammenzieht und in dem das Herz nicht mehr jede Minute zu verbrennen droht. Es wird ein Leben sein, in dem die Augen strahlen werden, wenn ich an mein Kind denke; in dem der Mund lächeln wird, wenn ich von meinem Sohn erzähle und mein Herz dankbar für das gemeinsame Leben und die Liebe ist. Und ja, es dürfen trotzdem Tränen fließen, aber irgendwann überwiegt hoffentlich das Strahlen und Lächeln in meinem Gesicht wieder. Und genau diese hoffnungsvollen Gedanken wünsche ich dir. Irgendwann führt dein Weg wieder nach oben. Glaube fest daran, auch wenn es heute noch unvorstellbar ist.

Eva P. mit Leon im Herzen

Leonie Galina H.

*19.01.1994 +03.08.2017

(durch Absturz auf einer Hochalpin-Tour)

Leonie war dreiundzwanzigeinhalb Jahre ein Teil unserer sechsköpfigen Familie. Sie war schon als kleines Mädchen eine Künstlerin was Malen, Zeichnen und Gestalten anging, doch auch ihre Liebe zu Tieren, ihr zartes Wesen war etwas ganz Einzigartiges. Und sie spielte Harfe wie ein Engel. Nach dem Abitur reiste sie ein Jahr zu Pferdehöfen durch Europa, um hier Praktisches für ihre TTouch-Ausbildung bei Linda Tellington-Jones zu sammeln, die sie mit fünfzehn Jahren unbedingt machen wollte und mit 18 abschloss. Hier wurde sie nicht nur gerne als stille, wachsame Fotografin eingeladen, sondern begleitete vor allem Kinder- und Jungpferdekurse mit ihrer einfühlsamen Art in dieser speziellen Methode.

Mit Simon, den sie mit sechs Jahren auf einer ihrer wiederkehrenden Reiter- und schamanischen Camp-Ferien kennenlernte, hatte sie seit sieben Jahren eine Liebesbeziehung. Sie sagte mir damals: „Mama, ich habe drei Monate überlegt, denn ich wusste, wenn ich JA sage, ist es für immer." Mich erstaunten solche Weisheiten von ihr nicht mehr wirklich, doch war in solchen Momenten immer wieder eine segnende Vertrautheit zwischen uns, die mich dankbar und demütig sein ließ.

Durch Simon lernte sie, ihre Kontrollängste zu überwinden, denn er brachte ihr in wenigen Monaten Skifahren, Klettern und Bouldern bei. Sie trainierte diszipliniert und enthusiastisch, um auf den großen Berg-Touren mithalten zu können. Sie liebte Bewegung in jedweder Weise, sie meditierte und hatte die Gewohnheit täglich zu schreiben und zeichnerisch ihr Tagebuch zu füllen.

Was mich insbesondere mit meiner Tochter verband, war unsere Ähnlichkeit in Bezug auf Sensitivität und Empathie mit allen Geschöpfen und eine tiefe Liebe zum Guten, Schönen und Wahrhaftigen. Wir gingen beide spirituelle Wege, Leonie ihren Schamanischen, ich meinen Yogini-Weg.

Leonie liebte ihr Kunst-Therapie-Pädagogik-Studium. Sie rief oft aus: „Oh Mama, ich habe alle Möglichkeiten in diesem Semester. Ich bin so dankbar." Und sie kostete alles in vollen Zügen aus, kreierte das für sie Menschenmögliche. Nur drei Wochen nach ihrem Bachelor-Abschluss und eine Woche vor der mehrjährigen Weltreise mit Simon, stürzten diese jungen Menschen in ihrer Dreierseilschaft in den Schweizer Bergen ab. Zum Sonnenaufgang, mit Blick über die atemberaubende Schönheit dieser Bergwelt.

Leonie ist meine einzige lebende Tochter gewesen, die dritte im Bunde von vier Kindern. Sie hat zwei ältere und einen jüngeren Bruder. In meinem Mama-Leben gab es insgesamt drei Töchter und sieben Söhne, wovon sechs Kinder in den Schwangerschaften starben.

Jedes Mal, wenn sie zu einer Reise aufbrachen, wusste ich, dass es das letzte Mal sein könnte, sie lebend zu sehen. Und bei diesem Abschied, bevor ich das Übliche sagen konnte: „Ich liebe Euch über Zeit und Raum und segne Euch … und falls ich Euch nicht mehr sehen sollte, wisst, dass meine Liebe ewig ist", flüsterte mir Leonie bei ihrer Umarmung ins Ohr: „Mama, wir passen schon auf." Ja, klar, das wusste ich doch. Als wir uns in dieser Abschiedsumarmung hielten, Simon rechts und Leonie links von mir, spürte ich ihre beiden Herzschläge in einem Rhythmus. Das war für mich ein ganz besonderes Geschenk. Ich dachte beim Winken, als sie wegfuhren: „Ein Herz und eine Seele." Das war das letzte Mal, dass ich sie sah. Dass sie zusammen an den anmutigsten Bergen und ihrer Lieblingsbeschäftigung sterben konnten, war für mich ein Geschenk Gottes.

Es gab einige Veränderungen meiner Trauer in diesen zwei Jahren nach Leonies und Simons Tod.

Ich kann mit Gewissheit sagen, dass sich meine Sichtweise auf den Tod an sich, der eine immense Trauer in unsere Familie und unser Leben brachte, nicht wirklich verändert hat in dieser Zeit.

Meine Sichtweise ist, dass ich es als kostbares Geschenk ansehe, dass Leonie so lange, dreiundzwanzigeinhalb Jahre, bei uns war und unser aller Leben tief erfüllt und erweitert hat. Und sieben pralle Jahre mit Simon, der vom ersten Augenblick wie selbstverständlich zu unserer Familie gehörte.

Der konkrete Schmerz des Verlustes um sie hat sich definitiv verändert.

Diese starken, schmerzvollen Gefühle, mit denen ich in den ersten Monaten morgens oder auch zwischendurch im Alltag öfter auf meiner Matte auf die Knie ging und weinte, haben sich gelegt. Vorher war es eng und furchtbar, sobald dieser irrsinnige Sturm, der durch mich brauste, dieser plötzliche Vulkan, aus mir herausbrach. Ich fühlte mich hilflos und machtlos.

Diese Momente gibt es in dieser Auswirkung nicht mehr. Ich weiß um diese krassen Gefühle, die mich komplett vereinnahmten, die mich ohnmächtig sein ließen, mich als „Opfer" der Situation, des Lebens, dieser Welt, des Irdischen haben fühlen lassen.
Dieses Unerträgliche, doch immer auch Endende. Ich wusste, dass es vorüber gehen wird.
Es waren Minuten, keine Stunden und ich gab mich diesem tosenden Meer an gefühlter Vernichtung hin, weil es nichts gab, was mich hätte davor bewahren können.

Und dann, das hatte ich in all diesen Situationen erlebt, kam das stille, sich weitende Feld von NICHTS. Ein Atmen, ein Ruhigerwerden und Spüren, wie all die Spannung und Enge nachließ und sich mein Körper und mein Energiefeld weiteten. Ein Seinlassen, ein 'so ist es' da sein lassen.

Es war wie nach einem wilden Ritt durch die Finsternis, der irgendwann im Hellwerden ein Ende hatte.
Stille.
Mehr als Stille.

Ein innerliches Wahrnehmen meines Körpers, meiner Atmung, meines Herzschlages.
Die wunden Augen zu spüren, das nasse Gesicht, Tränen, die auf meine Hände, meine Kleider, meine Matte gelaufen waren.
Mich wieder auszurichten und neu aus meinen Augen zu schauen.
Neu und wacher als zuvor.
Da war weder ein Gedanke, der Platz hatte nach dieser tosenden Fahrt durch meinen Schmerz, noch eine Träne, die nachrollte.
Es war dieses weite SEIN.
Was DA war. Einfach. Simpel. DA.

Natürlich ging mein Leben weiter, mein Alltag, mein Tun, mein Aufgaben-Erfüllen.

Diese mich überrollenden, einnehmenden Phasen der akuten Trauer-Attacken sind abgeflacht, sind ausgeblieben, sind gerade jetzt Vergangenheit. Ich habe keine Ahnung, ob sich das wieder in mein Leben schleichen wird.

Was ich erlebe, ist, dass ich in stillen Momenten, wenn ich diese Verbindung zu Leonie klar und stark spüre, auch einen süßen Schmerz wahrnehme, der mich in einen Hauch Verklärtheit eintauchen lässt, diese Dankbarkeit für ihr Leben mit uns, ihre Schönheit, ihre Liebe, ihr mir Lehrerin- und Meisterinsein, ihr strahlendes, ansteckendes Lachen, ihr Klugsein und ihre Kraft in ihrer elfenhaften Wesenheit und, dass dies alles durch sie in meinem Leben sein durfte und jetzt Erinnerung IST.
Es ist eben dieser zarte, süße Schmerz in dieser dankbaren Erinnerung.
Anders als bei meinen drei Jungs, für die ich Liebe und Dankbarkeit empfinde und froh darüber bin, dass sie leben und ihren Weg gehen. Ihren einzigartigen, individuellen Weg ohne Leonie, ohne ihre einzige Schwester, die sie auf ganz unterschiedliche Weise vermissen.

Was sich ebenso verändert hat, ist, dass ich noch klarer davon überzeugt bin, dass der Zeitpunkt unseres Todes feststeht. Doch dass wir anscheinend auf das WIE wir sterben durch unser Denken, Tun und Wirken in unserem Leben einen Einfluss haben.

Gleichsam ist meine stärkere Gewissheit, dass es dieses „Leben danach" in der geistigen Welt gibt.
Ich bekam oft gezeigt, wie lebendig und voller Freude sie in ihrer Welt leben und anscheinend unablässig bei uns sein können, wenn sie das wollen, bzw. wenn wir es im Irdischen brauchen. Umgekehrt geht das für uns nur in Träumen oder traumähnlichen Zuständen.

Ich kann auch sagen, dass mein Leben wacher und bewusster geworden ist. Momente der Freude, doch auch die der Trauer oder Konflikte kann ich anders sehen.
Nicht mehr so dramatisch und problematisch.
Mir ist bewusst, dass sich alles wandelt, verändert, sogar meine Gefühle für Unangenehmes.

Es ist viel schneller ein Annehmen da, ein Einlassen und mich der Situation Hingeben.

Ich bin langsamer geworden. Ich habe vor Leonies Tod ein unglaubliches Tempo mit allem an den Tag gelegt. Es war im ersten halben Jahr überaus deutlich, dass ich viel mehr Zeit für meine alltäglichen Verrichtungen brauchte. Und ich haderte damit. Mein Mann sagte mir dann: „Wir sind trauernde Eltern. Wir haben unsere Tochter verloren."
Dass es jetzt nach zwei Jahren in diesem „Langsamen" geblieben ist, liegt sicherlich an vielerlei verinnerlichten Erkenntnissen und einer größeren Achtsamkeit, wo Hetze und Stress weniger Platz haben.

Das Zeigen und Aussprechen meiner Liebe zu meinem Mann und meinen Söhnen ist mehr und wahrhaftiger geworden.

Die Beziehung mit meinem Mann war noch intensiver im ersten halben Jahr. Er war noch stiller als sonst, wir liefen oft schweigend durch die Natur. Von meiner Seite her hatte ich das starke Gefühl ihn „zu brauchen" und mir wurde bewusst, wie wichtig er an meiner Seite ist, da die Kinder erwachsen und selten zu Hause sind. Einmal am Feuer, als ich sagte: „Weißt du, was ich schlimm finde? Dass ich das Gefühl habe, dich zu brauchen." Er nahm mich in den Arm und sagte: „Du darfst mich brauchen." Das war für mich ein überaus tiefes Eingeständnis seiner Liebe, ein gutes Gefühl, geborgen zu sein in dieser Zeit der Wandlung. Wir haben als Paar noch mehr Nähe entwickelt und eine Jahresgruppe für Paare hat uns viel Verständnis entgegengebracht. Das war unbeschreiblich wertvoll und heilsam für uns beide.

Auch mein Unverständnis gegenüber allen bekannten und befreundeten Menschen, den Menschen aus unserem kleinen Dorf, die sich nach dem Tod von Leonie nicht bei unserer Familie oder mir gemeldet haben, ist abgeflacht.
Es ist zwar immer noch mit einem Unwohlsein verbunden, wenn ich jemanden treffe, den ich vor Leonies Tod gut kannte, z. B. eine Kollegin oder einen damals als Freund bezeichneten Menschen, und es diese kurze Starre gibt, diese Schrecksekunde und Sprachlosigkeit, die sich in zwei Jahren Schweigen zwar in den Hintergrund geschoben hat, doch bei so

einer spontanen Begegnung mit noch größerer Vehemenz in unser Feld hineindrängt.

Ich habe viele dieser Begegnungen erlebt. Zu Beginn waren es tatsächlich schockierte, verzweifelte, manchmal vor mir flüchtende Bekannte, die sich vor mir zu ängstigen schienen.
Ich war wie eine Gefahr, eine Bedrohung, da ich plötzlich etwas in ihr Leben stellte, was so schlimm, unfassbar und schrecklich erschien. Nämlich den Tod, das Ende und dass es uns alle betreffen bzw. selbst treffen kann.
Heute kann ich auf dem Markt neben einer mir gut bekannten Person ganz ohne Sarkasmus sagen: „Alles o.k., du brauchst nichts zu sagen." oder auf der Straße: „Keine Angst, ich erwarte nichts von dir.", oder „Ich spreche dich nicht an."

Mir ist es ein Bedürfnis, das anzusprechen, da es ja gewaltig den Raum füllt, der sich auftut in so einer Begegnung zwischen Menschen, die sich kennen.
Und da keiner dieser Menschen in der Lage war, nach Leonies Tod etwas zu schreiben, zu sagen oder auf uns zuzugehen, bleibt das Unausgesprochene und Zurückgehaltene vorhanden.
Es wurde über uns gesprochen, doch nicht mit uns. „Ganz Fulda stand unter Schock!", sagte ein langjähriger Freund, als ich ihn im Fahrradladen traf. Ich sagte: „Davon haben wir nichts mitbekommen." Es kam ehrlich aus mir, nicht vorwurfsvoll.

Mein Unverständnis und sogar Wut waren in den ersten Wochen und Monaten wirklich groß gegenüber diesem kollektiven Verhalten der Menschen, die uns kennen.

Ich habe mich sehr nach ehrlichen Begegnungen, offen interessierten Freunden und Trost gesehnt. Nach Rückhalt, nach Freundschaft, nach Austausch, nach Gesehenwerden, auch oder gerade in meinem Schmerz. Und da nichts von dem tröstlichen in Kontakt sein da war, und es sich durch alle Beziehungen unserer Familienmitglieder webte, war mir schmerzlichst bewusst, dass die meisten Menschen nicht gelernt haben, mit dem Thema Tod und Trauer umzugehen.

Mühsam übte ich Empathie, Mitgefühl und Verständnis für all diese Menschen zu empfinden. Es gelingt mir heute besser bis „gut", bei

Begegnungen sehr rasch in mein Herz zu spüren und Liebe an die Menschen zu senden und grundsätzlich mitfühlend zu denken.

Menschen, die mir einen Vorwurf machen, dass ich zu viel erwarten würde und zu anspruchsvoll sei, 'da die Menschen nun mal so sind', triggern mich immer noch.

In solchen Momenten schaue ich mir an, was es mit mir macht und bete für mich und meine Heilung, mein freudvolles, liebenswertes, schönes Leben. Und ich bete für alle Menschen, dass sie genau das Gegenteil erleben, wenn etwas Trauriges in ihr Leben kommt: nämlich Mit-Menschen, die sich mit ihrem Mut, großer Zärtlichkeit und Geduld auf sie einlassen können. Menschen, die DA sind, die lauschen, die wirkliches Interesse an ihnen zeigen, die mit dem Betroffenen schweigen, lachen, weinen können, die sich dem stellen, was gerade IST.

Mir ist bewusst, dass der Tod von Leonie und Simon ein Segen ist, um zu wachsen. Es bedeutet Gnade für mich, diesen Tod als Geschenk zu sehen und an Wunder zu glauben. Und dass niemals etwas ohne tiefliegenden Sinn in mein Leben kommt. Es wird immer zu meinem Wohl und Allerbesten meiner Seele sein. Darauf vertraue ich.

Liebe geht über Zeit und Raum, und diese Liebe verbindet mich mit allen Lebenden und Toten.

Es macht mich endlos dankbar, dass ich das lernen durfte.

Padma H.

www.lichtvoll-trauern.de

Levi David M.

*26.08.2015+

Ich bin Pia, die Mama von drei wundervollen Jungs. Mit 22 bin ich superschnell zum ersten Mal schwanger geworden, und unsere Freude war riesig. Alles verlief normal, bis wir in der 23. Schwangerschaftswoche zur Feindiagnostik geschickt wurden, weil das Köpfchen unseres Babys nicht richtig ausgemessen werden konnte. Auch wenn dieser Termin nur vorsorglich hätte stattfinden sollen, da mir mein Gynäkologe mehrfach versicherte, dass alles in Ordnung sei, hatte ich große Angst. Nachdem die Ärztin eine Weile geschallt hatte, machte sie eine Pause und sah uns ernst an. Ihre Worte habe ich noch heute, auch vier Jahre später, im Ohr: "Mit Ihrem Baby stimmt wirklich etwas nicht. Es ist etwas Schlimmes. Etwas sehr, sehr Schlimmes." Unser Sohn hatte Anencephalie: ein Neuralrohrdefekt wie der offene Rücken oder die Kiefer-Gaumen-Spalte. Nur dass hierbei die Schädeldecke nicht verschlossen ist und das Gehirn fehlerhaft angelegt ist. In vielen Fällen liegt das Hirngewebe frei und wird nach und nach vom Fruchtwasser angegriffen. Babys mit Anencephalie sterben entweder schon im Bauch der Mutter oder unter der Geburt.

Spätestens aber nach wenigen Tagen. Dieses Gefühl ins Nichts zu fallen, ohne aufzuschlagen, nur im freien Fall zu sein, ist noch immer so eindrücklich. Einer meiner ersten Gedanken war, dass ich das alles so nicht will. Ich wollte dieses Kind nicht mehr, überhaupt nicht mehr schwanger sein und einfach weg. Das Schlimmste, was ich mir vorstellen konnte, war mein Baby natürlich zu gebären und es zum Sterben in den Arm gelegt zu bekommen. Aber eine Abtreibung stand weder für mich noch für meinen Partner zur Debatte. Wir wollten Levi seinen Weg selbst wählen lassen und ziemlich schnell stand für mich fest, dass der einzige Ort, an dem Levi sterben würde, in meinen Armen sein würde. Wir nutzten die zweite Hälfte meiner Schwangerschaft, um Erinnerungen zu schaffen. Wir machten Fotos bei einer ehrenamtlichen Fotografin, die für „Mein Sternenkind" arbeitete, gipsten meinen Bauch ein. Wir sprachen mit unserem Pastor, der zur Geburt kommen und Levi gleich danach taufen sollte. Hochschwanger stand ich auf dem Friedhof, streichelte meinen Babybauch und suchte eine passende Grabstelle für genau dieses Baby aus. Eine absolut skurrile Situation. Am 24.08.15 sind wir dann zur Einleitung ins Krankenhaus gefahren. 46 Stunden nach Einnahme der ersten Tablette, und somit dem Einsetzen der Wehen, wurde Levi David am 26.08.15 um 8:58 Uhr mit 47 cm und 2670 g geboren. Lebend! Noch während der Presswehen hat er gestrampelt, als würde er zeigen wollen, dass er es schafft, lebend hier anzukommen. Als er dann aber auf der Welt war, war er so blau und komplett ohne Körperspannung, dass mir niemand der drei (!) anwesenden Ärzte oder die Hebamme antworten konnten, ob er lebt. Nach gefühlten endlos langen Minuten fanden sie einen Herzschlag. Er wurde auf meinen Bauch gelegt und wir durften ihn bewundern. Unser Pastor taufte ihn und eine zweite Sternenfotografin machte die für uns wichtigsten Fotos, die wir je besitzen werden. Wir kuschelten ihn und zogen ihn an. Wir machten Hand- und Fußabdrücke. Und dann wurden seine Atempausen immer länger... Nach vier Stunden und 40 Minuten starb Levi ganz friedlich in meinen Armen. Heute schreibe ich diese Zeilen, während ich meinen dritten Sohn, Lio, stille und ich bin mir sicher, dass mich meine Regenbogenjungs gerettet haben. Sie haben mir wieder eine Daseinsberechtigung und einen Sinn gegeben. (Regenbogenkinder werden die Kinder genannt, die nach einem verstorbenen Kind geboren werden.) Ich wollte immer Mama werden und habe mich so sehr über meine Schwangerschaft gefreut. Dass sie so endete, war für mich, als würde mir das Schicksal einen übergroßen Mittelfinger vor die Nase halten. Ich habe mich gefragt, was ich falsch gemacht habe. Ich habe nächtelang geweint. Ich trauerte um dieses ungeborene Baby und um die Zukunft, die ich mir vorgestellt hatte. Ich hatte eine Phase, in der ich nicht mehr wusste, wie ich mich definieren sollte. Ich war Krankenschwester, arbeitete aber nicht mehr. Ich war schwanger, würde aber keine "richtige" Mutter werden. Ich brauchte keine Elternzeit. Musste kein Kindergeld beantragen. Ich plante eine Beerdigung. So fand also ein Großteil meiner Trauerarbeit schon in der Schwangerschaft statt. Ich versuchte, irgendwie zu begreifen, dass dieses Baby, das in meinem Bauch strampelte, nicht würde leben können. Das klappte mal besser, mal schlechter. Zehn Wochen nach Levis Geburt und Tod habe ich einen neuen Job angefangen, in der Hoffnung mich wieder neu bzw. überhaupt definieren zu können. Mir tat die Ablenkung und die Routine gut – während der Arbeit war kein Platz für meine Trauer, da war der Kopf voll mit anderen Dingen, und mir kam es vor wie eine Pause von dieser großen Leere. Irgendwie funktionierte ich. Zumindest erst einmal. Als noch zusätzlich gesundheitliche Probleme meines Partners dazu kamen und ich sechs Wochen zwischen meinem Job und seinem Krankenhaus hin und her wechselte, wurde mir alles zu viel und ich machte eine stationäre Therapie, die mir sehr guttat. Kurz danach wurde ich wieder schwanger und steckte all meine Energie in die erneute Schwangerschaft. In der Zeit ging es mir vorrangig gut, rückwirkend weiß ich aber, dass ich meine Trauer und meine Ängste einfach nur verdrängt habe. Als Jaro geboren war, kam ganz viel wieder hoch. Vor allem in Form von großer Angst, auch diesen Jungen wieder hergeben zu müssen. Angefangen damit, dass ich gar nicht glauben konnte, dass er nach seiner Geburt schrie und zappelte. "Marcel er lebt, er schreit! Er lebt wirklich!" Zu Hause dann traute ich mich kaum, mit ihm auf dem Arm durch eine Tür zu laufen, aus Angst, Jaro würde seinen Kopf bewegen, ihn sich am Türrahmen stoßen und sich das Genick brechen. Genau die Angst hatte ich auch beim Treppensteigen. Ich könnte stolpern und er würde sich auf den Treppenstufen das Rückgrat brechen. Eines Nachts wurde ich panisch wach, weil ich geträumt hatte, aus Jaros Augen kämen Maden gekrochen, weil ich nicht bemerkt hatte, wie auch er gestorben war. Ich habe Monate gebraucht, bis ich mir zugestanden habe, auch an die Zukunft zu denken. Es hat gedauert, bis ich verstanden hatte, dass dieses kleine Wunder bleiben würde.

Ich bin der festen Überzeugung, dass Levi zu uns kommen wollte, weil wir ihn angenommen haben, wie er ist. Ich habe schon in der Schwangerschaft meinen Frieden mit dieser Situation gefunden, weil ich darauf vertraue, dass es richtig ist, wie Gott entschieden hat. Auch kranke Kinder müssen "verteilt" werden, dafür sucht er sich besondere Familien. Levi hat mich zur Mama gemacht und mich bedingungslos zu lieben gelehrt. Dafür bin ich ihm so dankbar. Ich glaube, das hat meine Trauer erträglicher gemacht. Und das macht es bis heute. Ich hatte, vor allem im ersten Jahr und dann nach Jaros Geburt, immer wieder die Frage "warum ich?" im Kopf. Aber ich bin an meiner Trauer gewachsen. Ich bin feinfühliger und aufmerksamer geworden. Aber zeitgleich auch abgehärteter. Ich besinne mich auf das, was mir wichtig und lieb ist und messe Kleinigkeiten nicht mehr so eine hohe Bedeutung bei. Und ich würde unsere Situation nicht ändern, selbst wenn ich es könnte. Levi war genau so richtig, wie er war. Würde ich es mir anders wünschen, müsste ich mir ein anderes Kind wünschen und das möchte ich nicht. Levi gehört zu mir. Genau wie meine Trauer und meine zwei Regenbogenjungs, die mir wieder einen Sinn gegeben haben. Es tut weh, dass Levi nicht körperlich bei uns ist, aber wir merken immer wieder, dass er nie ganz gegangen ist. Und die schlimmen Tage wurden immer weniger. Sie sind da und sie kommen vor allem zu seinem Geburtstag und Weihnachten, aber ich kann sie mittlerweile lächelnd erwarten. Das sind meine Levitage. An all den anderen Tagen überwiegt die Dankbarkeit dafür, dass ich ihn empfangen und austragen durfte, dass wir ihn kennen lernen durften. Für mich ist es wichtig, dass wir Levi und alle Gefühle für ihn, mit in unseren Alltag einbauen. Überall hängen genauso seine Bilder, wie auch die seiner Brüder. Wir erzählen von ihm und mittlerweile stellt Jaro auch Fragen. Wir fahren regelmäßig zum Friedhof und Jaro kennt genau den Weg zu Levis Grab. Er liebt es, dort zu spielen und die Blumen zu gießen. In solchen Momenten spüre ich förmlich, wie mein Herz ganz langsam ein Stück weiter heilt. Ich hoffe sehr, dass auch Lio so eine Verbindung zu seinem großen Bruder finden wird.

Pia M.

Lina Sch.

*30.09.99 +10.05.2013

Licht und Schatten

Aus deinem Zimmer in der oberen Etage unseres Hauses höre ich die Bässe deiner Musik ... Caspar, Prinz Pi, Frittenbude. Du hast immer mal wieder Textzeilen erwähnt, aber ich konnte damit wenig anfangen, manchmal inhaltlich auch gar nicht verstehen. Du singst den Text fließend mit, lachst und sagst mit dieser Stimmlage aus Belustigung und Verwunderung: „Ach man, Mama".

Ich schaue dich so gerne an, mit diesem tiefen Herzgefühl aus mütterlicher Liebe und Stolz. Was für eine spannende Zeit, die gerade beginnt. Das Kindliche weicht dem Erwachen der jungen Frau, die du werden wirst, dein Körper verändert sich, du bist schmal geworden und sehr groß. Schon lange größer als ich und nahe dran an deiner zehn Jahre älteren Schwester. Deine offenen langen blonden Haare umrahmen dein zartes, schönes Gesicht. Du bist dreizehn Jahre und wirkst schon viel reifer.

Die Tür geht oben auf, die Bässe werden lauter. Du beugst dich übers Treppengeländer: „Gehst du jetzt zum Nachtdienst?" – „Ja, aber mach nicht so lange nachher Mausi ja?! Was machst du morgen?" – „Hmm ... mal sehen, wahrscheinlich zu Betty." – „Gut, ich hab dich lieb, schlaf schön" – „Du auch ... hihi ... Ich hab dich auch lieb."

Es war ein schöner Tag ... schulfrei, ein Tag nach Himmelfahrt und wir haben ihn zusammen verbracht. Sind einkaufen gewesen, haben laut Lieder gesungen – „echt peinlich Mama" – . Nach deinem Lieblingsessen, Kartoffelauflauf, haben wir noch eine große Portion Eis verputzt, auf der Couch gechillt und gekuschelt.

20.15 Uhr ... jetzt wird es Zeit, zum Nachtdienst in die Klinik zu fahren, wo ich seit vielen Jahren als Kinderkrankenschwester auf einer offenen psychiatrischen Jugendstation arbeite. Du und ich, wir sind beide ein eingespieltes Team, ich weiß, ich kann mich auf dich verlassen und dennoch ist es natürlich nicht optimal, alleinerziehend in drei Schichten zu arbeiten. Du musstest zwangsläufig früh selbstständig werden. Die Nächte könntest du auch bei deiner Schwester Julia schlafen, die mit ihrer eigenen kleinen Familie im Wohnhaus nebenan wohnt, aber du sagst, es stört dich nicht allein zu sein.

Ich bemerke kleine Veränderungen an dir in den letzten Monaten, auch wenn du weiterhin deine Freunde mit deinem trockenen Humor zum Lachen bringst und lustige Videos aufnimmst. Du wirkst nicht mehr ganz so sonnig und ungetrübt. In unseren Gesprächen kannst du es nicht genau benennen, auf meine Fragen kommt oft ein Schulterzucken und ein „Ich weiß nicht". Du bist oft müde, wenn du aus der Schule kommst, aber ich bin nicht beunruhigt, die Schule wird ja immer herausfordernder und dann noch die pubertären Veränderungen. Auf der Suche nach der eigenen Identität, der Abgrenzung von den Eltern, den großen Fragen nach dem weiteren Weg wird das Leben anstrengender und fühlt sich instabiler an. Wir reden miteinander über deine Gefühle, du kannst sie nicht benennen, fühlst nur eine Veränderung und sagst „Alles kann ich dir auch nicht erzählen, du bist ja meine Mama." Das verstehe ich. Es ist auch eine Zeit des Ausprobierens, Kennenlernens, eine Zeit der Geheimnisse, die man nicht zuerst mit den Eltern teilen möchte. Wir finden einen Psychologen, der dein Ort sein soll, an dem du das sagen kannst, was dich beschäftigt. „Kommst du mit ihm klar – „Ja, er ist gut" – „Kannst du ihm alles erzählen, was du möchtest?" „Ja".

Ich fühle mich beruhigt, sie ist in guten Händen.

Es ist der 10.05.2013 und ich fahre zum Nachtdienst, es ist der letzte Tag in meinem alten Leben. Als ich am Morgen wieder nach Hause komme, finde ich Lina erhängt an unserer Flurgarderobe.

Stille Explosion

Mein Leben bleibt mit einer tödlichen Wucht stehen und reduziert sich mit einem Schlag auf das Existentielle. Tod und Leben, Gehen und Bleiben. Die Augen sehen, der Verstand registriert, die Seele erstarrt im Unbegreiflichen. Rückblickend kann ich sagen, dass in diesem Moment ohne Zeit und Raum, in dieser aufschreienden Stille, in der Unfassbarkeit des Augenblicks, sich gleichzeitig ein unsichtbares Netz der Fürsorge, Wärme und Liebe ausgebreitet hat. Mein Nachbar, ein Mann im hohen Alter und selbst schockiert über das Geschehene, kümmert sich dennoch sofort klar und strukturiert um die ersten Rettungsanrufe. Rettungssanitäter und Notarzt fordern die Notfallseelsorge an. Diese Frau mit ihrer ruhigen, besonnenen Art ist für mich sehr wertvoll, sie bringt eine erste kleine Ruhe in meine aufgewühlten Gefühle. Atmen … nicht durchdrehen … sie weiß den nächsten Schritt … atmen. In den ersten Tagen danach geht es nur um eins … selber überleben. Die nächste Stunde, die nächsten Stunden, den nächsten Tag. Atmen … überleben. Freunde sind wie gelähmt über das Geschehene und sind dennoch gleich an meiner Seite. Ruhig, unaufdringlich, selbstverständlich und so hilfreich. Stellen Kartoffelsuppe auf den Herd, kümmern sich um Linda, meine Enkeltochter, um Julia zu entlasten. Drängen keine Gespräche nach dem Warum auf. Halten aus, was so schwer auszuhalten ist.

Lina hat Briefe hinterlassen. An ihre Freundinnen und an mich. Es sind sehr liebevolle und stärkende Zeilen, die mich freisprechen von Schuld und Antworten auf unser Warum geben sollen. Ich lerne mein Kind neu kennen. Sie zeigt mir nun erst ihre andere, verborgene, zutiefst hoffnungslose und traurige Seite. Ihre tiefe Einsamkeit und die schwere Last ihrer Gedanken zu fühlen, schmerzt mich zutiefst. Die Notfallseelsorgerin hat sich um eine ihr bekannte Bestatterin gekümmert, eine wunderbare Frau, die ihre Lebensaufgabe liebt und lebt. Bei ihr fühle ich mich sofort gut aufgehoben, verstanden und wahrgenommen und habe das Gefühl, mein Kind bei einer lieben Freundin zu wissen. Ich muss mich kaum um etwas kümmern, es wird von allen Seiten so gut für mich gesorgt. Die Bestatterin kennt die Trauerrednerin, sie nimmt Lina in ihr Herz und findet warme und tröstende Worte am Tag der Beisetzung. Es läuft ein Film über Lina, sie sitzt im Kettenkarussell und breitet lachend ihre Arme aus, den Himmel im Hintergrund. Frei ... Es ist ein schwerer Tag und dennoch versuchen wir, ihm etwas Leichtigkeit zu geben. Wir haben alle helle Sachen an, schicken Blüten und riesige Seifenblasen in den Himmel, frei ...

Ich habe Angst vor dem, was noch kommen könnte. Wie lebt man mit dem Geschehenen weiter, kann man das überhaupt? Ich kann nicht weiterdenken, keine Pläne machen, habe keine Vorstellungen. Wir sind nicht vorbereitet und geübt für solche Situationen. Wie ein dicker, schwerer schwarzer Mantel liegt die Trauer auf mir. Das Gewicht scheint mich nach unten zu drücken, ich kann nur durch den Tag schleichen, alles strengt mich an. Ich kann nicht weinen, spüre diesen dicken schweren Kloß aus ungeweinten Tränen in mir, der sich nicht lösen will. Meine Seele ist erstarrt. Freunde haben herausgefunden, dass es im Internet eine Seite für Angehörige nach Suizid gibt. Vielleicht ist der Austausch mit anderen Betroffenen hilfreich. Ich bin auf der Suche nach Licht, Mut und Hoffnung auf meinem neuen, ungewollten Weg. Das Schreiben tut mir gut, ich bin dankbar, wenn mich am Ende des Tages eine Kleinigkeit etwas erhellt hat. Das Lächeln eines Fremden, ein wärmendes Gespräch, eine liebevolle Geste. Ich begegne ihnen, den Hoffnungsgebern und Lichtwesen in der virtuellen Welt der Suizidhinterbliebenen, und sie sind mit ihrer Stärke immer noch an meiner Seite. Und dennoch merke ich auch, dass Suizid sehr eng mit dem Thema Schuld verknüpft ist. Und ich habe das Gefühl, dass diese große Last bei vielen selbst zu tiefer Hoffnungslosigkeit führt, die mir den Raum für Licht nimmt. Jeder Trauerweg ist individuell und auch die vorhergehenden Umstände können sehr hilfreich oder hinderlich sein. Ich treffe für mich eine Entscheidung und wechsel in die Gruppe „Leben ohne Euch". Hier treffe ich Menschen, deren Kinder auf unterschiedlichste Art diese Welt verlassen haben. Dieser Austausch hat auch persönliche Begegnungen und Freundschaften wachsen lassen, die mir bis heute sehr wichtig sind.

Es wird mir schon ein paar Tage nach Linas Tod bewusst, dass ich achtsam mit meinem Herz und meiner Seele umgehen muss, um auf diesem Weg auch Heilung zu erfahren. Nach dem Tod meiner Mutter fünf Jahre zuvor, hatte ich die Trauer erst einmal weggeschoben, es gab keine Zeit und keinen Raum dafür. Wir hatten gerade ein Haus gekauft, Umzug, Schulwechsel, Arbeit, Organisatorisches, es gab immer etwas zu tun. Ein halbes Jahr später hatte sich alles etwas sortiert, aber anstatt nun zur Ruhe zu kommen, holte mich die Trauer mit großen Schritten ein, forderte ihren Raum und lehrte mich, wie wichtig eigene Achtsamkeit ist. Wenn es damals schon wichtig war, allen Gefühlen den Platz einzuräumen, dann doch jetzt ganz besonders. In den ersten Tagen hatte man mich zu einer Psychologin vermittelt, die sicher ihr Bestes gab und mich dennoch mit einem Gefühl von Hilflosigkeit statt Unterstützung zurückließ. Ich recherchiere nach anderen Möglichkeiten und finde eine Trauerbegleiterin, bei der ich über Lina und mich erzählen kann und mich verstanden fühle. Und endlich lösen sich die Tränen, befreiende Tränen, heilende Tränen, die diese große innere Wunde spülen. Das tut mir gut. Der Trauermantel wird etwas dünner und leichter. Meine Hausärztin empfiehlt mir eine Kinesiologin aus eigener Erfahrung und diese wiederum führt mich zu einer Heilpraktikerin, die Achtsamkeitsmeditation durchführt. Ich mache die Erfahrung, dass es für mich nicht nur einen Weg gibt, sondern viele Menschen mit ihren unterschiedlichen Kompetenzen mir dabei helfen, wieder den Boden unter den Füßen zu spüren. Und es gibt noch eine starke, heilsame Kraft und die liegt in mir selbst. Leben und Tod, willkommen heißen und Abschied nehmen, erscheinen mir rückblickend wie mein Lebensthema. Omas und Opas, Vater und Mutter, sie sind alle diesen Weg zuvor gegangen und haben den Tod wie einen unerwünschten Gast immer wieder in mein Leben gebracht. Je öfter er kam, desto bewusster beschäftigte ich mich mit ihm und ich lernte, dass ihn nicht nur Tränen, Leid und Schmerz begleiteten, sondern er auch Hoffnung, Liebe und Wärme. Diese Erfahrung irritierte zunächst nicht nur mich selbst zutiefst, sondern auch meine engsten Freunde, bei denen ich es wagte, über meine Gefühle zu sprechen. Ich erinnere mich an meine Oma, eine lebenslustige, heute würde man sagen taffe Frau, die mit Humor allen Schwierigkeiten des Lebens entgegentrat. Ich habe sie nie klagend erlebt, geistig rege beklagte sie mit 99 Jahren nur den hohen Altersdurchschnitt im Seniorenheim, der so ziemlich jeden als potentiellen Romméspieler ausschloss. An einem Besuchsnachmittag strahlte sie mich bei meinem Eintreten an und begrüßte mich mit den Worten: „Wie schön, dass du kommst, ich gehe nämlich auf die Reise". Sofort brach ich in Tränen aus, weil ich die Klarheit ihrer Aussage unbewusst verstand. Meine Oma jedoch schien so etwas wie eine Vorfreude auf das Kommende zu haben, bereit für ein neues Abenteuer packte sie ihren Lebenskoffer und freute sich über den Abschied, der ihr noch möglich war. Sie zog sich an diesem Tag von dieser Welt zurück, starb drei Wochen später und hinterließ mir diese erste tiefe Erfahrung.

Einige Jahre später bekam meine Mutter ihre Krebsdiagnose, und es begann eine dreijährige Zeit des Hoffens, aber auch des Abschiednehmens. Trotz dieser geschenkten Jahre kam der Tod schneller als erwartet an einem Sonntagnachmittag. Es war ein sehr einschneidendes Erlebnis, denn als ich ihr Zimmer betrat, war ich nicht darauf vorbereitet, dass sie sich bereits auf ihrer Reise befand. So brach ich völlig überfordert von meinen Gedanken und Gefühlen in einen hektischen Aktionismus aus, der sich auf sie übertrug und mit aller Kraftanstrengung zwang ich mich zum Durchatmen, setzte mich zu ihr und sagte so ruhig wie möglich: „Es ist gut." Das war der Moment, in dem sie starb. Der Intensität des letzten Augenblickes so nah zu sein hat mich geängstigt und erst später sehr dankbar werden lassen, dass sie diesen intimen Moment des Sterbens mit mir geteilt hat.

Und nun Lina … ihr Brief an mich beginnt mit den Worten „Mama, ich gehe Oma besuchen …" Besuchen … bedeutet das nicht auch wiederkommen?! Ich spüre Lina in den ersten Tagen nach ihrem Weggang sehr stark bei mir. Sie ist so präsent, dass ich denke, dass ich sie jeden Moment auch sehen werde. Es macht mir ein wenig Angst. Ich überprüfe innerlich, ob es Anzeichen eines bevorstehenden Nervenzusammenbruches sein könnten, schätze mich aber als stabil ein und sage mir, dass es doch mein Kind ist. Es sind sehr intensive Wochen, die mein Vertrauen in ein Danach vertiefen und mir die Ruhe schenken, dass es nicht auf alles eine logische Antwort geben muss. Ich weiß um das, was ich gespürt und gesehen habe und trage es wie ein Geschenk in mir. Ich muss mich nicht rechtfertigen, nicht erklären. Aber ich kann es mit Freude teilen. Mit Menschen, die Ähnliches erfahren haben. Und diese Erfahrung verbindet, wir sprechen die gleiche Sprache, für die es keine ausreichenden Worte gibt. Das macht stark und trägt mich weiter auf meinem Weg. Ich bin nicht allein, von allen Seiten wunderbar behütet und begleitet.

Vergissdeinnicht

Nach sieben Wochen versuche ich, wieder arbeiten zu gehen. Ich habe Angst, weiß nicht, wie es mir geht, wenn ich den Jugendlichen begegne, die in Linas Alter sind. Viele mit Depressionen, Suizidgedanken und selbstverletzenden Verhalten. Ich fange mit Nachtdienst an, so sind die Kontakte erst einmal dosierter. Meine Kollegen unterstützen mich sehr, ich erfahre ganz viel Hilfsbereitschaft, Mitgefühl und Verständnis. Manchmal spüre ich auch ein wenig Verunsicherung im Umgang mit mir. Wie soll man mir begegnen? Darf man zusammen auch mal lachen? Oder über Lina sprechen? Ich wundere mich, warum die Sozialarbeiterin nur noch von ihrem Hund als „mein Hund" spricht und als ich sie frage, sagt sie mir, dass sie sich nicht trauen würde, den Namen auszusprechen, weil sie nicht wüsste, wie es mir dabei geht. Ihr Hund heißt Lina. Ich habe die Erfahrung gemacht, dass es allen gut damit geht, wenn ich offen meine Gefühle ausspreche. Ja, ihr könnt über Lina reden, ich finde es sogar sehr schön, wenn sie hier ihren Platz in der Mitte behält. Zwischen euren Kindern, auf die wir Mamas so stolz sind. Ja, wir können zusammen lachen, auch wenn es mir manchmal vielleicht noch nicht richtig gelingt. Ja, vielleicht breche ich unvermittelt in Tränen aus, weil mich ein Wort, ein Geruch, eine Erinnerung einen Moment davonträgt. Weil es manchmal einfach nur zu traurig, unfassbar und schmerzvoll ist. Und dann gibt es einfach keine Worte. Auch für mich nicht. Und dann wird dieser Moment wieder leichter auszuhalten sein.

Vorsichtig taste ich mich in meinem neuen Leben voran und nehme mir kleine Auszeiten von der Arbeit, wenn ich spüre, dass ich mehr Raum und Zeit für mich und Lina brauche. Ich nehme die Trauer sehr bewusst wahr. Mein Mantel, der anfangs so schwer auf mir lastete, aber auch vor dem Unfassbaren schützte, ist mittlerweile dünner und hat einige Löcher, durch die der Lebenswind wieder durchweht. Er ist ein Begleiter geworden, der mich auch vor zu starken Böen schützt. Die Trauer ist lebendig, raum- und zeitlos. Sie hat ihren eigenen Rhythmus. Ich versuche die schmerzhaften, schweren Tage ganz bewusst anzunehmen, mich in sie reinfallen und wegspülen zu lassen. Untertauchen und treiben, bis ich wieder den Boden unter den Füßen spüre und ein nächstes Stück des Weges gehen kann. Ich werde mit jedem Auftauchen ruhiger und sicherer.

Mit 44 Jahren möchte ich mir ein erstes Tattoo am Unterarm stechen lassen. Es ist mir ein tiefes Bedürfnis und die Tätowiererin eine jener Frauen, die mir scheinbar von guten Mächten zugeführt werden. Als Buddhistin mit einem anderen Blick auf das Leben und Sterben fühlen wir uns sofort miteinander verbunden. Ein doppeltes Unendlichkeitssymbol, getragen von den Worten: „Ganz gleich, wie beschwerlich das Gestern war, stets kannst du im Heute neu beginnen" findet seinen Platz unter meiner Haut. Es trägt mich, schenkt mir Kraft an dunkleren Tagen und wirkt wie eine Umarmung. Aber ich merke, dieser Weg ist noch nicht zu Ende. Nach einem Jahr Wartezeit und mehreren Besprechungen entsteht auf meinem Rücken ein wunderbares Bild von Lina. Mit Licht und Schatten, ihrer hellen und verborgenen Seite, ihrem Lachen und der inneren Qual. Sie ist nun mit all ihren Gefühlen sichtbar und meine Tätowiererin findet heilsame Worte: „Lina stärkt dir jetzt den Rücken" Es ist ein wunderbar wärmender Gedanke. Die monatelangen Sitzungen waren eine wichtige, intensive Zeit auf meinem Weg, in meiner Trauer.

Mein Blick vertieft sich, meine Seele wird weiter. Ich spüre eine langsame innere Heilung und stoße in der Klinik an meine Grenzen. Ich möchte mich ausbreiten zu neuen Ufern und erkenne, dass dieser Weg hier so nicht mehr möglich ist. Es entsteht ein Bedürfnis in mir, meine Erfahrungen zu verbinden, zu helfen und zu unterstützen. Mut denen zu schenken, die gerade aus ihrem alten Leben geworfen wurden und auf der Suche nach Lichtern sind. Ich will dazu beitragen, den Weg etwas zu erhellen und dabei liegen mir besonders die Kinder und Jugendlichen am Herzen. Kinder, die um Papa oder Mama trauern, Geschwisterkinder, die einen Bruder oder eine Schwester verloren haben, Jugendliche, die einen Verlust im Freundeskreis erlebt haben und nicht wissen, wohin mit all den Gefühlen, die da auf sie zukommen. Sie alle brauchen keine Therapien, sondern nur einen Raum für all ihre Gedanken und Gefühle.

Ich gehe mit meinen Stunden in der Klinik runter und mache eine Ausbildung zur Trauerbegleiterin für Kinder und Jugendliche und spüre, das ist der richtige Weg. In dieser Zeit lerne ich Menschen kennen, die sich aus unterschiedlichen Gründen heraus einer ähnlichen Aufgabe widmen. Sie bereichern, unterstützen und lehren mich meine eigene Erfahrung mit Wissen zu vertiefen, so dass ich mich für diese neue Aufgabe gut ausgerüstet fühle. Dieser Weg scheint vorbereitet für mich zu sein, denn wie von selbst öffnen sich die Türen, und ich bekomme kurz nach Beendigung der Ausbildung zur Trauerbegleiterin die Möglichkeit, das Trauercafé in unserem Nachbarort zu leiten. Nach anfänglicher Aufregung, wie mich die Gruppe annehmen wird, merke ich schnell, dass ich mich angekommen und sicher fühle in meiner Aufgabe. Das macht mich ruhig. Durch meinen eigenen Trauerweg kann ich meinem Gegenüber helfen der Vielzahl an Gedanken und Gefühlen, einen Raum zu geben, sie anzusehen, sich verstanden und nicht mehr allein zu fühlen. Das Trauercafé wird vom ambulanten Hospizdienst unterstützt und auch hier treffe ich wunderbare Menschen, die mir anbieten, dort als Koordinatorin anzufangen. Das bedeutet für mich noch einmal eine einjährige Qualifikation, die ich mit sehr viel Freude mache, denn ich fühle mich beschenkt, solch eine Möglichkeit zu bekommen.

Ich bin in meinem neuen Leben angekommen und begleite Erwachsene, die um ihren Partner, ihre Kinder oder Eltern trauern. Kinder, deren Schwester, Bruder, ein Elternteil oder Freunde verstorben sind. Und ich bin sehr dankbar. Dankbar, dass ich diese Aufgabe erfüllen darf. Dankbar, dass ich vor sechs Jahren, als meine Welt stehenblieb, nicht am Leben zerbrochen bin. Dankbar, dass es immer wieder kleine Hoffnungslichter an dunklen Tagen gab, die mir den Mut schenkten, weiterzugehen. Dankbar, dass ich von Menschen getragen wurde und werde, die aus meinem alten Leben kamen und jene, die mich neu begleiten.

Ich spüre Lina immer an meiner Seite … mal mehr, mal weniger nah, aber immer da.

Jeder unserer Wege ist sehr individuell nach so einer zutiefst schmerzhaften Erfahrung.

Und dennoch möchte ich dir Mut machen, den Blick zu heben, wenn du den Boden unter den Füßen nicht mehr spürst, die Dunkelheit der Trauer dich umfängt und dir die Luft zum Atmen nimmt. Es gibt sie, diese offenen Arme und Herzen, und sie sind bei dir, vertraue und sehe.

In Gedenken an jene, die wir lieben …

Katrin Sch.

Lisa B.

*08.07.1999 +23.08.2014

Lisa hat Tiere über alles geliebt. Sie war eine Träumerin und die Ruhe in Person. Das Wasser war ihr Element, sie liebte es, zu tauchen, zu schwimmen und zu schnorcheln. Lisa hatte ein altes Fahrrad ihren "Göppel", mit dem sie überall unterwegs war, oder sie fuhr mit den Rollerblades. Sie liebte es, mit Freundinnen einkaufen zu gehen, Klamotten anzuprobieren, und sie zockte gerne. Lisa war fast immer gut gelaunt, sie ging Streit aus dem Weg, so gut es ging. Lisa liebte es auch, zu malen und zu fotografieren oder ihr Zimmer umzustellen. Mit Lisa konnte man ewig diskutieren! Ab Herbst wollte unsere Tochter das Bundesrealgymnasium besuchen, dort hatte sie sich für den Informatik-Zweig entschieden. Lisa war neun Jahre unser Einzelkind bis Anna und zwei Jahre später Fabian auf die Welt kamen. Große Schwester war sie gerne, auch wenn die Kleinen manchmal genervt haben. Lisa hat uns sicher ein Jahr bearbeitet, bis wir ihren Herzenswunsch, einen Hund zu kaufen, erfüllt haben – unseren Havaneser Benny, mit ihm war Lisa sehr glücklich!

Am 23.08.2014 hatte unsere Tochter einen tödlichen Unfall bei ihrem geliebten Hobby, dem Fotografieren. Sie rutschte auf einer Sandplatte aus und wurde von einem starken Strudel unter Wasser gezogen und ertrank in der Bregenzer Ach. Wie es zu diesem Unfall kam, bleibt für uns bis heute ein Rätsel ...

Am Tag vor dem Unfall ging Lisa am Abend mit unserem Hund Benny spazieren und erblickte einen Hund ohne Besitzer, der ihr schon öfter aufgefallen war und ihr sehr leidtat. Sie entschloss sich, ihn einzufangen, mit nach Hause zu nehmen und die Tierrettung zu benachrichtigen. Am Telefon sagte man unserer Tochter, sie müsse bis 23:30 Uhr warten, bis der Hund abgeholt wird. Ich setzte mich zu ihr auf den Boden im Gang und wartete mit Lisa und dem Hund. Sie sagte zu mir: „Weißt du Mama, mir tun die Tiere mehr leid als die Menschen, so bin ich halt ..." Eine Woche später, am Tag von Lisas Verabschiedung in der Kirche, war ich schon früh aufgestanden, um mit Benny noch eine Runde zu laufen. In Gedanken war ich bei Lisa und plötzlich lief genau dieser Hund, den Lisa der Tierrettung übergeben hatte, auf mich zu, er blickte mich kurz an und lief weiter. Ab diesem Zeitpunkt wusste ich, meine Lisa ist noch da! Das Gefühl, das ich hatte, kann ich kaum in Worte fassen ... so eine unendliche Liebe!

Ich war damals 36 Jahre alt und hatte mich mit dem Thema Tod nicht viel beschäftigt. Im ersten Jahr nach Lisas Tod bekamen wir viele Zeichen in Form von weißen Federn, Herzsteinen, Computern, die "verrückt" spielten, ein Radio, das auf einmal anging und das Windrad an Lisas Grab, das sich ohne Wind drehte, als ihr Papa André mit ihr sprach. Ich glaube fest an die Zeichen, die uns Lisa schickt und es hilft mir sehr, mit dem unsagbaren schweren Verlust von Lisa zu leben!

Ich habe viele Bücher gelesen. Bücher von Elisabeth Kübler-Ross, Paul Meek, Pascal Voggenhuber, James Van Praagh usw. Sie haben mich in meinen Ansichten über das Leben nach dem Tod bestärkt. Circa ein Jahr nach Lisas Tod haben mein Mann und ich ein Medium besucht. Sie konnte uns Dinge über Lisa und über unser Leben sagen, die sie nicht wissen konnte. Es war eine tolle Erfahrung für uns und hat uns viel Kraft gegeben!

Ich habe mir eine Libelle mit Lisas Unterschrift auf meinen linken Unterarm tätowieren lassen, für mich ein Symbol vom Leben und der

Weiterentwicklung ... Es gibt eine berührende Geschichte von den Wasserkäfern und der Libelle im Internet.

Bei Lisas Unfallstelle haben mein Mann und ich einen Gedenkplatz mit vielen Herzsteinen gemacht. Dort blühen im Frühling Tulpen und Narzissen und im Sommer der Flieder, den die Schmetterlinge lieben. Ich fahre einmal in der Woche dorthin und zünde eine Kerze an. Setze mich hin und lausche dem Wasser ... Es ist für mich ein besonderer Platz geworden!

Mein Leben hat sich sehr verändert, ich habe mich verändert! Am Anfang nach dem Tod meiner Tochter Lisa war die Traurigkeit sehr groß. Sie überkam mich von einem Moment auf den anderen mit voller Wucht. Ich konnte nur noch weinen und funktionierte nur noch ... Am Abend, wenn mein Mann von der Arbeit nach Hause kam, bin ich immer mit Benny spazieren gegangen, meistens zum Friedhof, und das mache ich immer noch. Die Zeit für mich hat mir sehr geholfen, ich bin Lisa sehr dankbar, dass sie so hartnäckig war wegen des Hundes.

Ich habe ein Gespür bekommen, mit welchen Personen ich mich über mein Kind im Himmel unterhalten kann. Vielen ist es unangenehm und sie wechseln das Thema, auch weil sie die Trauer nicht aushalten können! Manche haben tatsächlich die Straßenseite gewechselt oder sich im Supermarkt hinter den Regalen versteckt. Ich glaube heute, dass viele Menschen einfach unsicher sind und nicht wissen wie sie mit dem Thema Tod umgehen sollen. Bei Familienfesten war es am Anfang sehr schwer, weil über Lisa nicht mehr viel geredet wurde. Ich hatte das Gefühl, dass sie einfach vergessen wird ... Ich habe gelacht, aber eigentlich war ich sehr traurig! Es hat sich mit der Zeit verändert, ich habe gelernt, es einfach zu akzeptieren! Mich nicht mehr zu fragen, warum Lisas Grab nicht so oft besucht wird oder man nicht mehr viel über Lisa spricht. Es ist wie eine dicke Haut, die ich mir zugelegt habe!

Seit Jänner 2015 besuche ich einmal im Monat die Selbsthilfegruppe "Verwaiste Eltern" in Dornbirn. Es tut mir sehr gut, mich mit Eltern zu unterhalten, die diesen tiefen Schmerz kennen. Sich einfach verstanden fühlen, weinen, lachen, gute Gespräche führen und sich nicht verstellen müssen! Die Verbindung zwischen uns Eltern ist für mich etwas ganz

Besonderes! Die Gruppe hat mein Leben sehr bereichert und mir in meiner Trauerarbeit sehr geholfen!

Mein Mann André und ich veranstalten einmal im Jahr eine Gedenkfeier für alle verstorben Kinder in der Erlöserkirche in Lustenau. Sie bedeutet mir sehr viel! Wenn die Namen der Kinder vorgelesen werden und für jedes eine Kerze entzündet wird, ist es sehr ergreifend. Da ist eine tiefe Verbundenheit zu den anderen Eltern, die ihr Kind im Himmel immer im Herzen tragen werden. Es gibt mir Trost, dass ich mit meinem Verlust nicht allein bin!

Unsere kleinen Kinder haben eine Zeit lang eine Kindertrauergruppe besucht. Geschwister dürfen nicht vergessen werden! Sie haben ja nicht nur ihre Schwester verloren, sondern auch einen Teil von Papa und Mama, weil wir so traurig waren und uns verändert haben. Wir haben aber immer viel von Lisa geredet, Fotos angeschaut, Geschichten erzählt oder uns den Himmel ausgemalt! Nach einem Jahr konnten wir einen Teil von Lisas Sachen in den Keller räumen. Ihre Klamotten wollte Anna, die jetzt in Lisas Zimmer schläft, im Kleiderkasten ganz oben lassen – für sich, wenn sie mal groß ist ... Heute bin ich sehr dankbar und sehr stolz auf Fabian und Anna, sie sind mit ihrer Fröhlichkeit und Gelassenheit auch ein Vorbild für uns!

Die Traurigkeit ist seit dem 23.08.2014 ein Teil von meinem Leben. Der unbeschreibliche Schmerz ist der Preis für die Liebe! Jetzt schon fünf Jahre – eine lange Zeit, da gewöhnt man sich daran. Heute sind die Traurigkeit und die Sehnsucht nach meinem Kind Teil meines Lebens, aber auch die Fröhlichkeit hat ihren Platz. Ich bin sehr dankbar, dass ich meine Tochter Lisa 15 Jahre an meiner Seite hatte. Ich werde auch immer drei Kinder haben, zwei auf der Erde und eines im Himmel! Ich habe gelernt, mein Leben anzunehmen und es für mich und meine Familie so gut es geht lebenswert zu gestalten. Auch mal Nein sagen, gehört dazu. Ich probiere im Hier und Jetzt zu leben, den Moment zu genießen und freue mich über Kleinigkeiten ...

Die Zeit vergeht so schnell und wenn ich so zurückschaue, bin ich sehr froh, dass mein Mann, meine kleinen Kinder und ich das zusammen so geschafft haben nach dem Tod von unserer geliebten Lisa!

Tamara B.

Marcel Sch.

*06.08.1985 +03.03.2007

Im Nachhinein gesehen wurden wir schon im Vorfeld durch Zeichen, Gesten und Signale auf den plötzlichen Tod unseres damals 21-jährigen einzigen Sohnes, Marcel, vorbereitet. Doch verstehen konnten wir das alles damals noch nicht ...

Marcel wollte an dem Abend vor dem schrecklichen Unfall mit Freunden feiern und ließ – wie immer in solchen Fällen – sein Auto zuhause stehen.

Die unbeschreibliche Situation als uns am nächsten Vormittag ein Polizist mitteilte, dass unser Sohn – ebenso wie die Tochter unserer Nachbarn – als Beifahrer tödlich verunglückt seien, kannte ich bisher nur aus Filmen. So etwas passiert doch immer nur anderen ... Ich war der festen Ansicht, dass jede Mutter an solch einem Schock und Ausnahmezustand zerbrechen müsste ... So schien es anfangs auch! Mit Grauen erinnere ich mich z. B. daran, dass mein Mann und ich nicht begreifen konnten, dass die Natur nicht stehenblieb und sich im Frühjahr – als sei nichts geschehen – die

Knospen an Bäumen und Sträuchern bildeten. Wir erlebten es als Verrat, denn für uns schien das Leben plötzlich stehengeblieben zu sein.

Aber inzwischen weiß ich, dass sehr vieles zu bewältigen ist und behaupte sogar, dass man selbst an solch einem Schicksalsschlag wachsen, reifen und gestärkt mit Resilienz hervorgehen kann. Dieses war jedoch ein harter, langer und bleibt sicherlich nie endender Weg!

Wenn ich mich heute frage, wodurch ich es schaffen konnte, fallen mir gewisse Schlagwörter ein wie Offenheit, Toleranz, Akzeptanz, Freunde, Liebe, Aktivität, Literatur und das absolute Verneinen von Vorwürfen, Hass und einer eigenen Opferhaltung.

Ich möchte im Folgenden Personen und Situationen beschreiben, die mich unterstützten und gleichzeitig wäre es mir eine Freude anderen betroffenen Menschen die Hoffnung auf ein – anderes – Weiterleben geben zu dürfen. Damals war ich auf der Suche nach Menschen, die mir aus eigener Erfahrung hätten sagen können, dass auch solch ein Schicksalsschlag irgendwie zu bewältigen sein kann. Heute weiß ich, dass diese Möglichkeit besteht, wenn wir uns trotz des erlebten Grauens den positiven Dingen öffnen.

Jeder Mensch hat eine andere Bewältigungsstrategie. Mein Mann Dierk, wählte die introvertierte Variante. Er zog sich zurück und schrieb ein Buch, um alles für sich bewältigen zu können. Ich dagegen nahm sofort über das Internet Kontakt zu anderen verwaisten Eltern auf und verbrachte schlaflose Nächte per Chat und E-Mail. Als Ehepaar wuchsen wir jedoch trotzdem immer mehr zusammen, da wir unsere unterschiedlichen Trauerstrategien vollkommen unterstützten und uns gegenseitig ermunterten, den jeweils individuellen Weg weiterzugehen.

So haben wir auch unsere besten Freunde, Andrea und Jürgen, kennenlernen dürfen, welche ebenfalls ihren einzigen Sohn Maik, verloren hatten. Die 400 km Entfernung hindern uns nicht daran, auch heute noch mindestens viermal jährlich wunderschöne, entspannte gemeinsame Tage mit Seelenverwandten zu verbringen.

Ich bin dankbar dafür, in dem langjährigen Trauerprozess nur positive Erfahrungen und Begegnungen erlebt haben zu dürfen. Nachbarn, Freunde und Arbeitskollegen haben uns moralisch und emotional jederzeit unterstützt. Aber wir haben uns auch nicht verschlossen, sondern waren offen für ihre Belange und Anliegen. Die Themen reduzierten sich nicht auf Marcel, sondern wir spürten, dass er ein Stück mit ihnen und ihren Kindern weiterlebte. Es tat gut, in vielen Wohnungen und Büros Marcels Foto neben denen ihrer eigenen Kinder zu entdecken.

Obwohl die Mutter unserer Nachbarin und Freundin, Klaudia, zuhause im Sterben lag, war sie immer für uns da. Und als die Dame einen Tag nach Marcels Trauerfeier friedlich eingeschlafen war (Marcels Foto stand neben ihr), gab ich ihr erleichtert einen Kuss, da ich hoffte, dass sie nun auf meinen Sohn aufpassen würde.

Drei Tage später begleiteten wir meinen Vater in seinen letzten Stunden und wieder hoffte ich, dass nun auch noch der Opa Marcel in der anderen Welt unterstützen würde. Ja, ich hatte damals noch Angst um mein Kind! In den darauffolgenden Monaten durfte ich unendlich viele Zeichen empfangen und immer mehr verfestigte sich meine Überzeugung, dass Marcel mir sehr nahe ist und bleibt. Ich fühlte mich häufig von ihm unterstützt und durfte langsam lernen, dass er gar nicht ältere Menschen brauchte, welche auf ihn aufpassen, sondern dass er viel weiterentwickelt ist als wir und uns unterstützt, die wir hier noch auf der Erde verweilen.

Durch das Lesen und Verarbeiten diesbezüglicher Literatur sowie das Aufsuchen einzelner Medien, welche unverwechselbare Jenseitskontakte ermöglichten, verstärkte sich die Gewissheit, dass es den Tod nicht gibt. Die Seele verlässt nur den Körper und existiert in einer anderen Form für immer weiter.

Sofort nach dem Unfall war mir die Beziehung zu Marcels damals 18-jährigen Freundin Rebekka sehr wichtig. Irgendwie fühlte ich mich verantwortlich für das Leid, welches unser Sohn ihr durch sein plötzliches Verschwinden angetan hatte. Gemeinsam mit ihrer verständnisvollen und lieben Mutter war sie in der ersten Woche immer in unserer Nähe und auch Marcels beste Freunde kamen, sobald sie von dem Unfall hörten, zu uns. Durch die jungen Leute konnte ich Marcel spüren. Auch in den folgenden Jahren begegneten wir uns offen und herzlich. Niemals empfing ich sie mit Trauer, sondern in echter Freude und Verbundenheit. Die Gedenktage verbrachten wir gemeinsam – so wie sie es zuvor mit Marcel gewohnt waren. Wir feierten im Grunde MIT ihm. Inzwischen haben sie z.T. ihre eigenen Familien gegründet, aber der Kontakt bleibt in unterschiedlicher Form bestehen: So haben wir Marcel auf der Hochzeit seines Freundes Reyk, sowie auf der Taufe dessen Tochter würdig vertreten dürfen. Gaetano litt sehr unter dem Verlust seines besten Freundes und er lässt mich noch heute an seinen Erinnerungen und der erlebten Verbundenheit zu Marcel teilhaben. Gleichzeitig freue ich mich über seine wunderbare Entwicklung. Auch der persönliche Kontakt zu Marcels Freundin aus der frühen Kindheit, Jessica, ist bis heute ungebrochen und wir treffen uns trotz der räumlichen Entfernung in unregelmäßigen Abständen und ich bin glücklich, sie in ihrem Entwicklungsprozess immer vertraulich begleiten zu dürfen. Die Beziehung zu Rebekka und Marcels Freund Artur, war über all die Jahre sehr innig. Wir hatten unendlich viele gemeinsame Erlebnisse, auch mit ihren Familien. Emotional wurden sie zu „unseren Kindern". Umso glücklicher waren mein Mann und ich als sie nach vier Jahren Freundschaft eine liebevolle Beziehung begannen, zusammenzogen und inzwischen eine wunderschöne Tochter haben. Auch wenn sie inzwischen über eine Autostunde entfernt wohnen, bleibt die freundschaftliche Beziehung (hoffentlich für immer) bestehen.

Insgesamt kann ich sagen, dass für meinen Mann und mich Marcel durch die jungen Leute weiterlebt. Uns verbindet, dass er für jeden von uns eine wichtige Rolle im Leben spielte und gleichzeitig bin ich dankbar, dass sie mich an ihrem heutigen Leben weiterhin teilhaben lassen. Mit ihnen kann ich lachen, Freude empfinden und Zukunftspläne schmieden.

Mein über alles geliebter Marcel, vor fast dreizehn Jahren hat deine Seele die Seiten gewechselt. Nach anfänglicher Starre und einer Todessehnsucht, entwickelte sich immer mehr die Gewissheit, dass es unausweichlich zu unserem Lebensplan gehört. Heute spüre ich immer die Nähe zu dir sowie die Dankbarkeit für wunderbare Kontakte durch dich und erlebe inzwischen Kraft, Energie und Lebensfreude. Hoffentlich bis zu dem Tag, an dem wir uns endlich wiedersehen werden.

Ully Sch.

Mats M.

* 31.03.2014 +19.05.2014

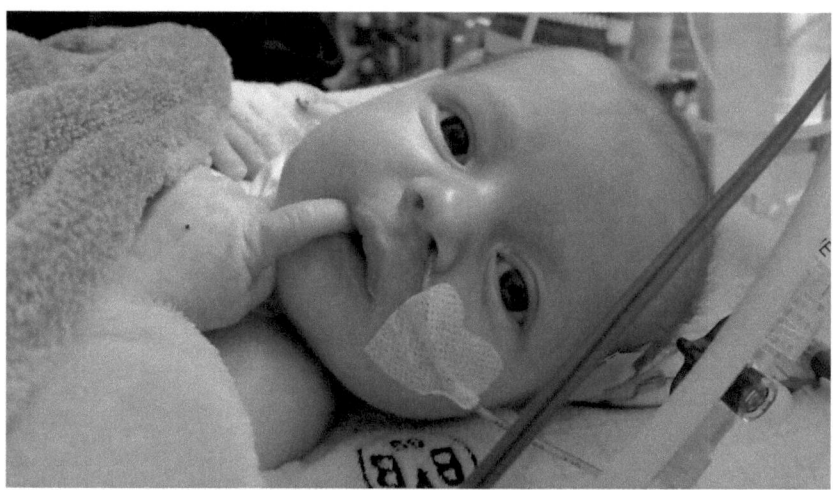

Mein Name ist Yvonne und ich möchte Euch heute von meinem Sohn Mats erzählen. Am 14. August 2013 dachte ich, mein Leben könnte nicht besser sein. Ich hatte einen wundervollen Mann an meiner Seite und hatte gerade die Bestätigung vom Arzt bekommen, dass wir endlich unser ersehntes Wunder erwarten ...

Am 10.12. wurde unser Glück das erste Mal getrübt, als wir bei der Feindiagnostik erfuhren, dass unser kleiner Mann höchstwahrscheinlich einen Herzfehler haben wird. Von nun an hieß es hoffen und bangen zwischen den vielen Kontrolluntersuchungen. Der Herzfehler zeigte sich immer deutlicher beim Ultraschall, allerdings bestand bei uns immer noch die Hoffnung, dass er keine Operation benötigen wird. Da Mats sich ab der 20. Woche nicht mehr drehen wollte (wie wir bei der Geburt erfuhren lag das an einer viel zu kurzen Nabelschnur), wurde für den 04.04. der Kaiserschnitt angesetzt. Der Termin schien unserem Sonnenschein aber nicht zu passen und er ließ mich dann erstmal die „Freuden" von unregelmäßigen Wehen kennenlernen. Also hielten es die Ärzte für sinnvoller, Mats noch schnell zu einem März-Baby zu machen. Somit wurde er am 31.03. auf die Welt geholt. Da er anfangs stark unterzuckert und seine Beine und Füße arg zyanotisch waren, durfte ich ihn nach der Sectio nur ganz kurz auf meiner Brust haben. Danach wurde er sofort auf die Kinderintensivstation verlegt, da durch die starke Blaufärbung seiner Füße und Beine gleich klar war, dass sein Herzfehler ihm zu schaffen machte. Schnell stand fest, dass er um eine OP nicht herumkommen würde. Zu dem Zeitpunkt waren wir noch in dem Glauben, dass nur seine Aorta eine Verengung aufwies. Als wir dann am 02.04. nach Bad Oeynhausen ins Zentrum für angeborene Herzfehler verlegt wurden, erfuhren wir, dass es viel schlimmer aussah. Mats hatte ein hypoplastisches Linksherzsyndrom (HLHS). Um es ganz vereinfacht zu sagen, bedeutete es, dass seine linke Herzhälfte so stark unterentwickelt war, dass sie keinerlei Funktion übernehmen konnte. Dieser Herzfehler kann nicht behoben, sondern nur palliativ behandelt werden. Dazu gehören drei große OPs am offenen Herzen. Die erste OP (Norwood-OP) wurde im Alter von sieben Tagen, am 07.04. gemacht. Nach sieben Stunden an der Herz-Lungen-Maschine hieß es nun wieder hoffen und Daumen drücken. Aber Mats meisterte diese Tortur mit Bravour, nach wenigen Tagen konnte sein Thorax wieder verschlossen werden. Und nach einer Woche war er wieder aus dem Koma erwacht und atmete schon wieder selbstständig mit. Zwei Wochen nach der OP durfte ich mit Mats auf eine Mutter-Kind-Einheit ziehen auf der normalen Kinderstation. Ich war so erleichtert und überglücklich. Und nur eine Woche später, am 28.04., durften wir unseren Schatz endlich mit nach Hause nehmen. Die Welt hätte für mich zu dem Zeitpunkt nicht besser aussehen können. Uns wurde zwar mehrmals gesagt, dass große Gefahr bestehe, dass sich bis zur zweiten OP in vier bis fünf Monaten der Shunt verschließt, aber so wirklich wahrhaben wollte ich das einfach nicht. Da Mats mit Magensonde und Monitor entlassen wurde, waren die drei Wochen, die wir ihn zuhause hatten, nicht einfach oder entspannt, aber für mich waren sie trotzdem perfekt. Zeit- und Schlafmangel, Unordnung und Anspannung nahm man gerne in Kauf, um dieses Wunder endlich bei sich haben zu dürfen.

Und dann kam jener Tag ...

Am 19.05.2014 war Mats genau sieben Wochen alt. Ein Montag. Am Tag darauf sollten wir in die Herzklinik zu einer Kontrolluntersuchung. Darum hatte mein Mann sich die beiden Tage frei genommen. Wir schliefen alle ganz besonders gut in der Nacht und wachten morgens erst später als gewohnt auf. Doch später am Vormittag wurde Mats ungewöhnlich unruhig. Er weinte und wimmerte. Und von einem Moment auf den anderen war er schweißgebadet. Ich war beunruhigt und bat meinen Mann mir zu helfen Mats' Werte zu checken. Der Monitor schlug nach oben und unten in Werte aus, die mehr als besorgniserregend waren. Also riefen wir gleich bei unserem Kinderarzt und Kardiologen an. Die wimmelten uns nur ab und meinten, wir sollten uns am Nachmittag wieder melden, wenn der zuständige Arzt zu sprechen sei. Doch mein Gefühl sagte mir, dass wir nicht warten sollten. Ich rief im Herzzentrum an, doch an der Rezeption sagte man uns, dass wir uns an den Rat der anderen Arztpraxen halten sollten und dass wir eh eine Überweisung bräuchten. Meine Angst wurde immer größer. Da fiel mir ein, dass einer der Ärzte uns bei der Entlassung die Nummer der Station gegeben hatte, falls mal was sei. Die gaben uns dort den Hinweis, dass wir direkt in die Kinderklink fahren sollten. Da machten wir uns sofort auf den Weg. Wir gerieten in einen Stau, ich saß neben Mats auf der Rückbank. Er war bedeckt von Schweiß, gleichzeitig aber eiskalt und unglaublich blass. Er gab Töne von sich, die mir bis heute einen Schauer über den Rücken jagen. Ein ganz klägliches Jammern. Niemals hätte ich gedacht, dass ich ihm beim Sterben zusehe. An der Klinik angekommen, sprang ich mit dem Maxi-Cosi aus dem Auto und lief zum Empfang. Dort wollte man mich in den Wartebereich schicken, weil sie sauer waren, dass wir nicht angerufen hatten. In diesem Moment schaute ein Arzt im Vorbeigehen in den Raum und fragte mich völlig entsetzt, was los wäre. Ich ratterte alle Fakten herunter und er nahm mir direkt die Babyschale aus der Hand und rannte mit uns zum Fahrstuhl. Auf dem Weg nach oben gab ich Mats' vollständige Diagnose weiter, nannte ihm alle relevanten Befunde. Die Ärzte begannen oben auf Station direkt mit der Untersuchung, man bat uns, draußen zu warten. Nach einer gefühlten Ewigkeit bekamen wir dann die erste Meldung, dass sie Mats wiederbeleben müssten. Sein Herz hatte einfach aufgehört zu schlagen. Nach einer dreiviertel Stunde im Krankenhaus schlief Mats - 49 Tage nach seiner Geburt – für immer ein. Ich weiß, dass Mats wusste, dass wir und die Ärzte alles getan hatten, um ihn zu retten. Die Ärztin sagte wortwörtlich, dass sie nicht wüssten, wie er es geschafft hätte lebend anzukommen. Seine Werte waren schon so schlecht, dass er im Auto hätte sterben müssen.

Der Schmerz war unbeschreiblich und kaum auszuhalten. Es fühlte sich an, als hätte mir jemand die Luft zum Atmen geraubt. Keinen klaren Gedanken konnte ich mehr fassen und in meinem Kopf gab es nichts anderes als Mats. Ich war mir sicher, dass ich es nicht überstehen würde, ohne ihn weiter zu leben. Doch immer wieder ging die Sonne unter und am nächsten Tag wieder auf. Es hörte nicht auf. In dieser Zeit entwickelte ich ganz unbewusst kleine Rituale für mich.

Mats' Zimmer war an unserem Schlafzimmer angeschlossen und schon in den drei Wochen mit ihm Zuhause habe ich immer mit ihm das Rollo an seinem Fenster runter gemacht, bevor wir ins Bett gegangen sind. Und das habe ich auch lange ohne Mats weiter gemacht. Jeden Abend ging ich zu seinem Fenster, sagte ihm dort Gute Nacht und ließ das Rollo herunter. Bis zu den ersten heißen Tagen im Sommer nach seinem Tod habe ich jeden Abend dutzende Kerzen in unserem Wohnzimmer für ihn angezündet. Ich druckte so viele Bilder aus wie möglich und verteilte sie überall in der ganzen Wohnung. Auch Sterne und Schäfchen fanden überall ihren Platz. Die Schafe waren das Einzige, was wir so wirklich mit Mats verbinden konnten. Der erste Kauf für ihn in der Schwangerschaft war eine Schäfchen-Spieluhr. Und daraus entwickelte sich ein ganzes Schäfchen- und Wolkenmotto für sein Zimmer. Ein Schäfchen findet sich auch darum auf seinem Grabstein wieder. Unsere ganze Familie hatte kleine Sticker mit Schäfchen auf ihren Autos.

Außerdem fing ich an ein Tagebuch zu schreiben mit kleinen Briefen an Mats. Ich schrieb all meine Gefühle nieder und ließ meiner Trauer den Raum, den ich ihr im Alltag oft verwehrte. Ich versuchte immer, so viel wie möglich nach außen gefasst zu wirken. Ich habe dadurch lange Zeit nicht in unserem Wohnort eingekauft, um niemandem zu begegnen, den ich kenne. Ich bin nach meiner Arbeit direkt nach Hause gefahren und habe in meiner Freizeit gar nichts mehr unternommen. Mir fehlte die Kraft, um mich noch länger zusammenzureißen. Ich musste oft weinen, wurde schnell wütend und war ständig unkonzentriert. So kannte ich mich selbst nicht. Doch mir war zu dem Zeitpunkt schon klar, dass ich nie mehr zu meinem alten Ich zurückkehren würde. Etwas von mir selbst war mit meinem Kind zusammen gestorben. Viele Beziehungen wurden auf die Probe gestellt. Einige Freundschaften und Bekanntschaften haben das nicht ausgehalten. Zu groß war die Veränderung, die wir durchlebt hatten. Um mich mit denen auszutauschen, die unserem Sohn auch gedenken wollten, richtete ich circa zwei Wochen nach seinem Tod eine Erinnerungsseite bei Facebook ein (www.facebook.de/unserengelmats). Ich wollte gemeinsam mit unseren Familien und Freunden in Erinnerungen schwelgen, Fotos teilen und verhindern, dass Mats in Vergessenheit gerät. Mittlerweile folgt eine beträchtliche Anzahl an Lesern dieser Seite und spendet mir ganz oft sehr viel Mut und Kraft. Viele teilen die Geschichten ihrer eigenen verstorbenen Kinder mit mir. Sie geben mir damit Hoffnung, dass auch ich die nächsten 50 Jahre überleben kann.

Viele der Rituale und Angewohnheiten, die ich hatte, habe ich mittlerweile abgelegt. Vor allem seit Mats zwei kleine Geschwister hat, Miina und Marten, habe ich so manches verändert. Unsere Wohnung glich zum Schluss fast einem Schrein für Mats. Es gab keinen Platz mehr für andere Fotos und das Zimmer sah noch fast genauso aus wie zu dem Zeitpunkt als Mats starb. Ich konnte mich nicht dazu durchringen alles auf einmal zu ändern. Durch Brandstiftung verloren wir dann allerdings plötzlich unser Zuhause und viele Erinnerungsstücke von Mats. In unserem neuen Zuhause habe ich dann bewusst darauf geachtet, dass Mats überall Raum findet aber nicht, so dass seine Geschwister es als erdrückend empfinden könnten. Fotos sind von allen drei verteilt und die Erinnerungsstücke, die uns geblieben sind, habe ich bewusst im Haus verteilt, damit er überall ein wenig präsent ist für mich. Auch habe ich nicht mehr – wie anfangs – das Bedürfnis jedes Mal etwas Neues für Mats Grab zu kaufen, sobald Miina oder Marten etwas Neues bekommen. Mir ist bewusst geworden, dass es nicht unfair ist, den beiden Raum und Platz zum Leben zu geben, auch wenn ich Mats das nicht ermöglichen kann.

Es gibt immer wieder Momente im Alltag, in denen mich dieser ganz lähmende Schmerz nochmal überkommt und manche Erinnerungen wieder komplett durchlebt werden. Zum Beispiel die Autofahrt zur Kinderklinik ist immer wieder mal absolut präsent, wenn ich dieselbe Strecke fahren muss oder unter Zeitdruck im Stau stehe. Ich könnte auch nicht nochmal die Klinik betreten in der Mats starb. Aber immer öfter gibt es auch Momente, in denen es einfach nur schön ist, an ihn zu denken und mich zu erinnern. Dann nimmt die Trauer mir nicht den Atem, sondern spendet eher Kraft.

Ich schreibe nach wie vor fast jeden Abend auf seiner Seite. Einfach weil es mir guttut. Ich vergleiche es gerne mit dem Moment, wenn man ein Kind ins Bett bringt. Man kommt nochmal ins Gespräch, kann in aller Ruhe seine Liebe zeigen und widmet dem Kind noch einen Moment volle Aufmerksamkeit. Und das verdienen wir beide: Etwas das uns gehört und mich mit ihm verbindet. Es ist oft tröstlich, die lieben Worte unter meinen Texten zu lesen und das Mitgefühl anderer zu spüren. Doch wahrscheinlich würde ich auch weiterschreiben, wenn niemand es lesen würde. Denn letztendlich tue ich es für mich und Mats. Was uns als Familie wichtig ist, sind die Besuche auf dem Friedhof jeden Sonntag. Wir fahren dort nach Möglichkeit immer zu viert hin und nehmen uns einen Moment Zeit, in dem wir alle vereint sind. Generell ist es mir sehr wichtig, dass Miina und Marten Mats kennenlernen so gut es geht. Sie wissen schon, dass er krank war und bekommen es altersgerecht erklärt, wenn sie nachfragen. Gewisse Stücke von Mats sind mir auch so wichtig, dass ich es nicht unbedingt gerne habe, wenn sie damit spielen wollen und das sage ich ihnen dann dementsprechend. Aber auf der anderen Seite gibt es auch viele Dinge, die ich ihnen überlasse, mit dem Wissen, dass es in Verbindung zu ihrem großen Bruder steht, damit sie selbst einen Umgang mit dem Thema finden können.

Wenn man mich fragt, wie viele Kinder ich habe, wird meine Antwort immer „drei" lauten. Aber mittlerweile nehme ich mir das Recht heraus nicht immer direkt aufzuklären, dass eines davon verstorben ist. Und ich unterschreibe auch nicht mehr jede Karte demonstrativ auch mit seinem Namen, sondern bin dazu übergangen, Familie Müller zu schreiben, wenn ich weiß, dass es jemand nicht verstehen oder nachvollziehen kann. Denn nur die Namen seiner Geschwister zu nennen ist mir einfach nicht möglich. Letztendlich bleiben wir für immer eine Familie, der Tod kann uns nicht trennen.

Yvonne M.

Mirjam Sophie G.

*25.09.2012 +19.02.2013

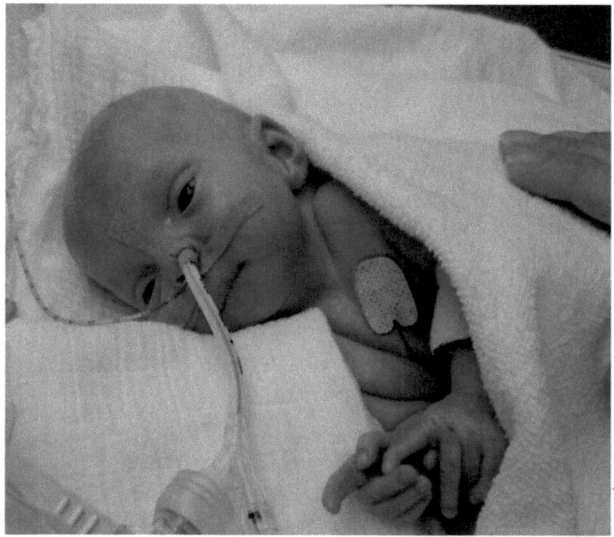

Mein Mann und ich hatten bereits 2007 einen gesunden Sohn bekommen. Für uns war immer klar, dass wir zwei Kinder wollten. Im März 2012 kündigte sich schließlich unser zweites Baby an, zuerst hieß es, es sei ein Junge. Später war klar, es wird ein Mädchen. In der 16. SSW hatte ich Blutungen und musste fünf Tage zur Überwachung im Krankenhaus bleiben. Mein Frauenarzt hatte ab da immer wieder Bedenken geäußert, da unser Baby sehr klein sei. Immer wieder schickte er mich zu anderen Kollegen mit besseren Geräten und auch ins Krankenhaus, aber dort gab man jedes Mal Entwarnung. Während mein Bauch riesengroß wurde, blieb mein Baby zierlich. Mein Frauenarzt blieb skeptisch, ich machte mir jedoch keine Sorgen. In der 30. SSW wurde ich in die Uniklinik geschickt. Nach zwei Stunden Ultraschalluntersuchung kam die niederschmetternde Diagnose: Verdacht auf Trisomie 13 oder 18 – mit dem Leben nicht vereinbar! Plötzlich war alles anders, nichts war mehr in Ordnung.

In dem Moment begann die Trauer – die Trauer um den Traum eines zweiten, gesunden Kindes. Niemand wusste, wie die Schwangerschaft weiter verlaufen würde, ob unser Baby bis zur Geburt leben würde. Vermutlich nicht, spätestens nach der Geburt würde sie wohl sterben, nur wenige Kinder würden ihren ersten Geburtstag erleben. Die Prognosen der Ärzte sahen sehr düster aus und doch wollten wir die Entscheidung unserer Mirjam Sophie – diesen Namen hatten wir ihr inzwischen gegeben – überlassen, wann sie gehen würde. Und irgendwie blieb da doch noch die Hoffnung, dass alles ein Irrtum sei oder Gott ein Wunder tut und unser Kind gesund zur Welt kommt. Viele Menschen beteten mit uns für unser ungeborenes Kind.

In der 34. SSW kam ich mit vorzeitigem Blasensprung in die Uniklinik, fünf Tage lang versuchte man die Geburt aufzuhalten, es war der Horror für mich. Unbewusst hatte ich nach der Verdachtsdiagnose begonnen, mich von meinem ungeborenen Kind zu distanzieren, damit es nicht so weh tut, wenn ich meine Tochter wirklich verlieren sollte. Eine beginnende Plazentaablösung führte schließlich zu einem Not-Kaiserschnitt unter Vollnarkose, innerhalb von wenigen Minuten wurde meine Mirjam Sophie am 25. September 2012 auf die Welt geholt. Sie lebte und atmete selbstständig und mein Mann durfte sie kurz sehen. Dann wurde sie auf die Neo-Intensivstation gebracht. Dies sollte ihr Zuhause für die nächsten vier Monate und drei Wochen sein. Vier OPs, viele Infektionen, ein ständiges Auf und Ab der Gefühle, der negative Schnelltest auf Trisomie 13, 18 und 21 und schließlich die genetische Diagnose nach mehreren Wochen: partielle Trisomie 16p. Nur acht dokumentierte Fälle weltweit, der älteste Junge 21 Jahre alt, schwerstmehrfachbehindert und ein Pflegefall. Doch alles schien wieder möglich, sichere Prognosen konnte kein Arzt abgeben.

Es gab Tage, da konnte ich nicht in die Klinik fahren. Konnte mir meine kleine Tochter mit all den Kabeln und Schläuchen, dem künstlichen Darmausgang, inzwischen dauerbeatmet, später durch ein Tracheostoma, nicht anschauen. Der Schmerz und die Ungewissheit waren einfach zu groß. Nach Wochen beschloss ich, die Situation anzunehmen und meine Tochter auch. Sie so zu lieben, wie sie war. Ein wunderschönes, ganz kleines Mädchen mit weißen Haaren und einem kleinen Extra in ihrem Bauplan, das sehr viele Auswirkungen auf ihren Körper und ihre Organe hatte. Und trotzdem war sie ein Geschenk Gottes und hatte jedem, der sie kennenlernen durfte, so viel zu sagen. Die Zeit in der Klinik war hart, keine Privatsphäre, immer auf die Hilfe von Schwestern und Pflegern angewiesen zu sein, sie nie alleine aus ihrem Bettchen zu nehmen. In den Augen der Mediziner war sie anfangs ein Forschungsobjekt von besonderer Bedeutsamkeit. Bis es uns reichte und wir ihnen jede Forschung untersagten. Mirjam Sophie war eine große Kämpferin und deshalb wurde schließlich auch ihre Entlassung vorbereitet für Ostern 2013. Dazu sollte es nicht mehr kommen. Am 19. Februar 2013 verschlechterte sich ihr Zustand am späten Nachmittag zusehends. Niemand hatte eine Erklärung und helfen konnten sie ihr auch nicht mehr. Mirjam Sophie hatte keine Kraft mehr und machte sich auf den Weg in ihre himmlische Heimat. Im Beisein ihres Papas starb sie um 21:05 Uhr in meinen Armen. Wir hatten entschieden, sie gehen zu lassen – aus Liebe.

In der Nacht vorher hatte ich geträumt: Jesus stand an ihrem Wärmebettchen und lächelte sie an. Er sprach zu ihr, er würde sie gesundmachen und heimbringen. Ich wachte auf, weil dieser Traum so real war, es war 01:00 Uhr nachts. Keine 24 Stunden später wusste ich, was Jesus damit gemeint hatte. Er nahm unser kleines Mädchen auf seine Arme und brachte sie in den Himmel, wo sie nun gesund sein darf und auf uns wartet.

In dieser Nacht holten wir unseren fünfjährigen Sohn, dann wuschen wir sie gemeinsam und kleideten sie in ihr winziges Hello-Kitty-Kleidchen. Dann verabschiedeten wir uns für immer in diesem Leben und zehn Tage später begleiteten wir unsere geliebte Tochter auf ihrem letzten Weg. An unserer Seite waren viele Menschen, Verwandte, Freunde, Bekannte, Kollegen, Geschwister aus Gemeinden, Erzieherinnen und Eltern aus Benjamins Kita, Krankenschwestern und Ärzte aus der Klinik, Klienten aus unserem Wohnheim … – sie alle waren gekommen, um Abschied zu nehmen von einem wunderschönen kleinen Engel, den fast niemand kennenlernen durfte aufgrund der strengen Besuchsregeln der Intensivstation, die erst kurz vor ihrem Tod gelockert wurden. Es brach mir nochmals das Herz als der kleine Sarg in die Erde gelassen wurde. Das Erdenbettchen unserer Tochter besuchten wir in der ersten Zeit fast täglich, es blieb unbegreiflich, dass unser Kind dort unter der Erde liegen sollte.

Und manchmal ist es das auch heute noch – unbegreiflich. Ich weiß, es ist nur die Hülle, die sie zurückgelassen hat. Dieser kranke Körper, der sie immer gefangen gehalten hätte. Ihre Seele ist bei Gott und dort hat sie einen gesunden, ewigen Körper, der niemals stirbt. Und wenn mein Leben eines Tages hier auf Erden endet, wird mein geliebtes Kind an der Himmelspforte neben Jesus stehen und auf mich warten.

Als ich mich mit 17 Jahren bewusst für Jesus entschied und ihm mein Leben übergab, ahnte ich nicht, welche schweren Wege noch vor mir liegen würden. Ich ahnte nicht, dass der Vers aus dem Psalm der gute Hirte vom Wandern im finsteren Tal Realität werden sollte. Und doch spürte ich in der dunkelsten Stunde, dass dort jemand bei mir war, dass ich nicht alleine war.

Nach der Verdachtsdiagnose in der Schwangerschaft bis nach der Beerdigung habe ich immer wieder Rundmails geschrieben und Menschen auch über die Grenzen unseres Landes informiert. Ich ließ sie Anteil nehmen an dem Leben unserer Tochter und auch an unserer Trauer. Diese wenigen Monate ließen keine Zeit zum Verstehen und zum Luft holen, alles ging viel zu schnell. Die ersten Wochen nach der Beerdigung kamen noch viele Emails, SMS, Anrufe, Briefe und Postkarten mit anteilnehmenden und tröstlichen Worten. Mit der Zeit wurden es weniger und Sprüche wie: „Es sei doch für alle Beteiligten so am besten", taten doch sehr weh und tun auch heute noch weh.

Ich hatte nie aufgehört zu arbeiten, wollte die mir anvertrauten Menschen in unserem Wohnheim nicht im Stich lassen. Damals stand das Wohnheim kurz vor der Schließung und dann hätten auch wir unsere Arbeit und unser Zuhause verloren. Ich stürzte mich in die Arbeit und versuchte einfach nur zu funktionieren. Auch mein Sohn brauchte mich. Nach einigen Monaten spürte ich immer mehr, dass die meisten Menschen um mich herum meine Trauer nicht mehr sehen wollten. Als ich ein halbes Jahr nach Mirjam Sophies Tod wieder schwanger war, spürte ich deren Unverständnis noch mehr. Ich solle mich doch freuen, diesmal würde sicher alles gut. Ja, es wurde gut und im Mai 2014 kam unser Folgesohn gesund und munter per geplantem Kaiserschnitt nach einer angespannten Schwangerschaft zur Welt. Aus lauter Angst vor einem weiteren Verlust hatte ich keine wirkliche Bindung zu meinem Baby entwickelt. So gehörten die Tage im Krankenhaus nur meinem Kind und mir – in einem Einzelzimmer und ohne Besuch mit Ausnahme von meinem Mann und Benjamin. Wir gaben ihm den Namen Johannes Immanuel – „Gott ist gnädig" und „Gott ist mit uns".

Doch ein Ersatz für meine Tochter ist keiner meiner Söhne. Mit Johannes sah ich täglich, was mir mit Mirjam Sophie versagt geblieben ist. Und bis heute tun besondere Tage weh: die Kinderweihe, der erste Tag in der Krippe, der erste Kindergartentag, die Anmeldung in der Grundschule, nächstes Jahr die Einschulung … All diese Tage werden wir mit unserer Tochter nicht erleben. Es schmerzt, Familien mit kleinen Mädchen zu sehen, die so alt sind, wie meine Tochter heute wäre. Aber auch der Anblick kleiner Babys tut manchmal weh, denn mein Baby ist nicht mehr hier. Gerne hätte ich noch eine Tochter, doch eine Schwangerschaft nach drei Kaiserschnittgeburten wäre ein nicht unerhebliches Risiko. Außerdem hat meine Ehe sehr unter der unterschiedlichen Art des Trauerns von meinem Mann und mir gelitten. Ich wollte reden und er schwieg, ich wollte an meine Tochter erinnern, er tat nach meinem Empfinden so, als wäre nichts geschehen. Ich will nicht ausschließen, dass sich unsere Wege eines Tages trennen werden.

Während ich direkt nach Mirjam Sophies Tod irgendwie erstarrt war und die Trauer nur Stück für Stück zulassen konnte, das zweite Jahr ohne sie sogar noch schlimmer war als das erste Jahr, habe ich mit den Jahren gelernt, die Trauer, den Schmerz und die Sehnsucht als meine Begleiter anzunehmen. Sie sind immer bei mir, so wie auch die Liebe zu meiner kleinen Tochter nie enden wird. Und heute, sechseinhalb Jahre nach ihrem Tod kann ich sagen, ich möchte diese Begleiter auch gar nicht gehen lassen. Denn dann müsste ich meine Tochter auch ganz loslassen und vergessen. Und wie könnte eine Mutter ihr Kind vergessen?!

Während am Anfang auch viel Wut in die Trauer gemischt war – Wut auf die Klinik, auf das Leben, auf Gott … bin ich heute dankbar für drei wunderbare Kinder, auch wenn ich nur zwei an der Hand habe und eines im Herzen trage. Eines Tages werde ich im Himmel mein geliebtes Töchterchen Mirjam Sophie wiedersehen und dann erst werden Trauer und Schmerz enden. Bis dahin werde ich weiterleben und auch die Tage überleben, an denen die Trauer wie eine große Welle meinen Blick und mein Herz verdunkeln und meine Seele schmerzen lassen. Sie vergeht nicht, aber sie verändert sich. Manchmal kommt auch die Wut wieder hoch, doch ich weiß, dass Gott auch meine Wut aushält, denn er hat selbst seinen Sohn in den Tod gehen lassen und kennt unseren Schmerz. Es ist nicht immer leicht dieses Leben, das so ganz anders ist, als ich es mir gewünscht habe. Und doch hat mein Engel mir so viel zu sagen gehabt, mir gezeigt, was wirklich wichtig ist im Leben und dass materielle Dinge keinen Wert haben für die Ewigkeit. Hätte ich die Wahl, würde ich mich wieder für genau dieses Kind entscheiden. Die dunkelsten Stunden haben mich verändert, der Mensch, der ich war, ist nicht mehr da. Und wird auch nie wieder zurückkommen. Auf die Frage nach dem Warum werde ich in diesem Leben keine Antwort bekommen, das muss ich akzeptieren. Auch dass die Sekunden, in denen meine Welt kurz stehen blieb, mich immer von den Menschen „trennen" werden, die niemals diesen Schmerz gespürt haben. Nie erleben mussten, wie ihr Herz in tausend Stücke zerbarst und ein großes Loch zurückblieb. Eine Hälfte von einem selbst mit dem geliebten Kind in den Himmel geht und man fortan in zwei Welten zu Hause ist. Zu trauern macht auch einsam, denn es fehlt die Kraft, in Freundschaften aus eigenem Antrieb zu investieren. Wenn das Gegenüber irgendwann keine Geduld oder Lust zur Initiative mehr hat, ja dann bleiben am Ende nur wenige Freunde übrig. Das ist traurig, aber halt nicht mehr zu ändern. Ich habe mich mehr oder weniger damit abgefunden. Feiern gehen war ja eh nie mein Ding und das Wissen, dass meine beste Freundin mir nie böse ist, wenn ich trotz Versprechen nicht anrufe, und doch immer ein offenes Ohr hat, sind mir sehr wertvoll. Ich hoffe, sie weiß das auch.

Ich kann heute wieder lachen mit meinen Jungs, kann mich freuen mit den Fröhlichen und weinen mit den Traurigen. Ich kann den Schmerz von Eltern, die ein Kind gehen lassen mussten, heute sehr gut nachvollziehen und nehme an jedem einzelnen „Schicksal" aus tiefstem Herzen Anteil.

Geholfen hat mir auf meinem Trauerweg das Reden und Schreiben. Da mir in meiner Umgebung schon lange kaum jemand mehr zuhören mag, habe ich mir irgendwann bei Facebook Gruppen mit anderen verwaisten Eltern gesucht. Dort wird man verstanden, egal wie viele Jahre auch vergangen sein mögen, seit unsere Kinder diese Erde verlassen haben. Und ich habe gelesen, sehr viel gelesen. Erfahrungsberichte anderer verwaister Eltern und auch Geschwister und Großeltern. Auch das Malen hat mir zeitweise gutgetan, auch in einer Trauergruppe. Und jedes Jahr fahren wir als Familie ein Wochenende zu einem Trauerseminar des Elternhauses der Uniklinik, obwohl wir dort nie gewohnt haben. Auch die Zugehörigkeit zu dem Verein LEONA e.V. (Familienselbsthilfe bei seltenen Chromosomenveränderungen), dem wir bereits vor dem Tod unserer Tochter beigetreten sind, war in den Jahren durch den Austausch mit anderen Betroffenen sehr hilfreich. Und ich habe über die Jahre viele Lieder über Sternenkinder, Trauer und Sehnsucht gesammelt und höre sie bis heute gerne. Sie helfen mir, die Trauer immer wieder bewusst zuzulassen.

Benjamin fiel es mit zunehmendem Alter schwerer mit dem Verlust seiner Schwester umzugehen. Mehrere Jahre bekam er professionelle Hilfe und der Tod seiner Schwester wird ganz sicher in seinem Leben immer eine Rolle spielen. Er spricht heute nicht mehr oft von Mirjam Sophie, geht nur noch selten mit an ihr Erdenbettchen. Aber ich bin mir sicher, vergessen wird er sie nie. Johannes wächst mit dem Wissen auf, dass er unser drittes Kind ist. Er kennt seine Schwester nur von Fotos, spricht jedoch ganz oft von ihr und geht auch gerne mit an ihr Erdenbettchen und gestaltet es neu.

Heute gehen wir nicht mehr so oft zum Friedhof, zeitlich schaffe ich es nur selten. Aber es ist okay, so wie es ist. Zuhause haben wir viele Fotos von unserer Tochter stehen, Erinnerungsstücke in einer Vitrine und eine Erinnerungsecke im Wohnzimmer auf der Fensterbank mit ganz vielen kleinen Engeln und anderen hübschen Figuren. Ob das Besuchern gefällt, ist uns egal. Für uns ist es wichtig, dass unsere Tochter einen sichtbaren Platz bei uns zu Hause hat. Sie wird immer ein Teil unserer Familie sein. In der Küche steht seit einigen Jahren auch ein kleines Stühlchen, das wir gemeinsam bei einem Trauerseminar gestaltet haben.

Trauer will gelebt werden und das Verdrängen macht nur krank. Ich habe die ersten Jahre versucht, viel zu verdrängen. Und auch heute in meinem stressigen Arbeits- und Familienalltag bleibt oft wenig Zeit für die Trauer. Doch das Verdrängen raubte mir die Kraft, ließ mich anfälliger für Krankheiten werden, mit Mitte 30 leide ich an Bluthochdruck und habe phasenweise Schlafstörungen. Manchmal schaue ich ein Foto an und denke, das kann doch alles nicht wahr sein. Ich suche immer wieder Wege, meinen Begleitern (Trauer, Schmerz und Sehnsucht) ihren nötigen Raum zu lassen. Dies ist nun eine meiner Lebensaufgaben geworden.

In dem Wissen, dass jeder vergangene Tag mich ein Stück näher zum Wiedersehen mit meinem Engel bringt, stehe ich jeden Morgen wieder auf. Ich weiß, meine Tochter hätte nicht gewollt, dass ich in der Trauer um sie versinke. Sie hätte gewollt, dass ich mein Leben lebe und Freude an ihren Brüdern und den schönen Dingen auf dieser Erde habe. An den meisten Tagen fällt es mir noch schwer, aber es gibt sie, die guten Tage. Mehr als zu Beginn meines Trauerweges. Und mit dem Schreiben dieser Zeilen wird es mir erst richtig bewusst, wie weit ich doch gekommen bin und wie die Trauer sich verändert hat. Und die Erinnerungen an die gemeinsame kurze Zeit leuchten wie kleine Sterne auch dann, wenn die Dunkelheit mich umhüllt. Ich muss nur lernen, die Augen zu öffnen und nach oben zu schauen – dorthin, wo meine Mirjam Sophie und alle anderen schmerzlich vermissten Kinder weiterleben.

Esther G.

Richard D.

*30.12.2003 +26.12.2017

Als ich erfahren hatte, dass ein neues Buch entstehen wird, war gleich mein Gedanke: "Dafür meldest du dich an". Eigentlich könnte mit Richards liebem Wesen, seiner Geschichte und meinen Gedanken nach seinem Tod, ein ganzes Buch gefüllt werden, aber er wäre auch mit einem Kapitel zufrieden und er wäre stolz darauf.

Obwohl er sich nie in den Vordergrund gestellt hatte, bekam er immer vollste Aufmerksamkeit von allen Menschen, da er authentisch war. Nicht manipulierbar, immer liebenswert und aufrichtig.

Mein Richard wurde eine Minute vor seinem Zwillingsbruder Lenard am 30.12.03 geboren. Von Anfang an wickelte er alle um den kleinen Finger mit seinen blauen Augen und seinem Grübchen an der rechten Wange. Ich nannte ihn immer „mein Werbungskind", weil er eine unheimliche Präsenz und Ausstrahlung hatte. Im Alter von acht Monaten wurde bei Richard Bronchial-Asthma diagnostiziert. Von da an war er eigentlich mein kleines

„Sorgenkind", aber im positiven Sinne. Ich hatte immer das Gefühl, ihn besonders beschützen zu müssen.

Er war ein hochsensibles Kind, was ein Fluch und Segen zugleich ist. Diese Kinder empfinden so viel mehr von ihren Mitmenschen im Inneren mit, sodass sie sich vieles sehr zu Herzen nehmen, manches zu sehr ...

Richard hatte einen ganz eigenen, noch naiven Humor, durch diesen flogen ihm alle Herzen zu und heute können wir manchmal schmunzeln und auch lachen, wenn wir uns über ihn unterhalten. Er war überdurchschnittlich praktisch veranlagt, 100%ig sozial und beliebt bei seinen Freunden. Er liebte Tiere über alles ... seine Katzen Bessy und seinen Tapsi ... Hufschmied war sein Berufswunsch.

AC/DC war seine absolute Lieblingsband, Gitarre und Schlagzeug spielen sein Hobby. Auch liebte er Feuerwerk über alles, stundenlang schaute er sich aus Langeweile auf Station Videos auf YouTube darüber an. Das Gefühl, dass er irgendwie immer bei uns ist, habe ich durch eine Lampe in unserer Küche, welche ich aus seinem Schlagzeug habe bauen lassen, so leuchtet immer in gewisser Weise sein Licht über uns.

Er war immer mein „Begleiter", ob zum Einkaufen oder wenn ich im Garten gearbeitet habe, er war meistens an meiner Seite und hat viel und gerne geholfen, um mir eine Freude zu machen. Nie hätte ich damit gerechnet, ihn irgendwann für immer hergeben zu müssen ...

Unsere Welt stand still, als wir am 25.06.2017 die Diagnose Leukämie bekamen. Das ganze Leben zieht an einem vorbei, man versucht stark zu sein und man ist es auch, äußerlich.

Die Leukämie hatte seine Milz stark geschädigt, so dass sie am 20.07.17 mittels minimal-invasiver Chirurgie entfernt wurde. Dabei wurde unbemerkt sein Darm verletzt. Neun Tage habe ich geredet, dass etwas nicht stimmt ... Am 29.07. wurde er nachts notoperiert. Darmperforation und Bauchfellentzündung!!!! Es folgten acht Tage künstliches Koma, sowie mehrere OPs, darunter auch einige Not-Operationen. Sein Zustand war äußerst kritisch. Er lag fünf Wochen auf der Intensivstation und natürlich konnte in dieser Zeit keine Chemo stattfinden. Insgesamt hatte Richard in zehn Wochen ununterbrochenem Krankenhausaufenthalt im Sommer 2017 zehn Operationen. Ob diese lange Chemopause schuld war an dem Rezidiv, wer weiß es??? Auf jeden Fall ist sicher, dass jede Abweichung vom Behandlungsprotokoll sich negativ auf die Behandlung auswirkt. Ein Stammzellspender wurde gesucht und gefunden. Im Januar 2018 sollte die Stammzelltransplantation stattfinden. Richard bekam im November 2017 mehrere Hochdosis-Chemos. Irgendwie hatte der Körper gar keine Chance mehr, sich zu erholen. Sein Blutbild war beängstigend. Er bekam im Dezember 2017 eine Sepsis, die aber meines Erachtens in der Klinik unterschätzt wurde und dann nicht mehr zu kontrollieren war.

Anfang Dezember sagte er zu mir: „Mama, die können mich nicht mehr heilen. Diesmal ist es schlimmer als im Sommer". Es brach mir das Herz, weil auch ich irgendwie im Inneren das Gefühl hatte, es nimmt alles kein gutes Ende. Ich hatte das letzte bisschen Vertrauen in diese Klinik verloren und noch heute mache ich mir Vorwürfe, dass wir nicht die Klinik gewechselt haben, denn die Fehler, welche passiert sind, waren hausgemacht und nicht auf den Krebs zurückzuführen.
Mein starker, tapferer, lieber Junge hat so gekämpft, aber er wollte dann nicht mehr. Es fingen die Leber und die Nieren an zu versagen. Er kam am 23.12.17 wieder auf die ITS und musste in der Nacht zum 25.12.17 ins künstliche Koma versetzt werden. Seine beiden Geschwister Natti und Lenard kamen nochmal, um sich zu verabschieden. Mein Mann und ich waren Tag und Nacht an seiner Seite.

Am 26.12.17, um halb zwölf, schien plötzlich die Sonne so dermaßen stark ins Zimmer, dass die Schwester fragte, ob sie die Fenster verdunkeln soll. Ich sagte aber, dass mich das Licht nicht stört.

Alle verließen das Zimmer, mein Mann ging eine rauchen, die Schwester ging zum anderen Patienten, ich blieb alleine mit Richard zurück. Die Sonne schien immer noch so stark. Ich stand neben seinem Gesicht und sagte zu ihm: „Wir haben dich alle so lieb und werden dich immer liebhaben."

Plötzlich fing sein Herz an, langsamer zu schlagen. Alle kamen gerannt, Ärzte, Schwestern und mein Mann. Wir wollten rausgehen, weil ich es nicht sehen wollte, wie sie ihn wiederbeleben, aber der Arzt sagte: „Er will sich jetzt auf die Reise machen." Punkt 12:00 Uhr hörte sein liebes Herz auf zu schlagen und meines ist seitdem gebrochen. Ein Teil von mir ist mit ihm gestorben und kann auch nicht mehr wiederbelebt werden. Nie im Leben überwindet man, das eigene Kind hergeben zu müssen.

Die Trauer ... ist ein stetiges Thema für uns ... ein Begleiter, der seit Richards Tod mein und unser Leben bestimmt. Ein kurzes Wort, und wenn man es ausspricht, weiß jeder worum es geht, und trotzdem hat jeder eigentlich keine Ahnung ... es sei denn, man hat's selbst erlebt. Es gibt keine Gebrauchsanweisung, keinen Trauer-Ratgeber, kein Gefühle-Barometer. Man muss sie aushalten, egal wie. Sie ist vollgepackt mit all der Liebe, die wir für ihn empfinden, mit all den Erinnerungen, die uns niemand nehmen kann, mit all der Wut über die Fehler, die während seiner Behandlung passiert sind, aber auch mit all den Plänen, die Richard für seine Zukunft hatte und dass er nie die Chance bekam, seine Pläne Wirklichkeit werden zu lassen. Immer wieder kommt der Gedanke, dass das eigene Kind es sich wünschen würde, dass man weiter geht und irgendwie tut man das ja auch, mal in tonnenschweren Schuhen, mal in Ballerinas ... egal wie, die Trauer läuft immer mit ... und das ist auch richtig so.

Unser ganzes vorheriges Leben war plötzlich nicht mehr wirklich, nicht mehr wichtig.

Natürlich suchte ich mir erst mal ärztliche Hilfe, bekam ich auch in Tablettenform. Eine Kur hatten wir auch beantragt für meinen Mann, Richards Zwillingsbruder und für mich ... was folgte war ein irrer Papierkrieg in Form von Widersprüchen und Anträgen und letztendlich mit der traurigen Trauer-Erkenntnis, dass dies(es) alles mir zu viel Energie und Kraft raubte, so dass ich es leid war und diesen Kampf aufgab. Aber es zeigte mir auch, wie mit trauenden Eltern und Geschwisterkinder umgegangen wird ...

Ich suchte ständig etwas, was meiner Seele guttut, nach Licht, nach guten Gedanken und Gefühlen ...

Da wir vor Richards Diagnose eigentlich in die untere Etage unseres Hauses ziehen wollten, damit unsere erwachsene Tochter die bisherigen Räume in der oberen Etage nutzen konnte, hatte ich ein Riesenprojekt. Ich konnte meine Ideen und meine Kreativität vollkommen ausleben. Mein Mann ließ mich machen … auch lernte ich durch eine liebe Freundin das Häkeln. Es brachte mir irgendwie die innere Ruhe zurück. Nicht immer, aber doch sehr oft und gleichzeitig hatte ich noch Geschenke für die Freunde und Familie. Auch lernte ich einige verwaiste Mütter und Väter kennen, durch die Klinik, durch Facebook und ich kam zu meiner nächsten Trauer-Erkenntnis, dass es irgendwie immer weitergeht. Es war eigenartigerweise beruhigend für mich. Man muss sich auch diesen Eltern nicht erklären, denn sie fühlen denselben Schmerz wie wir ihn fühlen.

Aber diese schwere Zeit öffnete mir auch den Blick auf das Wesentliche. Ich habe gelernt, dass es immer schlimmer geht im Leben, weil wir das Schlimmste überhaupt erlebt/überlebt haben. Ich sehe jetzt über vieles hinweg, worüber ich mich früher aufgeregt hätte. Man könnte fast sagen, dass man entspannter und gelassener gegenüber dem Leben geworden ist, was sich aber irgendwie doof anhört, wenn man diesen „Auslöser" dafür hatte.
Ganz viel Hilfe bekamen wir von der Familie und von unseren besten Freunden und bekommen sie noch immer … sei es in Form von einem Blumenstrauß jeden Monat auf Richards Erdenbettchen, oder einfach nur, dass man immer zu jeder Zeit seine beste Freundin anrufen kann, um zu reden … alles dieses hilft uns so sehr. Allerdings kann man die wirklichen Freunde herausfiltern, denn die vielen anderen melden sich kaum noch … aber es ärgert mich nicht, im Gegenteil. So erfährt man wenigstens, wer immer aufrichtig war.

Denise und ihren Sohn Leo lernten wir beide in der Klinik auf Station kennen. Wir vier waren vom ersten Augenblick immer ein Team, heute sind nur wir beiden Mamas noch ein Team und unsere Jungs hoffentlich auch zusammen auf der anderen Seite. Die beiden hatten immer ihren Spaß, obwohl Leo nur halb so alt wie Richard war. Richard erzählte ihm viel von dem was 13-jährige so alles "anstellen" und Leo verstand Silvester 2017 nicht, dass er nicht auch knallen darf, wie Richard es ihm erzählt hatte. Ich hoffe, dass beide sich jeden Tag zusammen ihr eigenes kleines Feuerwerk im Himmel veranstalten … Sie und ich, wir beide sind uns gegenseitig so wichtig geworden, in unserem täglichen Kampf gegen die Sehnsucht, die Wut, die Trauer, dass wir uns immer als Seelenverwandte bezeichnen … sie ist ein so wundervoller Mensch, mit dem ich mich auch ohne Worte unterhalten und verstehen kann.

Ich habe mal geschrieben: „Lasst mir meine Trauer, sie ist das einzige, was mir von meinem allerliebsten Richard geblieben ist."

So ist es auch. In unserer Trauer sind seine und unsere Liebe, Tränen, Träume, Erinnerungen, Gefühle, Ängste, Gedanken … einfach alles, was dort hineingehört. Es ist wie eine Truhe, die man nie wieder richtig verschließen kann. Jeden Tag holt man sich ein Stückchen heraus und legt dafür ein anderes Stückchen zurück. Tagtäglich gibt sie irgendetwas aus ihrem Inneren preis und man kann es nicht und niemals kontrollieren. Trauer kann man nicht verallgemeinern, denn jeder trauert anders und auf seine eigene Art, genauso wie es gut, bzw. erträglich ist.

Wir haben jetzt ein Leben, wie wir es nie haben wollten, aber nun müssen wir es annehmen und versuchen, irgendwie doch etwas Glück zu empfinden, denn traurig werden wir für den Rest unseres Lebens immer sein …

Danke an unsere liebe Familie, an alle unsere lieben Freunde, an Richards lieben Freunde! Danke, dass ihr immer für uns da gewesen seid und an diejenigen, die es noch immer sind. Ohne euch wäre alles noch viel weniger zu ertragen.

Danke an Whisper von Soul e. V., dass ich hier meine Gefühle und für Richard ein Andenken aufs Papier bringen durfte.

Sylke D.

Sarah W.

*07.11.1986 +18.03.2007

Heute, zwölf Jahre nach dem Tod meiner geliebten Tochter Sarah, sitze ich nun hier und schaue mir dieses Wort „Trauerveränderung" an. Ich habe es hier vor mir liegen. Ja, dieses Wort hat sich tatsächlich verändert. Ich hätte es niemals gedacht; einfach nur unvorstellbar in meinem großen Schmerz um mein geliebtes Kind.

Meine Trauer, die Trauer, unsere Trauer. Ja, ich habe mich verändert, alles um mich und um uns herum hat sich verändert. Mein Leben vor dem Tod meiner Tochter gibt es nicht mehr. Ich habe nun ein anderes Leben. Eines jedoch ist geblieben, meine tiefe unendliche Liebe zu meinem Kind. Sie ist fest in meinem Herzen verankert für alle Zeit bis zu unserem Wiedersehen.

Trauer

Wann meine Trauer begonnen hat sich zu verändern, weiß ich nicht. So ganz langsam und sachte fügten sich die Scherben zu einem Mosaik zusammen. Ein langer Weg mit Höhen und auch Tiefen, die es auch jetzt nach zwölf Jahren immer noch gibt und auch immer geben wird. Diese Höhen und Tiefen werden mich immer begleiten und urplötzlich, wie aus dem Nichts, da sein. Es geht immer weiter und weiter. Wenn ich nicht mitgehe, bleibe ich auf der Strecke. Obwohl ich das alles immer noch nicht begreife, nicht glauben möchte, das „warum – wieso – weshalb wurdest du uns genommen", – dieser untragbare Schmerz, die Wut, der Zorn, diese unerträgliche Leere ohne dich, die große Sehnsucht nach dir, das Weiterleben ohne dich; unvorstellbar und eigentlich nicht lebbar.

Der Tag, als es begann

Sonntagmittags begann der Alptraum, als es an der Türe klingelte und Polizei, Seelsorger, Sarahs Freund und seine Eltern vor der Tür standen und mir sagten: „Ihre Tochter wurde bei einem Verkehrsunfall getötet. Sie war sofort tot." Ich konnte es nicht verstehen, nicht glauben, wollte zu meinem Kind. Doch ich durfte nicht an die Unfallstelle. Warum weiß ich nicht mehr. Sie ließen mich nicht zu ihr. In der Aussegnungshalle habe ich sie dann Stunden später wieder gesehen, schlafend kalt und doch für mich so wunderschön. Danach kann und möchte ich mich auch nicht weiter erinnern, denn so ist es für mich gut.

Medikamente

An dem besagten Tag kam dann irgendwann auch unsere Ärztin und gab mir Medikamente. Ich habe sie auch genommen, obwohl ich immer gegen Medikamente war. Der Schmerz um mein Kind, das Nicht-glauben-wollen, alles war unerträglich. Von Sonntag bis Freitag der darauffolgenden Woche habe ich brav alles eingenommen.

Besuch bei Sarah

Im Nachhinein bin ich unserem Bestatter sehr dankbar, dass wir einen Schlüssel zu dem Raum, in dem Sarah lag, bekommen haben. So konnten wir sie jeden Tag besuchen. Wie ich das geschafft habe, weiß ich nicht mehr. Es ist auch nicht wichtig. Wichtig war für mich, dass ich die ganze Woche zu ihr gehen konnte; natürlich nur mit meinem Mann. Dafür danke ich ihm von Herzen. Der Bestatter hat uns noch sehr vorsichtig darauf hingewiesen, dass nur ein Arm mit Hand zu sehen ist. Das habe ich jedoch gar nicht wahrgenommen, ich habe nur ihr wunderschönes Gesicht gesehen, habe auch allen gesagt, wie schön mein Kind ist.

Beisetzung

Ab diesem Tag habe ich keine Medikamente mehr genommen. Ich wollte spüren, fühlen ...

Dieser Tag ging auch vorbei. Ich kann und möchte mich auch daran nicht erinnern. Dies ist für mich gut so und richtig, deshalb erwähne ich diesen Tag nur ganz kurz, denn er gehört dazu.

Psychologen

„Du musst zu einem Psychologen gehen", sagten sie mir. Also ging ich zu einer Psychologin. Eine Frau, dachte ich, kann mich sicher besser verstehen als ein Mann. Nachdem ich drei Mal dort war, ging ich nicht mehr hin. Sie war mir total unsympathisch. Ich wollte und konnte nicht mit ihr reden. Sie konnte mir mein Kind auch nicht zurückgeben. „Du musst dir Hilfe holen", sagten sie wieder zu mir. Was sollte ich tun? Ich wollte doch nur mein geliebtes Kind wiederhaben. Der Schmerz und die Leere waren fast unerträglich. So ging ich zu einer Heilpraktikerin. Da sie wieder zu mir sagten: „Du musst was einnehmen, um den Schmerz zu lindern." Doch dieser Schmerz ist nicht zu lindern. Ich nahm die Mittel einige Zeit.

Dann hörte ich damit auf und ging auch nicht mehr zu meinem nächsten Termin. Auch das war gut und richtig so für mich. Tränen über Tränen sind geflossen … Die zweite Psychologin, zu der ich ging, war wieder eine Frau. Ein ganz liebenswerter Mensch. Zu ihr ging ich auch einigermaßen gerne. Sie wurde mir im Laufe der Zeit eine gute Freundin. Leider nahte dann bald ihre Pension. Doch zuvor erzählte sie mir von einem Projekt, das in unserer Stadt stattfinden sollte. Es wurden Menschen zum Märchenerzählen gesucht und auch zum Märchenerzähler ausgebildet. Sie meinte, sie wolle sich da bewerben. Ja, und dann meinte sie, ob ich mir so etwas auch vorstellen könne. Zuerst kam natürlich totale Abwehr. Aber ihre Worte gingen mir nicht mehr aus dem Sinn. Nach einigen Wochen entschloss ich mich, diese Ausbildung zu machen. Es war für mich sehr hart und auch anstrengend. Oftmals wollte ich alles hinwerfen. Mein Gedanke war, meiner Tochter konnte ich nichts mehr erzählen, so wollte ich anderen Kindern mit den Märchen eine Freude machen. Sarah war immer bei mir dabei und gab mir die Kraft. Ich hatte auch immer etwas von ihr bei meinen Utensilien dabei. Es war gut und richtig, dass ich die Ausbildung gemacht habe.

Danach habe ich meine selbstständige Tätigkeit als Kosmetikerin wieder aufgenommen. Ganz langsam und zaghaft kamen auch meine Kunden wieder. Die meisten wussten ja, was passiert war. Auch dieses war für mich nicht so einfach, wie es hier vielleicht den Anschein hat. Sarah und ich wollten doch nach ihrer Meisterprüfung zusammenarbeiten. Das war unser Gedanke, und nun stand ich alleine da. Oftmals liefen mir während der Behandlungen Tränen über das Gesicht. Doch ich musste weitermachen, die Leere mit irgendetwas ausfüllen, sonst wäre ich nicht mehr hochgekommen, das wusste ich tief in meinem Innern. Malen ist für mich auch sehr wichtig geworden, die Farben fließen lassen, abschalten, oft jedoch mit Tränen in den Augen. Die Gedanken sind nicht abzuschalten, der Schmerz, die Trauer, die Sehnsucht bleiben, und doch tut es irgendwie gut.

Nachdem meine liebe Freundin und Psychologin in Pension gegangen war, dauerte es sehr lange, bis ich mich wieder nach einem Psychologen umschaute. Ich spürte wieder, dass ich alleine nicht weiterkam. Mit meinem Mann konnte ich reden, oder wir weinten zusammen um unser Liebes. Mit anderen Personen wollte ich nicht reden. Nun ging ich zu einem Mann. Es war soweit in Ordnung, jedoch nur so weit, wie ich es zugelassen habe. Als es mir zu eng wurde, bin ich nicht mehr hin gegangen. Ich wollte ihm nicht alles erzählen, wollte vieles für mich bewahren. Man kann sich jetzt die

Frage stellen, war es richtig oder falsch, für mich war es so richtig. Ich denke, ich könnte noch ewig schreiben. Ich kann und möchte mich an vieles von meinem anderen Leben nicht erinnern und ich muss es auch nicht, denn für mich ist es richtig. Ich weiß, dass ich mich oft wiederhole, doch mir ist es wichtig, zu schreiben, was für mich wichtig ist. Denn ich denke, dass dies für mich diese vielen kleinen Mosaikteile sind, die mich weitergebracht haben in meinem Leben ohne mein Kind. Stück für Stück immer weiter, obwohl es auch sehr schwer und hart war. Ich habe auch sehr vieles verdrängt. In manchen Situationen kommt dann auch einiges hoch und ich fange immer noch urplötzlich zu weinen an. Der Schmerz ist noch immer da und er wird auch bleiben, solange ich lebe. Doch ich denke, dass ich ein Stück von meinem neuen Weg für mich gefunden habe. Mit großer Unterstützung von meinem Mann, meiner älteren Tochter mit ihrer Familie, meinen zwei bezaubernden Enkelkindern und mit ganz wenigen engen Freunden, die uns am Herzen liegen und uns und unsere Trauer verstehen. Ob ich die vielen Beileidskarten, die wir bekommen haben, morgen lese, in einem Jahr oder gar nicht, ob ich den dicken Ordner von den Verhandlungen mit genauer Todesursache usw. in meinem Leben lese oder nicht lese, ist für mich auch in Ordnung. Was die anderen reden oder tuscheln, wenn ich mittlerweile lache, ist mir auch gleichgültig. Ich kann mittlerweile meistens damit umgehen. Nicht immer. Ich rede von meinem Kind, wenn ich möchte. Oh ja, ich bemerke die entgeisterten Gesichter, wenn bestimmte Themen im Gespräch sind. Wenn mich jemand fragt, wie viele Kinder ich habe, sage ich nach wie vor: "zwei". „Meine älteste Tochter, sie lebt mit ihrer kleinen Familie in M. und meine jüngere Tochter, die tot ist, aber fest in meinem Herzen verankert und für mich an meinem Leben teilnimmt". Ich gehe nach wie vor jeden Tag zu Sarahs Grab, wenn ich mit meinem Hund Gassi gehe. Auf mein großes Porträt an meinem linken Innenarm werde ich sehr häufig angesprochen, wer denn das sei. Ich trage mein geliebtes Kind ganz stolz auf meiner Haut, unter meiner Haut und ganz fest in meinem Herzen. Ich könnte noch so vieles schreiben, doch ich denke, dass ich nun zum Ende kommen werde.

Trauerveränderung

Niemals hätte ich gedacht, dass sich meine Trauer um meine Tochter verändern könnte. Ich wollte das nie hören und auch nicht an mich heranlassen. Doch heute nach zwölf Jahren, muss ich ehrlich zu mir sein.

Meine Trauer hat sich verändert.
Ich kann wieder Bücher lesen – andere Bücher als zuvor
Ich kann wieder Farben tragen – nicht nur schwarz
Ich kann wieder lachen – ein anderes Lachen als zuvor
Ich kann mich an Blumen freuen – anders als zuvor
Ich kann sagen, dass etwas schön ist – anders als zuvor
Ich kann mich wieder etwas freuen – eine andere Freude als zuvor
Ich kann wieder etwas fühlen – ein anderes Fühlen als zuvor
Ich kann wieder Musik hören – eine andere Musik als zuvor
Ich suche mir meine Freunde aus – andere Freunde als zuvor

Was ich nicht gebrauchen kann, sind die belanglosen unüberlegten Worte:

„Wie geht es dir?"

Was ich nicht sagen kann, sind die Worte: „Mir geht es gut!". Diese Worte haben für mich eine andere Bedeutung bekommen. „Gut" wird es mir erst gehen, wenn ich wieder mit meinem Kind vereint bin.

Vielleicht kann ich mit diesem Teil meiner Geschichte ein wenig Hoffnung und Licht in das Leben anderer Menschen bringen. Wobei jeder für sich seinen Weg finden muss und mit Sicherheit auch finden wird. Denn hinter allem steht die große nie endende Liebe zu unseren Kindern, die wir immer ganz fest in unseren Herzen tragen und vor allem das Wissen, dass wir uns wiedersehen. Übrigens war es mir sehr wichtig, bevor ich meinen Teil meiner Geschichte abschicke, das erste Buch von Whisper von Soul zu lesen. Ich habe es schon so lange und nun durch das Schreiben meiner Geschichte erst jetzt geschafft, es zu lesen; im Juli 2019. Bei jedem eurer Kinder gab es Tränen über Tränen. Ihr seid so wertvolle Menschen. Ja und nun kann ich auch sagen, ich und wir haben auch Zeichen von unserem Kind bekommen.

Für dich mein Liebes, geliebt und unvergessen für immer in unseren Herzen bist du immer um mich und um uns herum, immer bei uns, auch in den Zeiten, in denen wir uns so sehr nach dir sehnen und du uns so unendlich fehlst.

Sarah wir lieben und vermissen dich so sehr.
In unendlicher Liebe
Deine Mama

Petra M.

Tom-Finn K.

*24.10.1997 +04.11.2014

Einführung und Zielsetzung

Einführung:

Mein Sohn Tom-Finn, 17 Jahre alt, wurde am frühen Morgen des 04.11.2014 leblos mit freiem Oberkörper auf der Straße eines Gewerbegebietes unter einer Brücke gefunden. Tom befand sich auf dem Heimweg von einem Abend mit seinem Freund, den sie in der Stadt verbracht hatten. Sein Fahrrad stand unversehrt neben ihm, nur die Kette war abgesprungen und ein Reifen war platt. Tom kam in ein Krankenhaus.

Morgens um sieben klingelte die Polizei an unserer Haustür und teilte uns das Geschehene mit. Wir fuhren in das Krankenhaus und verständigten unsere beiden anderen Söhne, Julian (29) und Sebastian (24).

Schnell war klar, dass Tom auf Grund seiner schweren Kopfverletzung sterben würde. Um 18:02 Uhr wurden die Geräte abgestellt, und Tom starb in den Armen unserer Familie.

Trotz massiver Bemühungen der Polizei, konnte man den Unfallhergang nicht klären. Auf Grund der Obduktion nimmt man an, dass Tom von einem größeren Fahrzeug erfasst worden sein muss. Bewiesen ist bis heute nichts. Weder das Fahrzeug wurde gefunden, noch deckten sich Zeugenaussagen. Wir müssen damit leben, nicht zu erfahren, was in den letzten Minuten von Toms Leben passiert ist.

Zielsetzung:

Das Projekt „Himmelsstürmer" (Briefe an Tom-Finn) ist aus der Intention entstanden, das Thema Trauer um ein verstorbenes Kind zu begreifen und zu verstehen. Außerdem soll es einen Weg aufzeigen, wie man Trauer verarbeiten kann, nämlich durch kreatives Schreiben.

Es handelt sich um ein Fotobuch, welches aus Briefen an Tom besteht, die ich als seine Mutter, vom Zeitpunkt seines Todes (November 2014) an ihn schrieb.

Zu jedem Brief findet sich daneben eine Stellungnahme meinerseits aus heutiger Sicht (Februar 2019), in der ich versuche, Gefühle und Reaktionen aus der damaligen Situation zu beschreiben, warum oder wieso meine Familie oder ich selbst aus der Trauer heraus so reagierten wie eben in dem jeweiligen Brief beschrieben.

Viele Reaktionen und Handlungen sind in der Trauer fremd und erst mit der Zeit weiß man, warum oder wieso man selbst oder auch das Umfeld in einer bestimmten Weise agiert hat.

Mein Ziel ist es, Menschen in ihrer eigenen Trauer um ein Kind oder Menschen, die es interessiert, dieses Thema näher zu bringen.

Ich möchte dies in einer sehr offenen tabulosen Weise tun. Es liegt mir am Herzen, mich komplett mit meiner Trauer zu öffnen, um Menschen zu zeigen, dass auch Trauernde intensive, extreme und auch „normale" menschliche Gefühlsregungen haben. Ich möchte zeigen, dass sie eben nicht nur die „Traueraliens" sind, auf der anderen Seite aber auch nie mehr dieselben Personen sein können, die sie einmal waren.

Trauer ist ein langer Weg – vielleicht endlos… ich weiß es für mich noch nicht.

Aber das ist jetzt mein Leben.

Mein Fotobuch soll auch eine Animation zum Schreiben sein. Schreiben in der Trauer kann unglaublich befreiend sein, denn Papier ist geduldig, bewertet und urteilt nicht und doch kann es die Seele für eine bestimmte Zeit erleichtern.

1. Brief 19.11.2014

Lieber Tom,

ich weiß nicht, wo ich anfangen soll, unser Leben ist eingestürzt und wir stehen fassungslos vor den Trümmern. Alles ist zäh wie Kaugummi, die Zeit, die Gespräche, einfach alles.
Nichts hat mehr Bedeutung, alles ist fremd.
Wir vermissen Dich und ich versuche Zeichen zu erkennen, aber es fällt mir schwer.
Kannst Du nicht einfach wiederkommen?
Der Friedhof ist scheußlich, ich gehe überhaupt nicht gerne hin.
Warum kommst Du eigentlich nicht in meine Träume und löst das Rätsel, was in jener Nacht passiert ist?
Papa ist völlig fertig, wir wissen nicht weiter, bitte, bitte mach Dich mal bemerkbar...
Unsere Freunde sind großartig, sie fangen uns doll auf, obwohl ich gestern ein schlimmes Treffen hatte. Ich wollte über Dich reden und keiner ging darauf ein.
Alle sagen, das sei Hilflosigkeit, aber wie kann das sein, dass Menschen so tun als sei nichts passiert? Wir sind doch so untröstlich, unsere Zukunft ist zerstört! Kapieren sie das nicht?
Es macht mich so wütend ...
Ich kann mich nicht mehr mit diesen Menschen treffen, ich brauche Menschen, die uns „halten" und zuhören. Nicht trösten ... denn wir sind untröstlich ... es gibt keinen Trost ... aber Verständnis, Verständnis für diese Untröstlichkeit ... die gibt es bei einigen ... sie sind da und hören zu und sie geben auch keine Ratschläge ..., sondern sie geben einem das warme Gefühl, dass man „durchhängen" darf und dass sie zuhören.
Unser Pastor sagte „die Spreu trennt sich vom Weizen" in puncto Freundschaft ... ich glaube Tom, dass das stimmt.
Das Leben ist ein anderes ohne Dich, Tom. – Und es ist richtig beschissen.
Es fühlt sich so an als wäre es nicht mein Leben, es ist so als wäre ich in einem „falschen Film".

Liest Du das jetzt mit? Wenn ja, dann gib bitte ein Zeichen. SOFORT!

Deine Bylle

Stellungnahme aus heutiger Sicht

Die Trauer um unseren Sohn Tom-Finn war unendlich. Sie erfasste uns „von Kopf bis Fuß". Trauer ist mehr als ein Gefühl, sie lähmt den ganzen Körper. Wir waren anfangs kaum in der Lage aufzustehen, uns zu waschen und uns mit Essen zu versorgen. Man war buchstäblich „aus dem Leben gekickt" und alles fühlte sich an wie im „falschen Film".
Heute weiß ich, dass diese Reaktion eine natürliche Schutzfunktion unseres Körpers gewesen ist, um dieses Trauma überhaupt zu überleben.
Es brauchte viel Zeit, um überhaupt zu realisieren, dass der Tod von Tom real ist und irreversibel.
Eine große Hilfe waren dabei Menschen, die zuhören konnten, ohne zu werten, auch wenn immer wieder das Gleiche erzählt wurde. Es half „zu begreifen" und „zu akzeptieren".
Gleichzeitig war es wichtig, alle Gefühle zulassen zu dürfen, z.B. Wut, Trauer, Schuldzuweisungen und Schmerz. Und das immer wieder und wieder wie eine Art „Wehklagen".
Trauernde sehen eine ganze Zeit nur sich … und das ist anstrengend für die Umwelt … aber wichtig für die Verarbeitung.
Es tat einfach gut, Menschen, um sich zu haben, bei denen man sich in seiner Trauer „fallen lassen konnte". Alle anderen lösten in mir persönlich Wutgefühle aus und erst viel später lernte ich, auch diese Hilflosigkeit zu akzeptieren und nicht als Interessenlosigkeit zu werten.

2. Brief 10.12.2014

Lieber Tom,

das Leben ist so anders, wir sind anders, es fühlt sich alles anders an.
Am liebsten möchte man sich verkriechen. Gemeinerweise frage ich mich, wozu alles gewesen ist, all die Erziehung, all die Jahre, alles was wir Dir beigebracht haben. Alles futsch … reich gesät … Ernte kaputt. Ich bin fassungslos. Ich weiß nicht weiter, gibt es Deine Seele eigentlich noch? Ich

weiß es nicht, keiner versteht, keiner begreift. Ich bin so traurig, einfach untröstlich.

Das Gefühl der Trauer ist so stark, dass kein anderes dagegen eine Chance hat. Dabei gibt es ja noch Deine Brüder Basti und Ju und Deinen Papa Torsten. Aber die Lebenden können den Verlust nicht ausgleichen, sie sind noch da … Du nicht …

Papa ist oft wie paralysiert. Er hat mir neulich gesagt, er wird nie aufhören mit mir über Dich zu reden – aber Tom, das ist genau der Punkt, vor dem ich Angst habe. Nämlich, dass Papa nicht mehr redet, „dicht macht", um den Schmerz nicht mehr zu spüren. Aber wir müssen doch über Dich reden, das ist doch das was von Dir bleibt. Wie kannst Du sonst bleiben?

Papa und ich waren drei Tage weg, in Brandenburg. Freunde haben uns diese Reise geschenkt. Zuerst dachten wir, „warum sollen wir wegfahren?". Dann sind wir doch gefahren und es war fremd und doch schön. Wir konnten tatsächlich wie früher durch die Stadt gehen und shoppen und abends dann Essen gehen und uns ganz doll halten. Es war das erste Mal, dass wir uns als Paar nach Deinem Tod wieder wahrnehmen konnten, uns unterhalten und lieben konnten. Beim Frühstück waren wir die letzten und haben nur noch geheult, aber die Servicekraft sagte, wir könnten sitzen bleiben, so lange wir wollten.

Ach, und Tom, übrigens, ich habe beschlossen, ich lerne jetzt Klavier spielen.

Deine Bylle

Stellungnahme aus heutiger Sicht

Die Frage nach dem „Sinn" von Toms Tod beschäftigte mich stark. Warum passierte das uns? Was haben wir falsch gemacht? Warum können wir unsere Frucht nicht ernten?

All diese Fragen, die man sich stellt, sind normal. Das weiß ich heute, und ich weiß auch, dass es keine Antwort darauf gibt.

Das Leben war seit Toms Tod geprägt von Schmerz, Trauer, Schuldfragen und ganz starker Sehnsucht.

Umso wichtiger wurden Erinnerungen, dass sie ausgetauscht, gesammelt und aufgeschrieben wurden. Nur so kann mein Kind weiterleben, so dachte ich und finde es auch heute noch wichtig Erinnerungen auszutauschen, auch wenn ich heute weiß, nichts und niemand kann das Band zwischen Tom und mir zerreißen.

Unsere Zukunft als Paar war in unserem Trauerprozess ein ganz großes Thema. Es stellte sich schnell heraus, dass wir „anders" trauerten. Torsten wollte allein sein mit sich und der Trauer. Auch wenn er weinte, wollte er nicht mit mir reden. Ich wollte fast nur reden. Welten prallten aufeinander. In der ersten Zeit der „Schockstarre" (auch zur Zeit des Briefes), konnten wir noch ganz gut reden, danach machte er dicht. Das sah für mich so aus, als wäre er mit der Trauer durch. Meine extrovertierte Trauer hingegen, ließ ihn denken, dass ich mich selbst kasteite. Wir haben lange Zeit viele Auseinandersetzungen und viele Gespräche mit unserer Trauerbegleitung gebraucht, um uns mit der unterschiedlichen Art der Trauer zu tolerieren. Es ist wohl so, dass zwei Menschen, die nicht schwimmen können, sich auch nicht vor dem Ertrinken retten können. Jeder musste seinen eigenen Weg finden.

Leitsatz für uns wurde: In unserer Trauer ist alles richtig und nichts falsch.

Der Ausflug nach Brandenburg war nichtsdestotrotz der erste Beweis, dass es uns als Paar überhaupt noch geben kann und wir noch mehr sind als Toms Eltern, nämlich auch ein sich liebendes Paar. Insofern sehe ich diesen Ausflug als Meilenstein für unseren gemeinsamen Trauerprozess.

3. Brief 24.12.2014

Lieber Tom,

erstes Weihnachten ohne Dich, grausamer können Gefühle nicht sein. Es ist so schlimm, dass man sofort sterben möchte, um diesen Seelenqualen zu entgehen. Alles liegt brach – das Leben – die Liebe – die Werte.
Heute bin ich noch nicht mal mehr wütend, sondern meine Trauer ist nicht mehr messbar. Ich weiß nicht, wie es weitergehen soll, ich bin zu schwach, das zu überleben. Aber dieses Leben will ich nicht. Es kommen so wenige Zeichen von Dir, warum? Ich habe solche Zweifel, ich möchte nicht

denken, dass nach dem Tod nichts mehr ist. Ich möchte an eine Kontakt-
aufnahme glauben. Bin ich so wenig empfänglich dafür?
In meinem ganzen Leben habe ich mich noch nie so einsam und so allein
gefühlt. Vielleicht sollte ich Dir folgen – aber wie? Und was wird aus Basti
und Ju? Torsten ist eh alles egal, um den geht es gerade am wenigsten. Die
paar "richtigen Freunde" werden es verstehen. Ich sollte mir diesen Weg
offenhalten. Ich kann einfach nicht mehr und was hat so ein Leben für eine
Qualität? Keine Freude... einfach nichts!
Wir fahren heute zu Basti nach Berlin in die WG, wir schlafen dort und
bleiben bis zum 26.12. Keine Ahnung, wie das werden wird. Alle vermissen
dich so doll, dass es unbeschreiblich ist.
Ich hoffe nur, dass es stimmt, dass es dort wo Du jetzt bist, toll sein soll.
Es tut mir auch leid, wenn wir Dir Scherereien machen, aber der Verlust ist
zu mächtig. Was ist Weihnachten ohne Dich? Nichts mehr... deswegen
wird es ersatzlos gestrichen, da sind wir vier uns einig.

Deine Bylle

Stellungnahme aus heutiger Sicht

Das erste Weihnachtsfest ohne Tom war eine schmerzvolle Erfahrung.
Weihnachten bedeutete unserer Familie unheimlich viel, es wurde alles gelebt: Adventskalender, Gans essen, Geschenke und Baum selber abschla-
gen. Es war eine der wichtigsten Rituale im Jahr neben Geburtstagen und
Urlauben.
Aber nun fehlte jemand und das traf uns erneut wie ein Schock, umso mehr
als dass der Rest der Welt normal weiter funktionierte. Es gab den Weih-
nachtsmarkt und es gab Menschen, die Weihnachten zelebrierten... und
das, obwohl unser Kind gestorben war. Und das ist auch gut so. Denn unsere Welt war eingestürzt, aber die der anderen drehte sich normal weiter.
Auch wenn es unsere Freunde betraf oder die von Tom. Das war bitter,
aber wir wissen heute: das ist normal und in Ordnung.
Wir für uns haben eine andere Möglichkeit gefunden den Dezember zu verleben. Die ersten Jahre fuhren wir nach Berlin in Bastis WG. und gingen
indisch essen. Wir fuhren auch einmal mit Basti und Ju nach Usedom.
Hauptsache wir waren nicht bei uns zu Hause.

Es war und ist gut für uns vier zusammen zu sein, aber es ist nicht mehr so lebbar wie früher, mit Geschenken und Tannenbaum usw. Es fühlt sich für alle richtig an.

Als Ritual machen wir jedes Jahr Feuerzangenbowle, weil Tom sich das bei seinem letzten Weihnachten 2013 gewünscht hatte. Rituale werden in der Trauer enorm wichtig.

Die Todessehnsucht, die verwaiste Eltern manchmal empfinden können, ist in dem Moment normal, weil der Schmerz unerträglich erscheint. Für mich wurde der Schmerz manchmal so qualvoll, dass das einzige, was ihn erträglich machte, die Möglichkeit war, einen Plan B zu haben und die irdische Welt zu verlassen. Auch wenn dieser Gedanke egoistisch war, gerade weil noch andere Kinder da waren, möchte ich mich offen dazu bekennen. Wie real dieser Gedanke war, kann ich im Nachhinein nicht sagen. Heute habe ich gelernt meinen Schmerz anzuerkennen, ihn zu leben und habe diesen Gedanken nicht mehr.

Dennoch sei an dieser Stelle noch erwähnt, dass der Schmerz, den verwaiste Eltern ihr Leben lang aushalten müssen, von der Umwelt noch sehr unterschätzt wird.

4. Brief 28.07.2015

Lieber Tom,

hätte es mir jemand vor einem Jahr erzählt, als wir Dich und Deinen besten Kumpel Fritz bei Basti in Berlin besucht haben, dass Du jetzt tot bist… es ist unglaublich.

Ich bin untröstlich und werde es immer sein. Dein Tod hat uns innerhalb der Familie stark erschüttert, wir haben uns verändert und wir tun es noch. Deinen Geist möchten wir uns immer bewahren und den nehmen wir überall mit hin, auch jetzt auf unserer Pilgertour. Wir sind in Italien und gehen gemeinsam den Franziskusweg. Wahrscheinlich hätten wir nie so einen gemeinsamen Urlaub in Erwägung gezogen, aber es war uns allen ein Bedürfnis etwas Gemeinsames zu finden, dass uns zum Nachdenken über Dich und unser weiteres Leben anregt. Nun, wir werden sehen…

Wir vier sind schon eine merkwürdige Reisetruppe. Basti wirkt sehr in sich gekehrt und Ju hat das Fotografieren für sich entdeckt und ist halt auch sonst „einfach Ju" – einfach anders.

Wir vermissen Dich so doll Tom, ich denke Du bist stolz auf uns, dass wir das jetzt gemeinsam machen. Wir sind jetzt in Florenz und laufen morgen 17 Kilometer und mein Rucksack ist echt schwer – genauso wie mein Herz. Im Zug habe ich mir mal wieder Gedanken über den Unfallhergang gemacht. Aber nichts passt zusammen – leider. Tom, es ist einfach surreal. Und noch etwas ist mir im Zug klargeworden, der Druck in diesem Leben glücklich zu werden oder zu sein ist weg – denn das wird nie wieder so sein. Es gibt gute „kleine Momente" und es gibt ganz viele schlechte. Das Streben nach Glück und allen anderen schönen Dingen ist für mich beendet. Ich lebe mein Leben ab, Tag für Tag, aber die Erschütterung über Deinen Tod wird ewig präsent bleiben. Es tut mir einfach so leid, so ein hübscher Mensch und so schlau… ach Tom.

Geh morgen mit uns und gib uns die Kraft immer weiterzugehen.

Deine Bylle

Stellungnahme aus heutiger Sicht

Die Pilgerreise bleibt für meine Restfamilie und mich ein gutes Ereignis, das uns alle auch mit Tom mehr zusammengeschweißt hat. Tatsächlich bewirkt das monotone Gehen, dass die Gedanken ihren Lauf nehmen. Wir gingen nur am ersten Tag zusammen, danach waren wir uns einig, jeder wollte mit sich alleine sein.

Wir hatten gute und schlechte Stunden zusammen. Unsere Familie glich einem Mobile, das durch das Fehlen eines Teils in völliges Ungleichgewicht geraten war. Jeder musste seine Stellung neu finden, dabei kamen auch viele alte Verletzungen und alte Geschichten auf den Tisch, z.B. Fehler in der Erziehung, Neid zwischen den Geschwistern usw.

Es gab Stunden, da fühlte ich mich völlig unfähig weiterzumachen und empfand auch die Restfamilie einfach nur als anstrengend. Ich fühlte mich komplett unverstanden.

Wenn man beim Gehen denkt und denkt, wird einem das Elend halt auch richtig bewusst und am Ende blieb die Frage: Was bleibt?

Auf so einem Pilgerweg bleibt die Seele auf einmal nackt zurück. Es gibt keine Beschönigung und keinen Schutz mehr. Es gibt die Realität.

Die Realität war: Tom ist tot – für immer.

Es gab mehrere Schlüsse, die ich beim Pilgern zog:

1. Ich werde Tom niemals loslassen, er bleibt für den Rest meines Lebens in meinem Herzen mit alldem Schmerz, der Trauer und der Sehnsucht.
2. Unsere Familie besteht aus anstrengenden, ver-rückten Menschen, die es aber immer noch schaffen „gute Momente" gemeinsam zu teilen und zu erleben.
3. Keine Ziele, keine Erwartungen, einfach versuchen zu überleben, so gut es geht. Nehmen was kommt, nichts machen was zusätzlich stresst.

Insgesamt muss man sagen, dass es in einem Trauerprozess nicht ungewöhnlich ist, Dinge zu tun, die man vorher nie in Erwägung gezogen hätte. Man probiert sich neu aus, denn weiterleben wie vorher geht einfach nicht. Die Wertigkeiten und die Einstellung zum Leben ändern sich komplett.

5. Brief 01.12.2015

Lieber Tom,

wegen Dir sind wir hier vier Wochen in Tannheim in einer Rehaklinik für verwaiste Eltern und todkranke Kinder. Die Kids sind zur Nachsorge hier, sie haben oder hatten Krebs oder sie haben ein kaputtes Herz oder schon ein Neues. Jedenfalls laufen sie alle hier herum, und das war am Anfang schwer zu ertragen. Kindergeschrei geht durch Mark und Bein. Wo ich früher froh war, es nicht mehr zu haben, sitzt jetzt abgrundtiefe Sehnsucht, auch wenn Du schon fast erwachsen warst.
Unsere Verwaistengruppe besteht aus fünf Paaren und einer alleinerziehenden Mutter und zwei Geschwisterkindern. Die Gruppe trifft sich zweimal die Woche zur Gruppentherapie mit zwei Psychotherapeuten. Die Menschen und Schicksale in dieser Gruppe sind völlig unterschiedlich und doch herrschte vom ersten Treffen an, eine Nähe zwischen uns, die man nicht beschreiben kann. Wir teilten alle das Schlimmste, was einem im Leben passieren kann, unsere Kinder waren tot.

Es gibt einen Raum nur für uns verwaiste Eltern, in dem wir uns wann immer wir wollen zusammensetzen können. Wir sitzen alle jeden Abend zusammen und reden und weinen und lachen und trinken.

Ansonsten ist es hier Erholung für Körper, Geist und Seele. Endlich kann man aufhören zu funktionieren. Man kann sich auf sich, den Schmerz, die Trauer und auf Dich konzentrieren. Tom, ich träumte neulich sogar, dass Du wieder am Leben bist… und im Traum dachte ich, dass ich Dich dann wieder beim Basketball anmelden muss. Träume mit Dir sind das Größte, es ist wie ein Treffen in einer Zwischenwelt.

Tom, Du musst mir versprechen, dass wir die Verbindung halten, denn sonst halte ich es nicht aus.

Es gibt hier in Tannheim noch Einzeltherapie, Paartherapie, Phantasiereisen, Kunsttherapie und ganz viel Sportangebote. Ich mache ganz viel – Papa nicht, aber der ist auch so ganz doll beschäftigt. Er kommt super bei den Kids an und macht viel Quatsch mit ihnen und hat sogar wieder angefangen zu Zaubern und Luftballons zu machen. Ich bin sehr froh darüber, denn er sprach davon auch Zuhause wieder mit dem Zaubern anzufangen. Ich denke, das wäre gut für ihn. Er hat hier echte Fans, ich weiß nicht, wie er es macht, aber er kann es noch, die Kids in seinen Bann ziehen.

Ansonsten vertragen wir uns hier ganz gut. Wir haben beide ein Loch im Herzen.

Der Raum in Tannheim ist geschützt, wie eine Insel und ich denke mit Grauen an zu Hause, die Arbeit so stressig, der Tag so sinnlos, die Wohnung so leer … und dann all die Fragen: „Und hat es was gebracht?" Ich brauche eine Antwort. Vielleicht: „Ja, es war eine kleine Erholung für Körper, Geist und Seele, aber Tom bleibt tot."

Warum ist tot tot? Warum hat man keine Chance sich wiederzusehen?

Ich werde versuchen, etwas von der Reha mitzunehmen. Ich habe Menschen in mein Herz geschlossen und wir konnten in dieser Gemeinschaft gut mit dem Tod umgehen. Es war so, als würdest Du mit den anderen Kids dein Ding machen und wir unseres und doch gab es dieses unzertrennliche Band.

Danke Tom auch für die vielen kleinen und großen Zeichen von Dir. Wir nehmen sie wahr und wir wissen sie zu schätzen und sie sind total wichtig für uns.

Deine Bylle

Stellungnahme aus heutiger Sicht

Die Reha in Tannheim war damals wie eine Rettungsinsel. Ich kann sie allen verwaisten Eltern und Geschwistern weiterempfehlen.
In dieser Zeit begegneten und konfrontierten wir uns mit dem, was von unserer Persönlichkeit nach Toms Tod übriggeblieben war. Das Angebot war für unsere gesamte Person, für Körper, Geist und Seele. So konnte man schauen, was man mit diesem Restleben noch anfangen könnte, wo man steht und was noch von einem übrig ist. Sich auf sich selbst fokussieren ging nur, weil man vier Wochen vom Alltag und vom „Funktionieren-müssen" weg war. Es war so, als legte man seine Maske am Eingang ab. Man durfte das sein, was man ist und man durfte untröstlich sein.

Die Begegnung mit anderen Betroffenen erlebten wir als enorm bereichernd und beruhigend. Endlich spürte man, dass man nicht unnormal ist, sondern dass es normal ist, dass man ein Chaos der Gefühle durchlebt, sich nicht mehr konzentrieren kann und sich in der normalen Welt nicht mehr zurechtfindet. Tränen und Verzweiflung musste man hier nicht verbergen. Man wurde ernst genommen und die Trauer als Kraftakt auch. Und unsere verstorbenen Kinder konnten bei allen Unternehmungen und Gesprächen dabei sein.
Wir nahmen uns vor, den Kontakt mit betroffenen Eltern zu pflegen und auch eine Aussage unserer Psychotherapeutin wurde für uns zum Leitsatz: „Wenn man schon sein Leben weiter absitzen muss nach so einem Verlust, dann kann man auch auf einem weichen Stuhl sitzen." Das hieß für uns, dass wir uns das Leben ohne Tom so einfach wie möglich machen wollten, und wir nahmen uns vor, uns als Paar wieder mehr in den Fokus zu holen. Das schätzen zu lernen, was noch übrig ist, denn Tom würde nicht wiederkommen, und die Trauer und die Sehnsucht und der Schmerz würden immer ein Teil von uns sein.

6. Brief 04.07.2016

Lieber Tom,

heute bist Du ein Jahr und acht Monate tot... unfassbar.

Ich traf mich heute mit Kim, deiner besten Freundin, auf dem Friedhof. Sie hat mir ganz viel über eure Abifeier und eure Abifahrt erzählt. Der Tag deiner Abifeier (18. Juni 2016) war ein schlimmer Tag, wie gern hätten wir an diesem Tag gemeinsam dein Abi gefeiert. Kim erzählte, dass Du bei der Abifeier erwähnt wurdest und wie schwer dein Tod für alle gewesen ist. Sie gab mir das Abibuch und gleich auf der ersten Seite hat dein Freund Arne eine Gedenkseite für Dich gemacht. Ich musste echt weinen, als ich sie las. Er beschrieb dich als Künstler, polarisierende Persönlichkeit und besonderen Charakter. Du hättest durch deine Persönlichkeit den Jahrgang geprägt. Er erwähnte, dass du und deine Freunde die ganzen Sommerferien 2014 bei uns im Gartenpavillon verbracht hätten und dass der letzte Abend ein ganz besonderer war, dessen Geschichte immer unter Verschluss bleiben wird. Er schrieb weiter, dass Brüderlichkeit und Freundschaft für Dich wichtiger waren als Erfolg und Eigenwohl. Man, Tom... das macht mich so stolz, wie schade, dass Du gegangen bist. Wir vermissen Dich so sehr... Rotzkind/Rotznase/Revoltekind.

Naja, und dann hat Kim noch erzählt, dass dein Freund Marco zu ihr gesagt hätte, dass sie sich jedes Jahr zu deinem Todestag treffen wollen. Kim sagt, sie sprechen über dich, aber sie wollen nicht mehr traurig sein, dass du tot bist, sondern sich gern an die Zeit mit dir erinnern.

Oh man, das tut alles ganz schön weh. Fritz, dein bester Freund, ist jetzt in Australien – ohne dich. Eigentlich wolltet ihr diese Reise zusammen machen. Er hat deinen Hackysack mitgenommen als Begleiter. An Fritz' letztem Tag haben wir mit Marco und Sören im Pavillon gesessen. Sie haben ihre Zukunftspläne erzählt, das war hart, aber ich habe mich so gefreut sie zu sehen. Wir haben mit Dir keine Zukunft. Wie soll man das aushalten?

Dazu kommt noch mein schlecht funktionierender Kopf, meine mega anstrengende Arbeit, meine schwierige Beziehung, mein doofes Aussehen und mein wachsender Östrogenring.

Mein Leben – ein einziges Problem. Aber ich mache weiter, einfach weitermachen bis wir uns wiedersehen.

Deine Bylle

Stellungnahme aus heutiger Sicht

Viele von Toms Freunden lernte ich erst richtig nach seinem Tod kennen. Kim, seine beste Freundin, sah ich zum ersten Mal als Tom im

Krankenhaus im Sterben lag. Tränenüberströmt betrat sie das Zimmer und sagte einfach nur: „Ich bin Kim – Toms beste Freundin." Ich kannte sie nur aus Toms Erzählungen. Sie blieb bei uns bis Tom starb. Sie durfte das vom Krankenhaus als einzige, weil das Personal dachte, es wäre seine Freundin. Wer so etwas zusammen erlebt hat, bleibt für immer verbunden. Wir sehen Toms Freunde nicht oft, aber, wenn wir sie sehen, ist es für uns ein „Stück von Tom". Wir sind mit seiner Generation verbunden und bekommen eine Vorstellung davon, wie Toms Leben hätte sein können. Natürlich kommt dabei auch Wehmut auf, denn es wird einem bewusst, was Tom nie erleben wird.

Manchmal dachte ich, sie denken nicht mehr an ihn, weil ich nichts von ihnen hörte... aber es sind junge Menschen und Toms Tod hat sie mit ihrer eigenen Sterblichkeit konfrontiert. Auch für sie ist es nicht leicht mit uns umzugehen und zu wissen, was man uns sagen kann.

Und doch merke ich, sie sind noch da. Fritz, Toms bester Kumpel, ließ sich ein Tattoo mit Timon und Pumba stechen. Es stellt symbolisch die Beziehung zwischen beiden dar. Ole hat sich das Pferd vom Schachspiel tätowieren lassen. Es symbolisiert Toms Stärke und Gradlinigkeit für ihn. Mia hat ein Foto von ihm im Zimmer stehen und Kjell hat sogar ein Gedicht für Tom geschrieben. Für all diese großen Gesten bin ich unendlich dankbar.

Einmal im Jahr machen wir für die Jugendlichen ein „Grillen für Tom in unserem Gartenpavillon". Es kommen immer noch viele, und mit gutem Essen und Trinken ist es auch mal möglich über Gefühle und Erinnerungen zu sprechen.

Ole sagte gestern: „Ich bin immer wieder erstaunt, wie gegenwärtig jemand ist und wie viele Spuren er hinterlassen hat, auch wenn er gestorben ist."

Ich finde das hat er gut gesagt und ich weiß heute: Toms Freunde werden ihn nie vergessen, denn er bleibt ein Teil ihrer Jugend – für immer.

7. Brief 04.11.2016

Morgens:

Lieber Tom,

zwei Jahre ohne Dich. Ich fühle mich wie unter einer Glasglocke. Alles unwirklich und als wäre es gestern gewesen. Heute ist die Todessehnsucht sehr groß. Ich kann der irdischen Welt nicht mehr viel geben, es ist schrecklich. Um 17 Uhr haben wir einen Gedenkgottesdienst für Dich organisiert und es hagelt Absagen. Schwer, nicht enttäuscht zu sein. Letzten Endes wird ein kleiner Kreis bleiben und das ist gut so. Trotzdem bleibt das Gefühl, dass Du immer mehr Menschen unwichtig wirst. Ich kann so nicht leben. Sie wollen, dass man „in der Stille" und „für sich" trauert. Schon klar, sie sind auch nicht betroffen und sie werden dann auch nicht damit konfrontiert. Jeder schreibt, „ich wäre gekommen… aber". Ich habe nicht damit gerechnet, dass so viele Absagen kommen. Das ist hartes Brot. Es war wohl eine schlechte Idee – gescheitert… wie so vieles.

Die Menschen ahnen nicht, wie sehr es für die Angehörigen von Bedeutung ist, wenn an einen Verstorbenen gedacht wird. Sie können es auch nicht wissen. Ich hätte es auch nicht gewusst. Zwei Jahre sind für viele „Schnee von gestern". Ja, es werden jedes Jahr weniger Leute werden, deswegen vergessen sie Dich nicht. Du bist in ihren Herzen. Meines tut trotzdem doll doll weh.

Abends.

Lieber Tom,

letzten Endes war es heute wider Erwarten ganz gut.
Der Gottesdienst war schön und es waren doch ganz viele da. Auch richtig viele von Deinen Freunden und sogar ein Lehrer von Dir. Und Menschen, von denen ich es nie erwartet hätte. Nach dem Gottesdienst sind wir mit allen, die wollten, und es kamen noch viele dazu, zur Unfallstelle gegangen. Es gab Glühwein und wir haben Luftballons mit Wünschen für Dich steigen lassen. Wir fühlten uns von allen wirklich sehr getragen.
Unser Pastor Friedhelm sagte, ich solle „milder" werden. Das werde ich mir vornehmen. Aber auch, dass ich meine Art von Trauer, so extrovertiert sie auch sein möge, selbstbewusst lebe. Einfach das erzählen, was einem durch den Kopf geht und nicht so viel darüber nachdenken, ob es jemandem passt oder nicht. Ja Tom, das will ich üben.
Torsten fand den Tag so auch erträglich. So ist er halt. Er für sich würde ihn allein verleben, so sagt er. Er würde das alles nur für mich machen… naja vielleicht ist es dann doch Liebe?

Was hast Du von alldem? Ja, wenn wir das wüssten. Die einen sagen, du hast von nichts etwas, weil du tot bist. Ich finde es dennoch gut. All das, was wir veranstalten, würdigt dein irdisches Dasein. DICH – als der Mensch, der du warst. Und du warst eine Herausforderung. Und du bleibst es über deinen Tod hinaus.

Wir lieben Dich!

Deine Bylle

Stellungnahme aus heutiger Sicht

Der Gedenktag und der Geburtstag von Tom sind Tage, wo das ganze Elend seine Präsenz hat. Jedes Jahr wieder, schmerzlicher als sonst wird uns seine Abwesenheit bewusst. Der Tag bringt den Verlust nach oben, hautnah erlebt man die letzten Tage vor dem Tod wieder und spürt, was der Verlust bedeutet. Umso wichtiger wurde es für uns diese Tage zu planen, damit wir einen Halt haben. Das Ritual des Treffens an der Unfallstelle am 4. November gibt uns Kraft und den Glauben an die Möglichkeit einer Verbindung mit Tom.
Bis jetzt haben wir uns jedes Jahr mit unseren Freunden und Toms Freunden getroffen. Bis jetzt waren immer viele da. Bis jetzt hat uns das an diesem Tag gutgetan. Wir trinken Glühwein, grillen Würstchen, lassen Luftballons steigen und lassen Raketen hochgehen.
Es herrscht, obwohl es Toms Todestag ist, eine lockere Atmosphäre. Es wird auch gelacht und es wird über vieles gesprochen – auch über Tom – aber auch über vieles andere. Wir denken, Tom würde das gefallen.
Menschen an diesem Tag um sich zu haben, die unsere Trauer aushalten und an dieser Art der aktiven Trauer teilnehmen, das trägt uns durch diesen Tag.

Auch andere Rituale verbinden uns immer wieder mit Tom. So oft es geht stoßen wir auf Ihn an.
Jedes Jahr mache ich mir ein Tattoo in Form einer Schwalbe auf den Rücken. Wenn ich 90 werde, dann werde ich 39 Schwalben auf dem Rücken haben – und Tom ist 39 Jahre tot.
Wir haben auch einen Geocach in Form eines Ritters um die Welt geschickt. Menschen finden diesen Ritter in einem Geocach-Versteck und tragen ihn

weiter in ein nächstes. Momentan ist der Ritter im australischen Busch und schon 18484 km gereist. Man kann es im Internet verfolgen.

Jede Woche stelle ich eine Dose Bier auf Toms Grab. Irgendjemand nimmt sie immer mit. Ich denke mir, er wird auf Toms Wohl trinken. Und das ist gut so.

Im Sommer treffe ich mich mit Freunden mit Kaffee und Kuchen auf dem Friedhof. Dort haben wir eine Bank vor Toms Grab aufgestellt, auf der ein Schild mit der Aufschrift „zum Ausrasten" angebracht ist. Am Anfang fanden viele dieses Ritual befremdlich, aber sie trauten sich trotzdem zu kommen. Und heute ist es ganz normal, sich „auf einen Kaffee bei Tom" zu treffen.

Natürlich gibt es Menschen, die viele dieser Rituale merkwürdig finden, auch Betroffene und sogar Torsten findet für sich vieles nicht passend, würde nie auf dem Friedhof ein Treffen mit Freunden und Kaffee machen. Jeder muss in der Trauer für sich schauen. Rituale sind gut, um den Verstorbenen zu würdigen und im Leben weiter existieren zu lassen. Dennoch, nichts ist in der Trauer richtig und nichts ist falsch. Trauern… und trauern lassen…

8. Brief 20.05.2017

Lieber Tom,

ich bin traurig, unkonzentriert und haltlos.

Mit Papa ist Nähe schwierig. Er verbarrikadiert sich in seinem Zimmer und schweigt und starrt aus dem Fenster. Ich fühle mich wie der einsamste Mensch unter der Sonne. Deine Brüder machen ihr Ding, melden sich auch nur, wenn sie etwas wollen.

Kannst Du bitte etwas für mich tun? Zum Beispiel die Zimmerdecke über mich einkrachen lassen oder die Waschmaschine explodieren lassen?

Was soll nur werden? Niemals werde ich Dich wiedersehen. Das Wort „niemals" ist grausam. Ich hasse mein Leben – niemand würde tauschen.

Vielleicht braucht Torsten auch eine andere Frau, eine mit der er die Trauer nicht leben muss und die den Friedhof nicht besuchen möchte und Dich auch gar nicht kannte.

Die Seele brennt, Tom!!!

Es tut weh, wenn Papa sagt, ich würde die Trauer „zelebrieren", nur weil er verdrängt ohne Ende.

Neulich, als wir mal zusammen auf dem Friedhof waren, hat er gesagt Dein Grab wäre ein „Kasperletheater". Es wäre viel zu viel los dort. Das hat wieder gesessen, es ist wirklich nicht aushaltbar.

Tom, im Film ist es jetzt immer so, dass sich die Verstorbenen in solchen Situationen neben die Lebenden setzen, also ihr Geist. Und ich frage mich, ob Du das jetzt auch tust. Kannst Du mir bitte ein Zeichen geben? Mit dem Stift in Deiner Schrift weiterschreiben oder so?

Hab mein Leben verloren, Dich verloren, alles falsch gemacht.

Hab Dich unendlich lieb.

Deine Bylle

9. Brief 30.08.2017

Lieber Tom,

Torsten und ich waren mit unserem Wohnwagen drei Wochen in Italien. Die Tour war eigentlich anders geplant, aber ich denke, du hast uns geführt, wohin du wohl denkst, dass wir geführt werden sollten.

Ehrlich gesagt hatte ich Angst vor diesen drei Wochen Zweisamkeit.

Der Urlaub begann gleich mit einer Autopanne, aber anders als früher waren wir total „gechillt".

Wir sind in Österreich gewandert, waren dann am Gardasee und sind dort Boot und Rad gefahren und haben geschwiegen. Ich glaube wir haben echt gelernt, zusammen zu schweigen.

Das „TTT - Thema" (Tod Trauer Tom) hatten wir manchmal, aber Papa sagt, er darf dich nicht so oft nach „oben" kommen lassen, sonst könnte er sich gleich aufhängen. Naja, für mich komisch, aber, wenn man eines lernt in der Trauer, dann ist es Toleranz und Akzeptanz. Ich habe keine Ahnung, ob uns Dein Tod mehr „zusammengeschweißt" hat.

Schuldgefühle machen sich bemerkbar. Torsten sagt, wir haben in unserer Erziehung alles falsch gemacht. Das finde ich aber nicht richtig. Familie stand für uns an erster Stelle und wir haben uns bemüht, trotzdem würde ich heute vieles anders machen. Der Zug ist abgefahren.

Mitte des Urlaubs erfuhren wir, dass sie deine Unfallstelle zerstört hatten. Fast wären wir zurückgefahren, aber wir haben die Kurve noch gekriegt. Petra und Doris haben die Unfallstelle wieder aufgebaut, das war großartig. Auf dem Weg ans Meer entdeckten wir zufällig einen See, den Lago di Trasimeno in Umbrien. Einfach so war er rechts neben uns da. Zeitgleich hatten wir beide die Idee zwei Tage dort zu verweilen. Aus zwei Tagen wurden sieben, wir konnten uns einfach nicht mehr von diesem Idyllischen „Neverland" trennen.

Der Trasimeno hatte auf uns eine entschleunigende und seelenheilende Wirkung. Er tauchte die Welt in ein goldenes außergewöhnliches Licht und schaffte es, unsere kaputten Seelen zu verbinden.

Danke Tom für „Serendipity" (etwas Gutes finden, ohne danach gesucht zu haben).

Deine Bylle

Stellungnahme aus heutiger Sicht für den 8. und 9. Brief

Unsere Partnerschaft wurde durch Toms Tod stark erschüttert. Es wurde eine Herausforderung für uns mit unseren unterschiedlichen Bedürfnissen umzugehen. Beide waren wir einsam und konnten uns in unserer Bedürftigkeit nicht helfen. Torsten wollte Ruhe und Schweigen, ich wollte Taten und Reden. Mein Reden verschlimmerte seinen Schmerz, sein Schweigen verschlimmerte meinen. Leider kann auch der Partner einem die Trauer nicht abnehmen, man muss sie persönlich mit all ihren Empfindungen und Phasen durchleben. Es ist der vielleicht einsamste Prozess in einem Leben. Unsere Brücke zueinander war eingestürzt, aber die Steine waren noch da, es lag an uns, sie neu zusammenzusetzen. Uns halfen die gemeinsamen Urlaube, wieder Nähe zueinander aufzubauen. Der Alltag ist auch heute oft noch schwer. Wir mussten auch lernen diese Weite zwischen uns lieben zu lernen und uns so als Individuum zu lassen, wie wir sind. Der Verlust von Tom hat unsere Partnerschaft, die immer schon ein bisschen chaotisch war, mit der Zeit reifen lassen. Wir nehmen uns mehr so an, wie wir sind. Wir sind aber auch verletzbarer geworden, denn Toms Tod hat uns gezeigt, wie gefährdet Leben und Liebe sind. Jederzeit kann sich von einer Sekunde auf die andere alles ändern. Es gibt keinen absoluten Schutz – weder für das Leben noch für die Liebe.

Diese Erkenntnis führte uns zum „großzügigen" miteinander Umgehen und zur Dankbarkeit, dass der Andere uns in diesem Schmerz noch erhalten geblieben ist. Es gelingt uns meistens, uns die nötigen Freiräume zu lassen und wir nehmen Konflikte gelassener als früher.

Die Schuldzuweisungen, was in der Erziehung falsch gelaufen sein könnte, sind weniger geworden. Letzten Endes können wir nicht mehr erleben, was aus Tom mit unserer Erziehung geworden wäre.

Insofern haben wir einander vergeben.

Es ist ein langer Prozess und vielleicht dauert er unser Leben lang, aber wir erkennen die Tragödie an und versuchen, füreinander zu sorgen und den kleinsten gemeinsamen Nenner zu pflegen. Das sind unsere Restkinder, unsere Urlaube, unsere langjährigen Freundschaften und unsere neuen verwaisten Freunde, mit denen uns unser grausames Schicksal verbindet. Wir glauben beide fest an Zeichen von Tom und dass er unser innerer Begleiter geworden ist, der uns im Leben zur Seite steht, bis wir ihn wiedersehen, und dann gibt es ein großes Fest, ein richtig großes, wie früher mit viel Essen und Trinken, so wie es Tom geliebt hat.

10. Brief 10. 07. 2018

Lieber Tom,

die Zeit vergeht… nichts wird wirklich einfacher. Anders… aber nicht einfacher …

Basti ist wieder eingezogen. Er hat seine Zelte in Berlin abrupt abgebrochen und ich musste „meine Höhle", also Dein Zimmer, für ihn räumen. Das bedeutete auch deine Sachen wieder von A nach B zu räumen. Ein schmerzhafter Prozess. Ich fand dabei ein kleines Tagebuch aus dem Jahre 2008 von Dir, also aus Grundschulzeiten. Es hat mich sehr berührt, Du schriebst in kindlicher Schrift, dass Du in Gesa verliebt bist und dass sie so schön ist… ach Tom könnte ich die Zeit nur zurückdrehen. So sehr wirst Du vermisst. Der kleine rotzige muffige Tom und der große diskutierfreudige, schlaue und manchmal immer noch muffige Tom. Du fehlst … Du fehlst uns und Du fehlst deinen Brüdern.

Basti wäre in Berlin fast versackt, er hat versucht deinen Tod zu verdrängen und Berlin war weit weg vom Geschehen. Aber er ist dabei in eine Szene abgerutscht, die ihn fast ins „AUS" katapultiert hätte. Wir sind froh, dass er für sich die Notbremse gezogen hat und nach Braunschweig zurückgekommen ist. Auch wenn meine Gefühle in Bezug auf das Zusammenleben ambivalent sind. Zu sehr habe ich mich schon an das Leben zu zweit gewöhnt. Ich habe ein schlechtes Gewissen deswegen und denke, ich müsste doch froh sein, dass Basti da ist, weil Du tot bist. Es macht mir zu schaffen, Tom. Basti ist total lieb, aber so unordentlich … es ist total doof von mir. Torsten versteht mich auch nicht, aber der ist ja selber Messi. Ich muss an mir arbeiten, denn wir wollen ja für Basti und Ju da sein. Sie sind nach deinem Tod unser Anker fürs Weitermachen.

Deine Bylle

Stellungnahme aus heutiger Sicht

Geschwisterbeziehung ist eine der längsten Beziehungen in unserem Leben, dennoch wird Geschwistertrauer oft von der Umwelt unterschätzt. Unsere Kinder haben nicht nur ihren Bruder verloren, sondern auch die Eltern, die sie einmal hatten. Basti, mit dem ich neulich ein ausführliches Gespräch führte, hält uns dennoch fast für die „Alten".
Er empfand Toms Tod für sich selbst als großen Verlust und kompensierte diesen Verlust durch die „Flucht" nach Berlin. Dort erinnerte ihn nichts an Tom.
Er fühlte sich von einigen unserer Freunde unter Druck gesetzt, sich um uns kümmern zu müssen und für uns ein „guter Sohn" sein zu müssen, weil einer ja schon gegangen ist.
Berlin war für ihn Ablenkung, und er kann im Nachhinein nicht sagen, ob er auch ohne Toms Tod in die Szene abgerutscht wäre und ob er trotzdem seine Ausbildung abgeschlossen hätte. Er meint, er hätte in der Erzieherschule den „TomBonus" gehabt und hätte das Gefühl gehabt, die Ausbildung für uns schaffen zu müssen.
Das Bedürfnis Tom zu folgen, hatte er nie, dafür aber Wut auf Tom, weil er nicht mehr da ist, ein Gefühl des Verlassen-worden-seins.
Mit dem Schicksal haderte er im Gegensatz zu uns nie. Er sieht es so, dass er trotzdem noch viel Gutes in seinem Leben hat und dass er durch Toms Tod auch Kraft und Tiefe für das Leben bekommen hat. Tom ist für ihn eine Art Schutzengel, den er immer bei sich fühlt.

Erwartungen an sein Umfeld hatte er nie, denn er sieht es so, dass keiner, der es nicht selbst erlebt hat, es verstehen kann und die Anderen bei dem Thema nur geschockt sind.

Für ihn ist es so, dass wir als Familie mehr unternehmen als früher und Tom auch irgendwie mit dabei ist.

Wir als Familie sind ihm als Gesprächspartner in Bezug auf Tom wichtig. Er sagt von sich, dass ihm sein Leben nach wie vor wichtig ist und dass er es genießt, auf der Welt zu sein.

Ich bewundere Bastis Einstellungen und hoffe sehr, dass sein Leben glücklich sein wird. Das ist Torstens und mein Ziel geworden, unsere noch lebenden Kinder so zu nehmen wie sie sind, auch wenn sie andere Lebensvorstellungen und Ziele haben als die, die wir uns mal für sie vorgestellt hätten. Wir möchten, dass sie immer das Urvertrauen haben „nach Hause" kommen zu können, egal was passiert ist.

Toms Tod hat uns in Bezug auf unsere noch lebenden Kinder sehr demütig gemacht.

11. Brief 05.10.2018

Lieber Tom,

heute war ich an der Unfallstelle und dort kam eine dritte Schulklasse auf mich zu. Sie waren gerade auf dem Stadtputztag unterwegs und wollten wissen, was es mit der Unfallstelle auf sich hat. Die Lehrerin beschloss den Versuch zu wagen, mich zu fragen. Und Tom … es war großartig. Nachdem ich kurz erzählte, was an dieser Stelle passiert war, stellten sie eine Frage nach der Anderen. Sie waren dabei ganz ungezwungen und sehr interessiert. Ein Junge fragte, ob Deine Knochen an dieser Stelle liegen würden und die Lehrerin erklärte den Unterschied zwischen Friedhof und Gedenkstätte. Zum Schluss haben sie ein Lied gesungen – was für ein schönes Erlebnis. Wie ungezwungen doch Kinder mit dem Thema Tod umgehen.

Ich habe neulich eine Umfrage an meine Freunde gestartet. Ich wollte wissen, in wieweit Torsten und ich uns nach Deinem Tod verändert haben und was sie sich in dieser Situation als Freunde von uns gewünscht hätten.

Toll war, dass viele sich ganz viel Mühe gaben zu antworten. Ja Tom, wer fragt, muss tatsächlich auch mit den Antworten leben können. Sie finden uns alle verändert – ernster, tiefer, trauriger, sich zurückziehend und auch rebellischer und die eigene Meinung mehr vertretend. Viele fanden unsere Reaktionen auf die „Wie geht es dir Frage" schwierig. Da wir immer sehr ehrlich antworteten, war es wohl nicht einfach für sie mit dieser Wahrhaftigkeit zurechtzukommen. Als Freund möchte man natürlich, dass es dem Betroffenen „besser" geht, dass er wieder "halbwegs" glücklich ist. Für Betroffene wiederum sind diese Befindlichkeitsfragen eine Herausforderung. Der Wunsch in Bezug auf den Schicksalsschlag respektvoll behandelt zu werden, wird sehr groß.

Viele Freunde hätten sich an dieser Stelle klärende Worte von uns gewünscht, manche wiederum empfanden es so, dass wir klar gesagt haben, was wir brauchen und was nicht.

Es ist wohl so, dass der Umgang mit uns insgesamt für andere wirklich anstrengend geworden ist. Für einige ist es zu hart und zu viel und nicht jeder hat die nötige Empathie und das nötige Feingefühl.

WAS BLEIBT, TOM?

Du weißt, Freundschaft hat mir immer viel bedeutet. Nun bleiben die Freunde, die uns so aushalten, wie wir jetzt sind und es bleiben die Freunde, die wir so aushalten, wie wir jetzt sind. Es sind noch ganz schön viele und darüber sind wir froh. Jeder von ihnen gibt was er kann, der eine ein Gespräch, der andere ein Besuch beim Friedhof und wieder ein anderer sorgt für Ablenkung. Was wir ganz deutlich spüren ist, wer wirklich mit dem Herzen bei uns ist und dazu braucht es nicht viele Worte.

Deine Bylle

Stellungnahme aus heutiger Sicht

FREUNDSCHAFT – EIN GROSSES THEMA IM LEBEN

Vor Toms Tod hatte ich einen riesigen Freundeskreis, war tolerant und nahm die Menschen mit ihren Stärken und Schwächen an. Die Freundschaften waren bunt ... – dann starb Tom und Trauer und Schmerz wurden zu einem Teil unseres Lebens. Für Freunde ist dies auf Dauer schwer erträglich. Unsere Freunde waren toll, sie waren da. Doch auch sie wollten auf Dauer, das kam auch ganz klar bei der Umfrage heraus, dass es uns besser ginge. Sie wünschten sich, dass wir Toms Tod verarbeiteten und wieder glücklich sind. Das ist auch logisch, denn sie lieben uns und man möchte nicht erleben, dass Menschen, die man liebt, auf Dauer unglücklich sind. Leider ist Trauer kein lösbares Problem. Sie ist eine Erfahrung, bei der wir von unseren Freunden Unterstützung brauchen. Je mehr die Trauer kleingeredet oder ignoriert wird, umso unverstandener fühlt man sich. Trauer verdient Anerkennung. Anerkennung, dass wir es, obwohl unser Kind tot ist, schaffen zu überleben und für uns zu sorgen.

Ich hätte mir bei meiner Umfrage gewünscht, dass mein Engagement für das Thema Trauer (Selbsthilfegruppe, Trauerbegleiterkurs etc.) von einem einzigen Freund erwähnt worden wäre. Der Blick richtete sich aber eher auf „Wie kannst Du es schaffen, dass es Dir wieder besser geht", „Wir wollen nicht, dass Du so leidest", „Warum beschäftigst Du dich immer noch so viel mit dem Thema Trauer?"

Tatsache ist, dass man sich nicht immer für seine Trauer rechtfertigen möchte und man möchte sie auch nicht loswerden, denn sie ist für Betroffene nun ein Teil ihres Lebens. Und genau diesen Teil hätte ich gerne von meinen Freunden mehr wahrgenommen. Lösungsangebote für etwas, was nicht zu reparieren geht, sind völlig unangebracht. Noch schlimmer sind die, die gar nicht mehr über das Thema reden, denn das Ignorieren macht einsamer denn je.

Man braucht Freunde, die eine echte Stütze sind, die einen so nehmen, wie man jetzt ist, sich regelmäßig melden, sich alles anhören und auch nicht erwarten, dass die Initiative von uns ausgeht. Wir wissen, dass der Umgang mit uns nicht einfach ist, oft kann man es uns einfach nicht recht machen. Insgesamt bin ich stolz auf unsere Freunde, die noch fest bei uns sind und stolz auf uns, dass wir es schaffen, auch ihr Leben mit ihnen zu teilen.

Es gibt noch eine Kraftquelle, die für uns Trauernde immens wichtig ist und das sind unsere „Danach-Freunde", die auch verwaiste Eltern sind. Diese Gemeinschaft gehört zu den wenigen Geschenken des Verlustes, Menschen, die das gleiche mitgemacht haben wie wir, wo wir merken, wir sind mit unserer Trauer nicht allein. Das macht nichts wieder gut, aber es hilft zu überleben.

12. Brief 12.02.2019

Lieber Tom,

wie ist es heute, vier Jahre, drei Monate und acht Tage nach Deinem Tod? Es ist nicht immer gleich, es gibt immer noch Tage, wo ich auch ohne Auslöser in den emotionalen Tiefgang komme. Da kann keiner helfen, da hilft nur die radikale Akzeptanz, dass die Trauer die Sehnsucht und der Schmerz "immer noch" groß sein dürfen.

Die Trauer muss auch nicht aufhören, sie gehört zu mir und ist Bestandteil meines Lebens.

Sie hat sich im Laufe der Zeit gewandelt und man lernt mit ihr umzugehen. Sie kommt in Wellen, die sind manchmal so tief, dass ich denke, ich ertrinke. Aber inzwischen weiß ich, dass ich es schaffe wiederaufzutauchen und auf den Wellen weiter zu schwimmen. Meine Trauer braucht Raum und Unterstützung und oft ganz viel Verständnis.

Aber sie ist nicht das Problem – sie ist die Lösung, denn Trauer bedeutet auch Liebe.

Dennoch, es gibt auch andere Dinge in meinem Leben. Meine Arbeit, die mich fordert und oft gerettet hat, weil du dort gar keinen Raum hast, dort muss man schnell und gnadenlos funktionieren. Unsere kurzen und langen Reisen, mein Klavierspiel, Nähen, Wandern und Treffen mit Freunden sind Dinge, die ebenfalls zu meinem Leben gehören.

Durch Meditation habe ich für mich gelernt mit dir in Kontakt zu treten und mittlerweile bist du mein fester innerer Begleiter. Ein Teil von mir ist mit dir gestorben und mit einem anderen Teil mir lebe ich deine Eigenschaften weiter – ehrlich, gradlinig, stark. Du hast in meinem Herzen und in meiner Seele und natürlich auch in meinem Leben einen festen Platz – und den behältst du für immer.

Deine Bylle

Reflexion

Ein solches Fotobuch mit „Briefe an Tom" zu gestalten war schon lange in meinem Kopf. Es war mir eine Freude dies in Bezug auf den Trauerbegleiterkurs realisieren zu können.

Um meine eigene Trauer in den Briefen reflektieren zu können, las ich mich durch viele Trauerbücher. Trauerbücher sind so individuell, wie die Trauer an sich. Es gibt Bücher, in denen man sich wiederfindet und Bücher, die nicht zu der eigenen Trauer passen. Was für den Einen passt, kann für den Anderen ein Ding der Unmöglichkeit sein.

In meinem Fotobuch habe ich hauptsächlich meine Trauer und die meiner Familie behandelt, und schon wir vier sind völlig unterschiedlich.

Besonders bei meinem Interview mit meinem Sohn Sebastian ist mir aufgefallen, dass seine Art von Trauer in kein gängiges Trauerbuch passt. Geschwistertrauer wurde im Allgemeinen völlig anders beschrieben, als er es mir widerspiegelte. Im Grunde genommen zeigt das, dass es für Trauer keine festen Regeln und Grundsätze gibt. Alles ist richtig, nichts ist falsch.

Ich kenne mittlerweile auch viele verwaiste Eltern und musste auch dort feststellen, dass es unterschiedliche Glaubenssätze und Handlungen gibt. Insofern würde ich meine Eigenreflektion auf die verschiedenen Themen nicht als allgemein für alle gültig bezeichnen.

Bei meiner Arbeit musste ich auch feststellen, dass ich zwar Worte über alles liebe, aber dass die Macht der Worte begrenzt ist. Gefühle mit Worten zu beschreiben ist unendlich schwer und richtig nachvollziehen kann man sie wohl nur, wenn man sie selbst erlebt hat.

Dennoch war diese Arbeit für mich eine große Bereicherung. Ich hatte das Glück, dass mein Mann bereit war, an diesem Fotobuch mitzuarbeiten, indem er die Texte abtippte und das Fotobuch mit mir gestaltete. Ich habe das als Bereicherung für unsere Beziehung empfunden und als eine gemeinsame Verbindung zu Tom.

Durch die Chronologie des Buches habe ich auch meine eigene Wandlung in meinem Trauerprozess erkannt und dies wiederum erfüllt mich mit Güte und Hoffnung.

Mein größter Dank gilt an dieser Stelle meinem Sohn Tom.

Sibylle K.

Danksagung

Unser Dank geht an alle, die uns bei diesem Projekt tatkräftig unterstützt haben.

Besonders erwähnen möchten wir:

Astrid Burkhardt – Mama von Franziska und Jacob
Bianka Teschinsky mit Lennard im Herzen
Gabriele Gérard
Iris Pfister mit Kevin im Herzen
Manuela Menzel mit Fabi
Martina Steinberg, Mama von Kawe und drei weiteren wundervollen Kindern
Ursula und Michael Raden mit Michi im Herzen und die anderen Kinder an der Seite

Für die freundliche Abdruckgenehmigung bedanken wir uns sehr herzlich bei: VEID e.V. Wortmarke „Verwaiste Eltern" www.veid.de

gewidmet

Alena B. Annika F. Claudia E. Corinna E.
Daniel D. Daniel H. Daniel W. Daniela L.
Dennis K.-L. Dennis R. Dominik N. Fabian M.
Franziska L. Jannik P. Julienne H. Kawe F.
Kevin B. Kiki W. Lara K. Lisa D. Maik B.
Marcel R. Marcel Sch. Mario P. Martin W.
Max S. Michi R. Miriam B. Philipp K.
Robin K. Sandra W. Steven L. Thorsten G.

Whisper von Soul
Voll doof tot zu sein, wenn alle traurig sind
ISBN: 978-3-7322-9011-6

© 2013 Whisper von Soul e.V.
www.whispervonsoul.blogspot.de

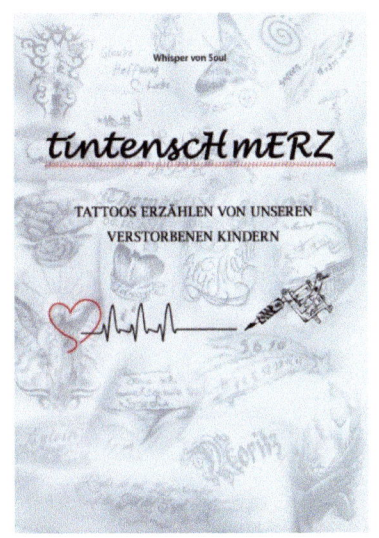
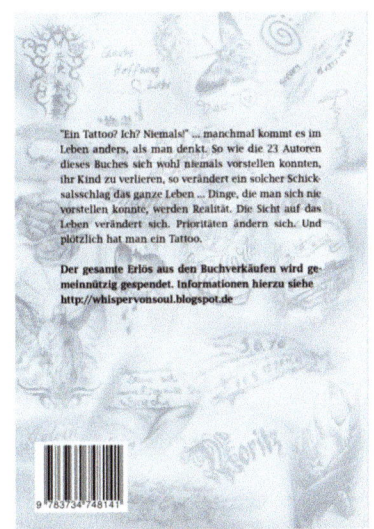

gewidmet

Andi B. Calvin S. Dwayne S. Fabio L. Hendrik L.
Janine D. Jessica F. Michél F. Joshua W.
Julian D. Liam Sebastian Frank C. Lily-Marleen D.
Maik P. Marcel A. Mikan S. Moritz N. Noah P.
Sarah P. Sarah W. Stella Katharina L. Steven S.
Thomas „Tommsen" C. Tobias H. Yannik W.

Whisper von Soul
tintenscHmERZ – Tattoos erzählen von unseren verstorbenen Kindern
ISBN: 978-3-7347-4814-1

gewidmet

Alexander G. Andi B. Daniel D.
Finia H. Inga P. Jens V.
Joshua W. Julian G. Julienne H.
Liam Sebastian Frank C. Lukas G.
Malya Yara K. Marcel R. Michael S.
Mike D. Oliver K. Sascha M.
Thomas W. Tobias H.
Ute B. Yannick W.

Whisper von Soul
Wir für immer ... wenn Geschwister sterben
ISBN: 978-3- 7412- 3881-9

© 2017 Whisper von Soul e.V.